디
자
인
미
학

The
Aesthetics
of
Design

———

디자인 미학

———

미적 안목을 기르고 싶은
현대인을 위한
최소한의 디자인 미학 지식

최경원 지음

디자인 미학의 시대를
환영하며

디자인 미학이라는 말은 참 낭만적이다. 디자인이라는 단어에 이미 아름다움이 담겨 있는데 거기에 미학이라는 말까지 더해 졌으니 아름다움으로 충만하다. 그렇지만 디자인에서 미학이 라는 단어는 좀 낯설다. 오랫동안 디자인에서는 아름다움보다 는 쓰임새를 앞세웠기 때문이다. 그동안 미학은 디자인과는 거 리가 먼 인문학 영역이었다. 그래서 디자인 미학이라는 말은 디자인을 수사학적으로 묘사하거나 문학적으로 표현할 때나 썼지 디자인의 중요한 이론으로 진지하게 다루지는 않았다.

그런데 최근 들어서 디자인 뒤에 미학이라는 말이 자주 따 라다니고, 어색함을 느끼지 못할 정도로 일상에서도 많이 쓴 다. 이렇게 된 데에는 이유가 있다. 바로 디자인을 받아들이는 대중이 중요해졌기 때문이다. 18세기에 알렉산더 고틀리프바움가르텐Alexander Gottlieb Baumgarten이나 이마누엘 칸트Immanuel Kant를 중심으로 서양의 근대 미학이 나타나는 데 대중이 중심이 되는 근대사회의 출현이 결정적인 역할을 했던 것처럼, 디자인을 받아들이는 사람들의 존재감이 급부상하면서 디자인에서 미학이 중요해졌다. 물론 그 뒤에는 사회적, 경제적인 발전이 있었기 때문에 가능했다. 풍요로운 사회에서 대중은 이전처럼 기업이나 디자이너가 만들어주는 대로 쓰려고 하지 않았다. 단순히 배를 채울 수 있는 음식이 아니라 맛있는 음식을 찾는 것처럼, 경제적 여유가 생긴 대중은 자신의 미적 안목을 길러주고 지적 만족감을 충족시켜줄 디자인을 원하기 시작했다. 디자인에서 기능성을 넘어서는 격조 높은 즐거움을 얻으려 한 것이다. 이에 따라 디자인의 패러다임은 근본적으로 바뀔 수밖에 없었다.

이러한 변화를 모두 끌어안은 것이 바로 디자인 미학이다. 디자인 미학을 통해 기능주의에 의존하던 기존의 단순한 디자인 논리는 좀더 현실적이고 합리적으로 바뀌어갔다. 그리고 생산을 중심으로 한 오래된 디자인관도 수용자를 중심으로 하는 것으로 점점 바뀌고 있다. 또한 디자인 미학을 통해 미적인 즐거움을 중심으로 디자이너와 디자인, 디자인 수용자 간의 관계도 세밀하게 설명할 수 있으며, 디자인에 들어 있는 가치가 미적쾌감을 촉발하는 과정도 정교하게 설명할 수 있다. 이것은 디자인을 창조하는 디자이너와 디자인을 감상하는 수용자 모두에게 디자인에 대한 깊은 통찰과 즐거움을 가져다줄 것이다. 무엇보다 그러한 과정을 통해 디자인에 대한 이해나 관점은 더욱더 새로운 패러다임을 만들어갈 것이고, 디자인으로 둘러싸인 우리의 삶도 더 높은 수준으로 바뀌리라 기대한다.

이렇게 미학을 중심으로 디자인에 대한 새로운 관점을 구체화할 수 있었던 것은 연세대학교 생활디자인과에서 오랫동안 강의했던 '디자인 미학' 과목이 결정적인 역할을 했다. 새롭고, 과감하고, 때로는 비판적이었던 강의를 견디면서 잘 따라와 주었던 많은 학생에게 감사의 마음을 보낸다. 그들이 없었다면 『디자인 미학』은 생각할 수도 없었을 것이다. 그리고 이렇게 앞서간 이름의 강의를 만들어주신 생활디자인과의 모든 교수님께도 감사의 말씀을 드린다.

이 책으로 디자인 미학의 발걸음이 시작되었다고 생각한다. 앞으로도 많은 디자이너와 수준 높은 디자인 수용자들을 통해 디자인 미학이 더욱더 발전하고 널리 알려지기를 기원한다. 무엇보다 디자인 미학을 통해 많은 사람이 디자인에서 행복을 찾을 수 있기를 바란다.

차례

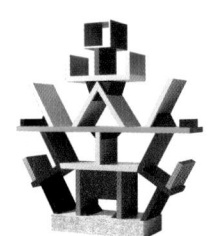

1장   디자인에서의 미학,
미학에서의 디자인

2장 미학의 체계 속에서 디자인

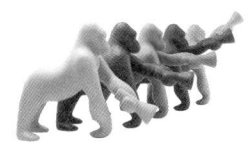

3장 디자인의 미학적 구조

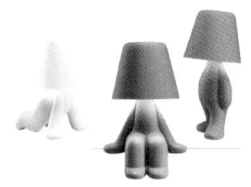

디자인에서의 미학, 미학에서의 디자인

어색한 디자인 미학

'디자인'이라고 하면 많은 사람이 대단히 호의적인 반응을 보인다. 무언가 현실적이면서도 아름답고, 감각적이고 신선한 느낌을 갖는 것 같다. '미학'에 대해서는 어려워하면서도 지극한 인문학적 품격과 예술성에 대한 신비로움을 느끼는 것 같다. 그렇다면 이렇게 긍정적인 느낌의 두 단어가 결합한 '디자인 미학'이라는 말은 어떻게 생각할까? 미학이라는 말이 붙어

알레산드로 멘디니의
아름다운 프루스트 위자

서 부정적인 뉘앙스를 풍기는 경우가 없는데, 정작 디자인에서는 좀 다른 것 같다. 디자인 종사자들에게 이 말은 상당히 낯설게 느껴진다. 디자인은 예술이 아니라고 생각하기 때문이다.

미학은 '아름다움의 본질'을 연구하는 학문이고, 아름다움을 전문적으로 추구하는 분야가 예술이다. 그래서 미학은 주로 예술 영역을 연구 대상으로 삼는다. 그런데 디자인을 하는 많은 사람이 디자인은 예술과 거리가 먼 공업적 생산 활동이나 상품을 만드는 일로만 생각한다. 그렇기 때문에 예술에나 붙는 미학이라는 단어가 익숙하지 않을뿐더러 심지어 부조리하다고까지 느낀다.

그럴 수밖에 없는 것이 디자인 사학자 페니 스파크Penny Sparke 같은 사람은 "금세기 들어 서유럽 사회에서 디자인을 창조하고 계속 지배해온 산업자본주의의 틀 안에서 디자인은 대량생산 및 대량소비와 이중의 관계를 맺는 것을 특징으로 한다"라는 말을 했다. 그러니까 디자인은 대량생산과 대량소비라는 산업적 체제 안의 국한된 활동인 것이다. 디자인 이론가 스티븐 베일리Stephen Bayley도 "디자인은 미술과 산업이 만날 때, 사람들이 대량생산된 제품이 어떤 모습이어야 할지를 결정해야 할 때 발생한다"라고 했다. 베일리 역시 디자인을 산업적 활동 안의 조형 활동, 대량생산품의 외형을 만드는 일로만 보고 있다. 이처럼 디자인 이론가조차도 디자인을 예술과 어

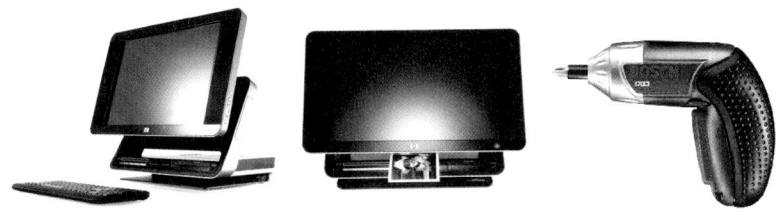

떤 연관성도 찾아볼 수 없는 산업 생산 내의 활동이나 그 결과 물로 정의하고 있다.

주변의 많은 디자인을 보면 그렇게 보이기도 한다. 시장 이나 마트에서 파는 각종 생활필수품들이 그렇고, 매장에 진열되어 있는 전자제품들도 모두 공업적 생산품으로서 실용성을 충족시키는 물건 또는 이미지로 각인되어 있다. 그리고 많은 사람, 소비자 대중도 디자인을 예술품으로 대하지 않는다. 디자인이 잘된 물건이라고 하면 그저 필요한 물건 중에서 예쁘게 만들어진 것 정도로만 생각한다.

디자인이 예술이냐 아니냐 하는 문제는 오랫동안 논쟁거리였다. 오래전이기는 하지만 내가 대학교에 다닐 때도 뜨거운 논쟁거리였다. 선배들과 처음 만나는 자리에서 매우 심도 깊은 토론이 이루어졌다.

하지만 지금 되돌아보면 토론이 아니라 일방적인 정신교육에 더 가까웠다. 토론을 시작하기도 전에 답은 이미 정해져 있었고, 그 끝은 언제나 서로 어깨동무를 하고 디자인은 예술이 아니라는 목소리를 냈기 때문이다. 디자인은 결코 예술이 되어서는 안 된다는 선배들의 강력한 의식이 신입생들에게 주입하는 것으로 토론은 마무리되었다.

가끔 주체할 수 없는 창의력을 가진 학생이 자신의 개성을 기능성 앞에 놓을 때가 있었다. 그럴 때면 못마땅한 정도는 아니었지만 선생님들이나 선후배들이 어처구니없다는 눈길을 보냈다. 그러다가 심할 때면 회화과나 조소과에 가라는 말을 서슴지 않고 했다.

그런 환경에서 디자인을 공부하고, 졸업한 뒤에 현업에 종사하다 보면 거의 대부분의 디자이너 머릿속에는 디자인이 예술이 아니라는 믿음과 결의가 굳은살처럼 박이게 된다.

그런데 상식적으로 생각해보면 예술이 무슨 범죄도 아니고, 아트사커 같은 말을 보면 스포츠도 예술이 되는 세상인데, 어떤 분야든 예술이 되어서 나쁠 것은 없다. 그렇다면 디자인이 예술 대접을 받고, 미학적 대상이 된다면 손해 볼 것이 전혀 없을 것 같은데, 왜 그렇게 예술을 부정적으로 보고, 예술

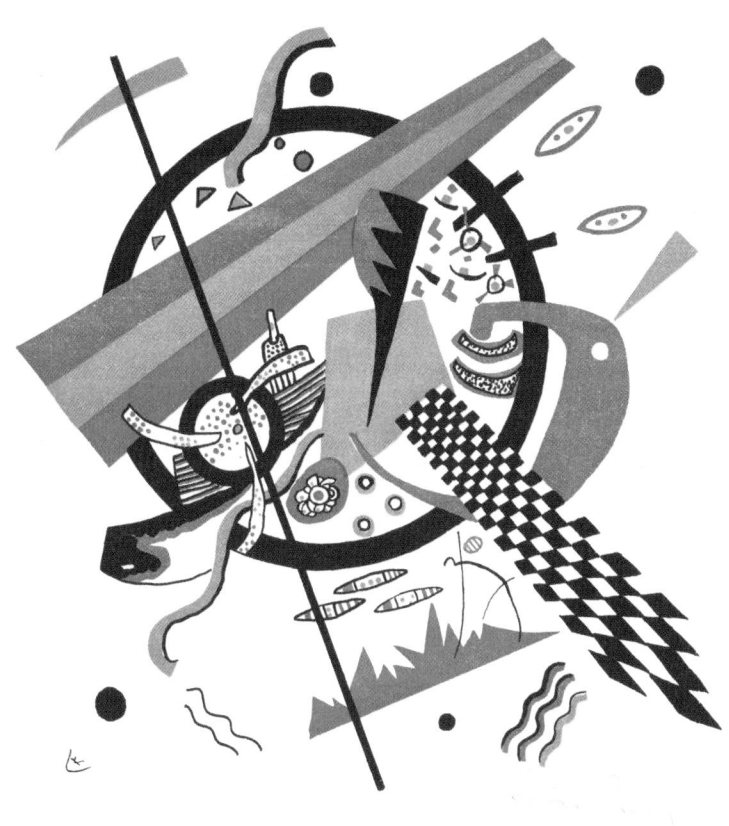

개인 작품으로서 순수미술과
표준화된 대량생산품으로서의 디자인

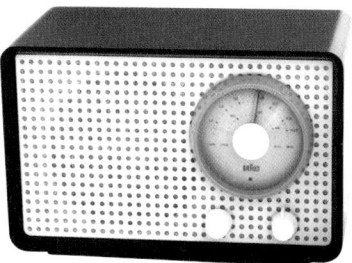

이 되기를 거부해온 것일까?

이 뒤에는 아주 강력한 사회윤리성, 공공성에 대한 의식
이 깔려 있다.

디자인의 사회적 윤리성 = 반反예술, 반反미학

디자인을 하는 대부분의 사람은 예술을, 정확히 말하면 순수미
술을 작가의 내면적 주관을 표현하는 고립적이고 이기적인 분
야라고 생각한다. 작가가 주변 세상에는 관심이 전혀 없고 순
전히 자신의 주관적인 예술 세계를 표현하는 데에만 집중하는
매우 이기적이고 고립된 활동을 순수미술이라고 보는 것이다.

이와 달리 디자인은 자신을 표현하고자 하는 욕구를 내세
우지 않고 다른 사람들이나 사회가 필요로 하는 것을 만드는
데에만 집중하는 공익적인 활동이라는 인식이 강고하다. 그리
고 대량생산을 위한 표준품을 만드는 것이 주된 일이기 때문
에 계급이나 취향에 관계없이 모든 사람이 필요로 하는 물건
을 똑같이 만들었다. 이렇게 디자인이 사회적 평등성까지 실
현하는 일이 되기도 하다 보니, 디자인은 사회의 민주화나 사
회적 기여를 하는 분야라는 도덕적 자긍심이 뿌리 깊게 형성
되었다. 그래서 디자인계에서는 오랫동안 예술을 안 좋게 보

았고, 그 결과 디자인이 예술이 되기를 적극적으로 거부해왔다. 디자인에 대한 이런 인식이 구체화된 것은 제1, 2차 세계대전 때로 거슬러 올라간다.

인류 역사상 가장 많은 피해를 남겼던 제1, 2차 세계대전 직후에는 사회 전체가 엄청난 물자 부족에 시달렸다. 이때 디자인은 필요한 물건을 한정된 자원으로 아주 싼값에 만드는 윤리적인 활동으로 자리 잡는다. 제1차 세계대전 직후 독일에 건립된 최초의 디자인학교 '바우하우스Bauhaus'의 교수였던 마르셀 브로이어Marcel Breuer가 디자인한 바실리 의자가 대표적이다.

그전까지 대부분의 의자는 나무로 몸체를 만들고 그 위에 가죽 쿠션을 얹은 것이었다. 그런데 바실리 의자는 자전거 몸체를 만들 때 쓰던 값싸고 튼튼한 철재 파이프로 손쉽게 만들 수 있는 디자인이었다. 값싼 철재 파이프 몇 개를 구부린 뒤 가죽 판 두 개를 고정하면 훌륭한 의자 하나를 만들 수 있었다. 제1차 세계대전의 패전국이었던 독일의 상황을 생각하면 이 디자인이 사회적으로 얼마나 큰 혜택을 가져다주었는지 쉽게 짐작할 수 있다.

게다가 공장에서 대량생산된 파이프를 사용하면 똑같은 모양의 의자를 제공할 수 있었기 때문에 사회적 평등성까지 이룰 수 있었다. 그래서 바우하우스에서는 이러한 디자인을

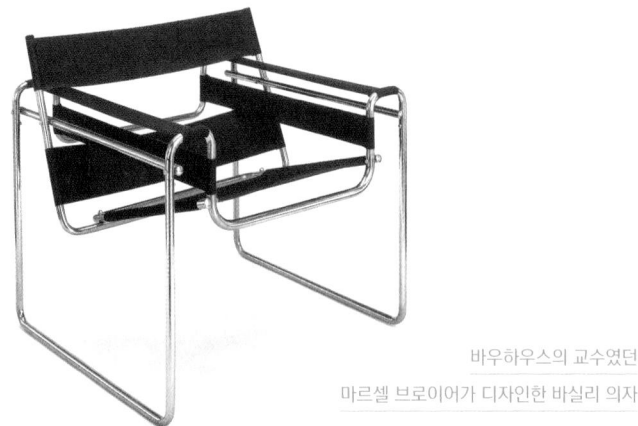

바우하우스의 교수였던
마르셀 브로이어가 디자인한 바실리 의자

'기능주의 디자인'이라고 이름 붙이고, 현대디자인의 표준으로 확립했다.

　제1차 세계대전 직후에는 기능주의 디자인이 상용화되지 못했지만 제2차 세계대전 이후에는 '실용주의 디자인'이라는 이름을 달고 전 세계로 퍼져나갔다. 전쟁으로 인한 피해를 빨리 복구하는 데 이 디자인이 안성맞춤이었기 때문이다. 그렇게 전쟁 직후에 디자인은 　대량생산체제를 통해 사회적 필요성에 적극 대응했고, 그 결과 디자인이 사회적 평등성을 실천

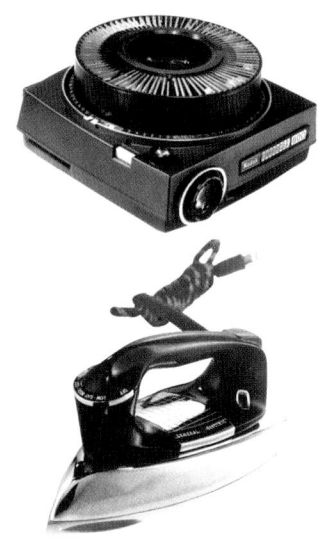

제2차 세계대전 직후에 전 세계적으로
파급되었던 기능주의 디자인

하는 윤리적 활동으로 자리 잡게 되었다. 허윈 샤퍼Herwin Schaefer가 "[20세기 초기] 사회적인 측면에서 기계미학에 심취한다는 것은 디자인에 민주적으로 접근한다는 것을 의미했다"고 말했듯이, 전후 디자인은 생산 활동을 넘어서서 민주주의를 실현하는 윤리적 활동으로까지 확장되었다.

그래서 기능주의 디자인의 이런 도덕적인 기여를 중심에 놓고 보면, 작가의 주관성을 표현하는 순수미술은 사회적 위기를 극복하는 데 기여하는 바가 전혀 없고 편협하며 이기적인 활동으로 보이는 것이다. 그 결과 디자인은 사회적 윤리 측면에서 예술을 피하고 부정하게 되었다.

디자인 이론가 정시화가 디자인은 "디자이너 개인적 취향이나 디자이너 개인의 표현적인 문제로 다룰 성질의 일이 아니다"라고 하면서 디자인을 "사회적인 가치와 효용적인 가치를 더 고려해야 하는 사회적인 창조 활동"이라고 단정 지었던 것도 그 때문이다. 그러다 보니 디자인은 예술을 탐구하고 연구하는 미학과 더욱 멀어진 반면에 산업적 생산 활동과는 더 가까워졌다. 그러면서 똑같은 물건을 대량으로 생산하는 일은 사회 민주, 평등성을 위한 윤리적 활동이라는 믿음이 더욱 굳건해졌다. 그래서인지 언제부터인가 디자인이 예술인가 아닌가 하는 해묵은 논쟁이 디자인계에서 자취를 감추어버렸다. 그렇다면 디자인이 오로지 생산성, 기능성, 상업성과 관련된 사회윤리 영역으로 완전히 자리를 잡은 것일까?

실제로는 정반대다. 디자인의 예술성에 대한 논쟁이 필요 없을 정도로 디자인은 생활 속에서 이미 예술로 받아들여지고 있기 때문이다.

디자인이 순수미술은 아니지만…

잉고 마우러Ingo maurer의 조명디자인을 보면 접시가 깨져서 사방으로 날아가는 것처럼 보이는 모양이 매우 충격적이다. 멈추어 있는 형태지만 운동감이 아주 강해 보인다. 이게 무슨 디자인인가 싶은데, 설치미술을 떠올리게 할 만큼 예술성이 충만하다. 사실 설치미술이라고 해도 틀린 말은 아니다. 하지만 이것은 샹들리에이고, 기능에 충실한 엄연한 디자인이다.

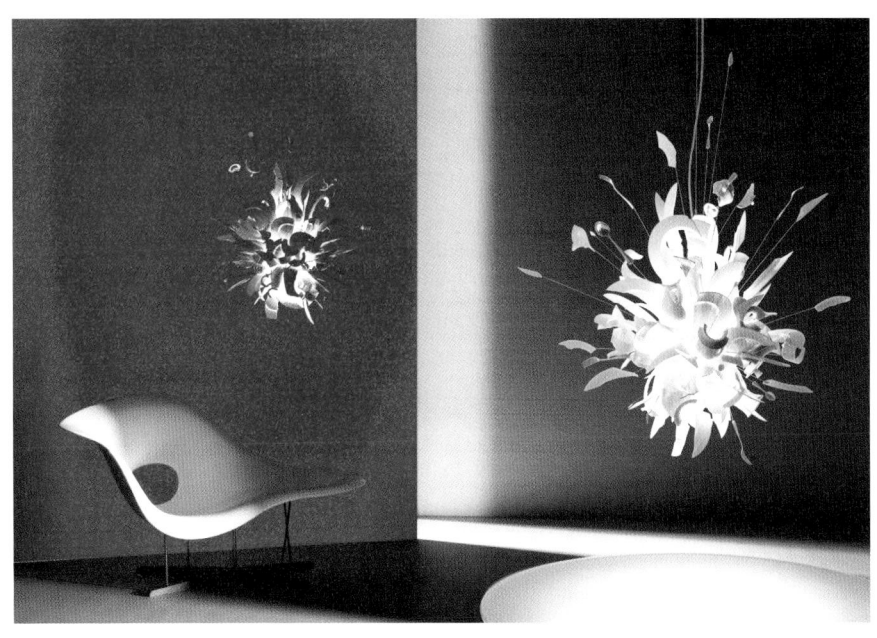

디자인에서 탁월한 예술성을 실현하고 있는 잉고 마우러의 조명디자인

"디자인은 미술과 산업이 만날 때 발생하는 것"이라는 베일리의 견해를 떠올리면 디자인에서 미학이나 예술성이 완전히 부정되지는 않았던 것 같다. 그런데 "미와 유용성을 목적으로 하는 공업 내지는 산업에서의 계획 또는 설계"라는 디자인 정의를 보면, 그간 디자인은 '아름다움'과 '기능성'이라는 이분법적 기준에 따라 이들을 기계적으로 융합하는 것이 디자인이 해결해야 할 중심 과제라고 생각했던 것을 알 수 있다. 이때 아름다움은 디자인의 외형에 대한 시각적인 문제로, 기능성은 디자인의 속성 내지는 본질의 문제로 단순하게 나누어졌고, 그 안에서 미학이나 예술, 미술 등은 디자인의 외형적 아름다움을 해결하는 데에나 활용되는 종속적인 가치 정도로만 여겨졌다. 미학이나 예술이라는 말에 담긴 인문학적 무게감을 생각하면 대단히 낮은 차원에서 다루어졌다는 것을 알 수 있다.

그런데 마우러의 조명디자인은 표면적 심미성과 내용적 기능성을 융합한다는 디자인의 형식적 정의에서 한참 벗어났다. 우선 외형에서 매끈한 아름다움이 느껴지지 않는다. 혼란스럽고 파괴적이어서 추하게 느껴진다. 하지만 이 조명의 형태를 보고 그렇게 느끼는 사람은 없을 것이다. 오히려 기존의 디자인에서는 느껴본 적 없는 강렬한 예술적 감흥을 얻을 것이다. 게다가 사용하는 데 문제가 있는 것도 아니다. 샹들리에로서 충실하게 기능한다. 그러니까 이 조명디자인은 디자인으로서의 본분을 충실히 갖추면서도 그 위에 예술성이라는 가치를 더하고 있다. 기능에만 치우친 디자인보다 사람들에게 훨씬 더 많은 것을 주고 있는 것이다.

마우러의 조명디자인은 강렬한 예술적 감흥이 맨 앞에서 주도하고 있고 그 뒤로 기능성이 뒷받침하고 있다. 그래서 심미성과 기능성이 대등한 위치에서 조화를 이루는 형식적인 디자인의 수준을 넘어섰고, 그만큼 디자인을 대하는 사람들을 크게 매료시킨다. 예술성이 디자인의 존재감을 결정짓는 것이다.

실제로 꽤 오래전부터 이러한 디자인들이 세계 디자인의 흐름을 주도해오고 있다. 그리고 이런 디자인을 한 디자이너들은 화가나 영화감독, 뮤지션 들처럼 세계적인 명성을 얻고 있다. 그간 순수미술이나 예술을 부정적으로 보았던 시각에서는 이런 현상이 디자인의 본질, 디자인의 윤리성을 위협할 수 있는 매우 심각한 사태일 수도 있다. 사회를 위한 윤리적 활동이 개인의 주관을 표현하는 미술, 예술로 의미를 축소해버리는 반윤리적, 반사회적 현상일 수 있기 때문이다. 그렇지만 이러한 변화가 대중적인 현상이라면 거기에는 분명 타당한 이유가 있을 것이다. 그러니 이를 이해하기 위해서는 우선 디자인계에서 미술이나 예술에 대한 부정적인 인식이 어떻게 만들어졌는지 그 기원부터 살펴보아야 한다.

'디자인design'이라는 말은 아주 오래전부터 있었던 것 같

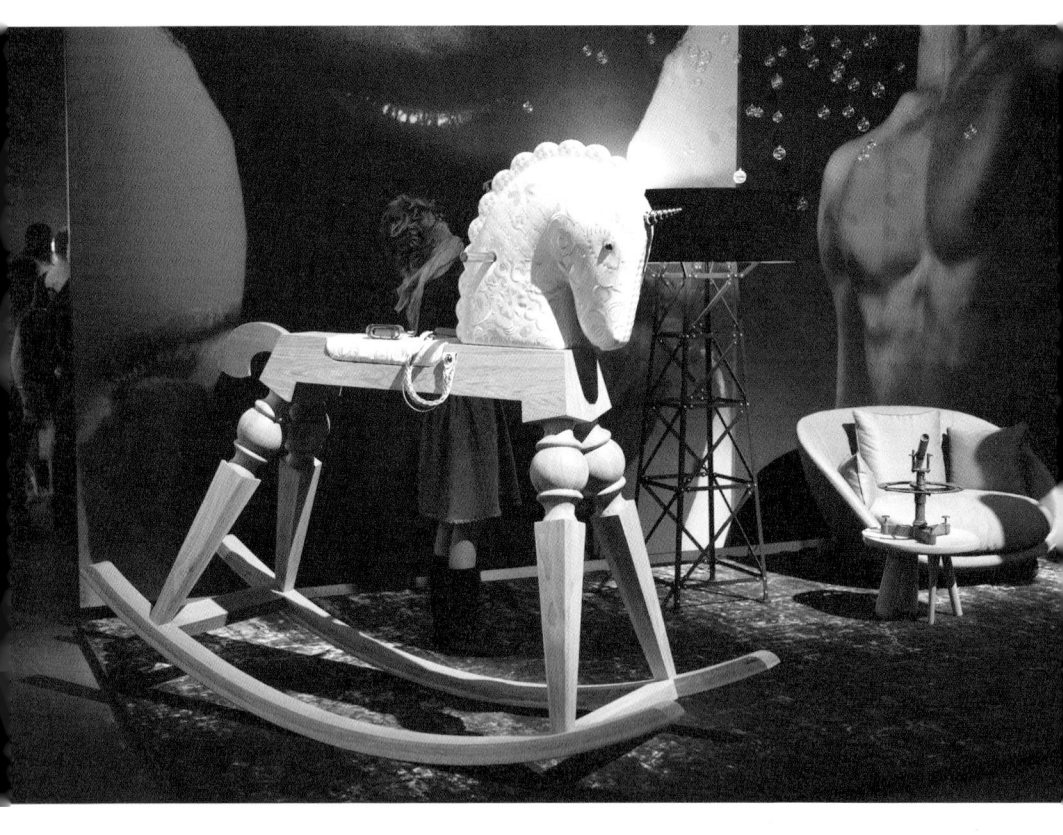

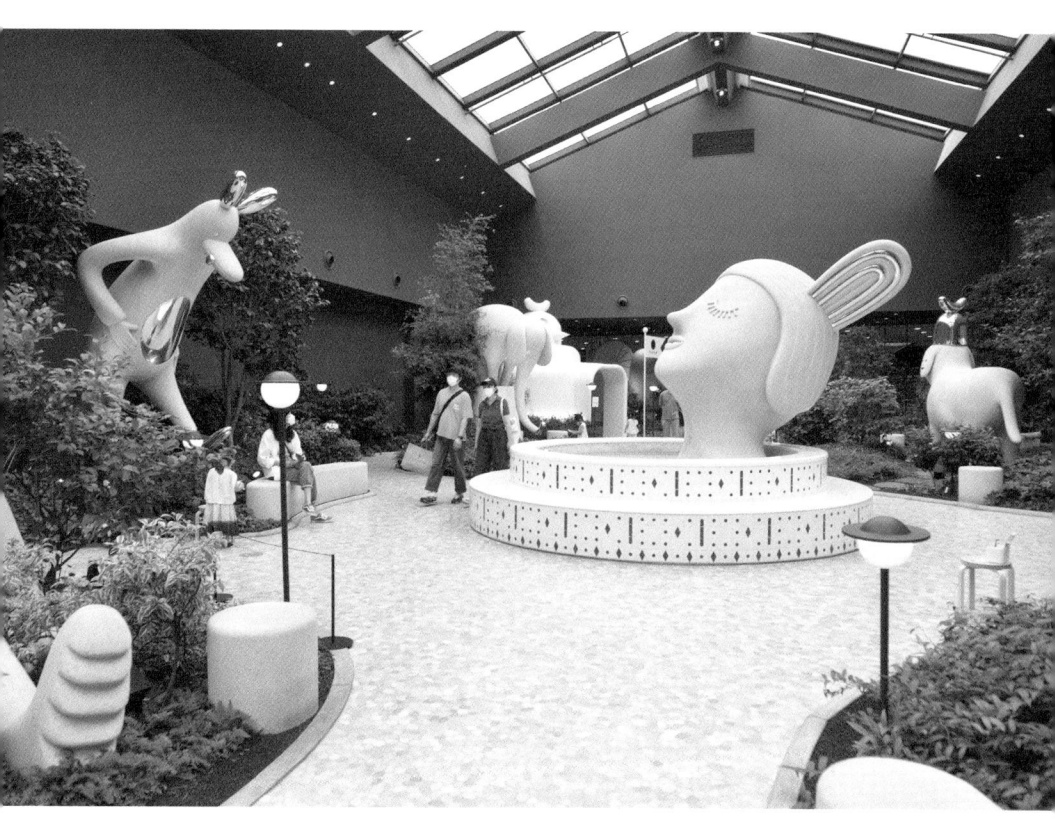

세계 디자인의 흐름을 주도하고 있는 마르셀 반더스와 하이메 아욘의 예술적 디자인

지만, 제2차 세계대전 직전 미국에서 처음 등장했다. 그 이전까지는 주로 '응용미술applied art'이라는 말을 썼다. 당시까지만 하더라도 디자인은 미술의 한 분파로 여겨졌고, 실용성을 담당하는 미술로서 존재했다. 하지만 디자인이라는 말이 생겨나면서 디자인은 미술과 완전히 분리되고 독립된 정체성을 구축했다. 동시에 순수미술을 부정적으로 보면서 순수미술과 완전히 정반대 방향으로 나아갔다.

그런데 순수미술에 대한 부정적인 태도는 사실 19세기 말 응용미술 시대에 형성되었다. 정확히 말하면 당시 영국에서 활약했던 지식인 윌리엄 모리스William Morris에서 시작했다. 그는 노동의 즐거움이 존중되고, 일상생활에서 예술 가치를 실현하는 수공예를 강조하는 '미술공예운동Arts and Crafts Movement'을 일으켰던 장본인이었다. 수공예에 대한 그의 생각은 이후 사회적 윤리성을 추구하는 현대디자인의 이념이 되었기 때문에 모리스는 디자인계에서 중요한 위치를 차지하고 있다. 그는 적개심에 가까울 정도로 순수미술에 부정적인 생각을 가지고 있었다. 그의 다음 말에서도 그러한 생각이 잘 드러난다.

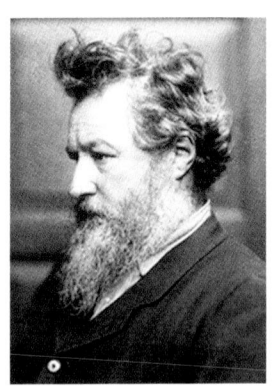

현대디자인의 이념을 만들었다고
여겨지는 윌리엄 모리스

예술가는 일상생활로부터 유리되어 그리스와 이탈리아의 몽상
에 사로잡혀 있다. (……) 그것도 흔히 소수의 사람들만 이해하
는 체하고 감동하는 시늉을 내고 있을 따름이다. 나는 소수를
위한 예술을 원하지 않는다. 마찬가지로 소수를 위한 교육도,
소수를 위한 자유도 원하지 않는다.

이 말에서 알 수 있듯이 모리스는 예술을 소수—아마도
기득권층 내지는 권력층—에만 한정된 행위이자, 일상생활과
관련 없는 고전적 예술성에나 침잠해 있는 것으로 보았다.

한편 『현대 디자인의 역사』에서 박연실은 "19세기 예술
가들은 실생활로부터 떨어져 구름 위로 도피해 '예술을 위한
예술' '예술가를 위한 예술'만을 상찬했다"라고 했다. 한 시대
의 예술가들을 싸잡아서 비난하고 있는데, 이는 순수미술에
대한 모리스의 관점과 그대로 일치한다. 즉 모리스의 관점은
20세기를 지나 21세기에 접어든 지금까지도 변함없이 그대
로 지속되고 있는 것이다.

그런데 순수미술에 대한 이런 부정적인 생각을 정상적인
견해라고 하기 어렵다. 순수미술을 작가의 주관성을 표현하는
고립된 활동 혹은 분야로 보는 것이 언뜻 맞는 듯하지만 조금
만 논리적으로 생각해보면 순수미술의 표면적 현상만 본 편견
에 불과하다는 것을 알 수 있다. 그런 논리라면 연구실에서 글

만 쓰는 철학자나 실험실에서 실험만 하는 과학자들도 모두 고립된 채 자신의 주관적 세계를 표현하는 사람들이라고 보아야 할 것이다.

하지만 철학자나 과학자 들을 다르게 보는 것은 이들이 하는 일의 목적 때문이다. 철학과 과학은 진리를 목적으로 하는 분야다. 그래서 겉으로 보기에 주관적이고 개인적인 활동을 한다고 하더라도 그것을 개인의 주관적 표현으로 폄하하지 않는다. 그러니 순수미술도 겉만 보고 판단할 것이 아니라 화가나 조각가 들이 어떤 목적을 가지고 작업하는지를 가장 먼저 살펴보는 것이 좋다.

이즈음에서 모리스가 "예술을 위한 예술"이라 비난했던 순수미술의 한 작품을 살펴보자. 후기 인상주의의 하나인 점묘파 화가 조르주 피에르 쇠라Georges Pierre Seurat의 그림이다. 일반적인 회화와 달리 그림 전체가 작은 색 점으로 그려졌다. 작가의 독특한 주관이 잘 표현된 것처럼 보인다. 그런데 쇠라가 이 그림을 그릴 당시에는 광학의 발전으로 삼원색을 기본으로 하는 색의 원리가 밝혀지고 있었다. 그는 그러한 색의 삼원색 원리를 바탕으로 작은 점만 찍어서 그림을 그렸다. 이렇게 하면 물감을 섞어서 색을 만들지 않아도 원하는 색을 얻을 수 있었는데, 이른바 멀리서 보면 색이 섞여 보이는 감산혼합의 원리다. 게다가 이 방법은 색이 탁해지지 않고 맑아 보이는 효과도

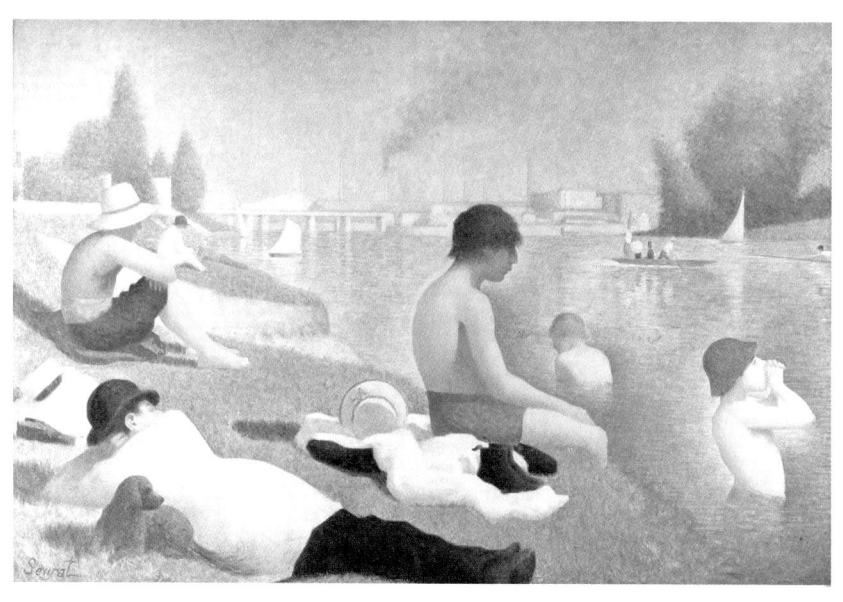

색점으로 그려진 쇠라의 점묘화

얻을 수 있었다. 쇠라가 그림을 그렸던 과정을 살펴보면 단지 작가 개인의 주관을 표현한 것이라고 하기는 무척 어렵다. 그의 그림 뒤에는 당대 과학이 성취한 객관적인 원리들이 작용하고 있었으니 말이다.

그래서 영국의 미술사학자 허버트 리드Herbert Read는 쇠라를 가리켜 "과학적 추세를 받아들여 객관성이라는 이상을 정확하게 표현한 화가"라고 했다. 그런 점에서 쇠라의 점묘화는 자신의 주관적 세계가 아니라 보편적 세계, 과학적 세계를 표현하려 했다는 것을 알 수 있다. 따라서 쇠라의 그림은 모리스가 비판한 "예술을 위한 예술"에서 한참 벗어나 있었다.

한편 리드는 "현대미술은 예술철학에 의해서만 일관성을 획득한다고 하면서, 예술철학은 미술을 시각적으로 세계를 이해하는 수단으로 정의한다"고 했다. 이는 현대미술의 목적이 과학이나 철학과 똑같다는 말이다. 모두 세계를 이해하는 것을 목적으로 하는 인간의 행위인 것이다. 이런 현대미술의 문을 열어젖힌 사람이 바로 프랑스 화가 폴 세잔Paul Cézanne이었다.

리드에 의하면 세잔은 "정연한 정신이나 혼탁한 갖가지 감정들이 개입되지 않은 상태에서 세계를 하나의 객체object로서 관조하"는 화가였다. 물론 그의 그림도 다른 작가의 그림과 구별되는 자신만의 고유한 주관적 세계를 구현하고 있다. 하지만 이는 주관적이라기보다는 진리를 추구하는 과학자들이나 철학자들의 주장이 서로 다른 것과 비슷하다고 할 수 있다. 즉, 진리에 대한 견해가 다르기 때문에 작가마다 그림이 다른 것이다. 따라서 점묘화와 같이 진리를 추구하는 현대 회화들은 작가의 주관성만 표현된 그림이라는 프레임을 씌우기 어렵다.

그렇게 세잔 이후 미술은 그간 디자인에서 생각했던 것과는 반대로 객관적 세계, 세계의 진리를 구현하는 것을 목적으로 하면서 가열하게 발전했다. 그리고 '추상미술' '순수미술'이라는 이름이 붙으면서 이전의 그림들과 구별되었다. 이런 미술을 모리스는 "예술을 위한 예술"이라고 비난했고, 디자인계는 그것을 그대로 받아들여 미술과 완전히 반대인 디자인을 상정해놓고 사회적 윤리성을 획득했던 것이다.

그렇다면 기껏해야 상품의 생활주기 안에서 수명을 달리하고 제한된 소비자층만 공략하는 디자인들이 오래전에 그려졌음에도 여전히 전 세계의 수많은 사람에게 예술적 감흥을 불러일으키고 있는 세잔, 파블로 피카소Pablo Picasso, 빈센트 반고흐Vincent Van Gogh, 앙리 마티스Henri Matisse와 같은 작가들의 그림들보다 사회적 윤리성이 뛰어나다는 근거를 도대체 어디에서 찾을 수 있는 것일까?

사실 모리스는 현대미술, 순수미술에 대해서 제대로 된 견해를 가질 수 없었다. 20세기 현대미술의 찬란한 발전을 보지 못하고 1896년에 생을 마감했기 때문이다. 그리고 "예술

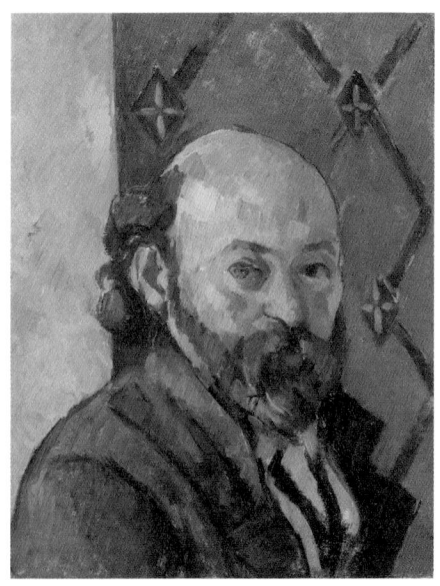

을 위한 예술"에 대한 그의 부정적인 견해를 보면 프랑스 현대 미술의 문을 열어젖힌 여섯 살 연하의 세잔을 몰랐던 것이 분명해 보인다. 그렇지 않고서는 혁명을 통해 평등한 공화국을 건설했던 프랑스 시민들과 함께 위대한 미술작가들이 만들어 갔던 현대미술을 그런 식으로 비판할 수는 없었을 것이다.

사실 모리스가 비판적으로 보았던 "예술을 위한 예술" 개념도 근대에 들어와 예술의 자율성을 추구했던 건전한 미학적 주장이었다. 그전까지 예술은 사회적 목적에 의해 독립적이고 순수한 예술성을 확보할 수 없었다. 그러다 보니 이 개념은 예술이 예술적인 목적이 아닌 다른 목적으로 인해 변질되고 종속되는 것을 피하고 순화하려는 의지에 따라 나타났던 것이다.

여기에 비해 모리스의 견해는 미학적으로 '사회적 공감

형태의 재구성 방식으로 그려진
세잔의 자화상

sympathie sociale '을 강조하면서 예술이 인간을 도덕적으로 승화 시키고, 인품을 고양시키고, 무엇보다 사회발전을 위해 유용한 역할을 수행하면서 전반적으로 인생에 기여해야 한다는 '인생을 위한 예술'에 속하는 것이었다. 대단히 윤리적이고 사회적이기는 하지만 레프 톨스토이Lev Tolstoi처럼 예술이 종교적, 도덕적 생활에 봉사해야 한다는 주장에 이르면 예술의 순수성 자체를 부정하게 되는 폐단이 나타날 수 있다.

그래서 19세기 말에는 오스카 와일드Oscar Wilde 같은 유미주의자들이나 로저 프라이Roger Fry 같은 형식주의 비평가들이 예술에 도덕을 개입시킨 빅토리아시대의 사상을 공격하고 나서면서 예술을 위한 예술을 옹호하는 진영과 예술의 사회적 책임을 요구한 진영 사이에 큰 논쟁이 일어나기도 했다. 피에르 조제프 프루동Pierre Joseph Proudhon, 톨스토이 그리고 일부 마르크스주의자들은 예술이 인간, 윤리, 혁명에 헌신하기 위해 존재한다고 주장했고, 테오필 고티에Théophile Gautier, 와일드, 클라이브 벨Clive Bell 등은 예술은 그런 것들과는 관계없이 예술 자체만을 위해 존재한다고 주장하면서 서로 극렬히 부딪쳤다.

결국 20세기에 들어서면서 예술의 순수성을 지향했던 순수미술은 탄탄한 자기 완결성을 구축하며 현대 문화, 현대예술의 도도한 흐름을 만들어나갔다. 그런 점에서 당시 순수미술에 대한 모리스의 견해는 편협한 사회윤리성에만 편중되었으며 감정적이었고, 무엇보다 순수미술에 대한 정보와 경험이 부족했다고 할 수 있다. 그러니 이러한 그의 견해가 지금까지도 디자인에 작용한다는 것은 문제가 크다.

물론 그렇다고 해서 디자인이 순수미술과 같다고 할 수는 없다. 오늘날 순수미술과 디자인은 사회적 존재 방식이나 사회적 역할에서 전혀 다르게 기능하고 있다는 것만큼은 분명한 사실이다.

예술이 아닌 것과 미술이 아닌 것은 전혀 다른 문제

이쯤에서 살펴보아야 할 것이 '미술'과 '예술'의 구분이다. 디자인에 관한 많은 글을 보면 이 둘을 거의 같은 뜻으로 사용하는 경우가 대부분이다. 실제로 많은 사람이 '디자인은 미술이 아니다'라는 말과 '디자인은 예술이 아니다'라는 말을 같은 뜻으로 받아들인다. 많은 디자인 이론가도 미술은 개인의 범주에서 이루어지는 것이고, 디자인은 사회적인 범주에서 이루어지기 때문에 디자인은 예술이 아니라는 견해를 많이 피력한다. 그런데 이게 얼마나 비논리적인 생각인지 간단하게 확인할 수 있다.

순수미술이 예술의 한 분야인 것은 분명하다. 그렇지만

예술에는 수많은 분야가 있다. 음악, 미술, 건축 등은 전통적으로 알려진 예술 분야다. 그래서 음악이 미술이 아니라고 해서 예술이 아니라고 할 수 없는 것처럼, 미술이 아니라고 해서 디자인을 예술이 아니라고 할 수 없다. 디자인이 미술이 아닌 것과 디자인이 예술이 아닌 것은 전혀 다른 문제다.

오늘날 예술에 포함되는 분야들이 처음부터 예술로 인정받았던 것은 아니다. 19세기 말에는 사진이, 20세기 초에는 영화와 재즈 등이 예술에 포함되었다. 그리고 1950년대 이후에는 수공예와 미디어아트가 하나의 범주를 이루었고, 1960년대 이후에는 전자음악과 뉴저널리즘, 1970년대 이후에는 지금 자리 잡고 있는 거의 모든 분야가 예술에 망라되었다. 앞으로도 예술 영역은 계속해서 확장될 것이다. 그러니 디자인이 설사 지금은 예술로 인정받지 못하더라도 앞으로 예술에 편입될 가능성이 있기 때문에 디자인이 예술이 아니라고 함부로 단정 지을 수 없는 것이다. 게다가 앞서 마우러의 조명디자인을 보면, 사실상 디자인은 이미 예술의 영역에 들어섰다고 할 수 있다.

하지만 디자인의 몇 가지 특징들을 예로 들면서 디자인은 결코 예술이 될 수 없다고 주장하기도 한다. 가령 디자인은 산업적 대량생산을 통해 만들어지기 때문에 개인의 주관이 표현되는 예술이 될 수 없다는 견해들이다. 그렇지만 이러한 주장은 책이나 음반, 영화나 드라마 역시 산업적 생산 체계를 통해 대량으로 만들어지면서 대중화되고 있는 것을 보면 동의하기 어렵다.

디자인은 상품이기 때문에 예술이 될 수 없다는 견해도 그렇다. 많은 예술 분야의 결과물들이 대부분 상품의 형태로 유통되고 있다. 서점이나 영화관 등이 예술을 상품의 형태로 판매하는 곳이다. 그렇기 때문에 디자인만 상품성을 추구하는 독자적인 분야라는 주장은 타당하지 않다. 엄밀히 말하면 디자인이 상품의 형태로 판매되고 있다고 보아야 할 것이다. 디자인은 상품이기 이전에 생존을 위해 인간이 만든 도구이기 때문이다. 그리고 공공시설이나 공공재 등은 상품의 형태를 갖지 않는 디자인이다.

기능성을 충족시키는 것이 목적이기 때문에 디자인은 예술이 될 수 없다는 견해도 그렇다. 기능적 필요성은 디자인을 필요로 하는 개인이나 사회적 상황에 따라 달라진다. 예를 들어 결혼식 예복에 요구되는 기능성은 편리성이 아니라 예식에 맞는 형태다. 그래서 물리적 효용성만을 기능성이라고 단정 지어온 습관적 기능주의는 이런 디자인에서는 오히려 반기능주의가 될 수 있다.

그러니 디자인이 순수미술이 아니기 때문에 예술이 아니라거나, 일반적인 예술들과는 다른 독자적인 특징을 가지고 있기 때문에 예술이 아니라고 단정하는 것은 합당하지 않다. 디자인이 순수미술이 아닌 것은 확실하지만 그런 이유로 예술이 될 수 없다는 것은 황당한 주장이다. 그렇다면 예술이란 무엇일까? 미술을 비롯한 다른 수많은 분야가 포함된 예술은 도대체 무엇일까?

Art=Liberal Arts=인문학

원래 예술藝術이란 말은 『후한서後漢書』에 처음 등장한 것으로 알려졌으며, '학문'이나 '기예'라는 뜻이다. 이 말을 일본의 니시 아마네西周가 영어 아트art의 번역어로 사용했다. 그는 리버럴 아츠liberal arts를 '예술'로, 파인 아트fine art를 '미술'이라고 번역했는데 처음에는 미술과 예술이 상당히 유사한 뜻으로 사용되었다. 미술과 예술을 구분해 쓰기 시작한 것은 한참 뒤였다. 디자인에서 이 두 단어를 명확히 구분하지 않았던 것은 외래어를 번역하는 과정에서 나타난 문제도 한몫했던 것 같다. 그러니 '예술'의 뜻을 제대로 알기 위해서는 먼저 아트라는 말의 유래와 그 뜻이 시대에 따라 어떤 의미로 쓰였는지를 살펴보아야 한다.

서양미학사를 살펴보면 '아트art'는 라틴어 '아르스ars'에

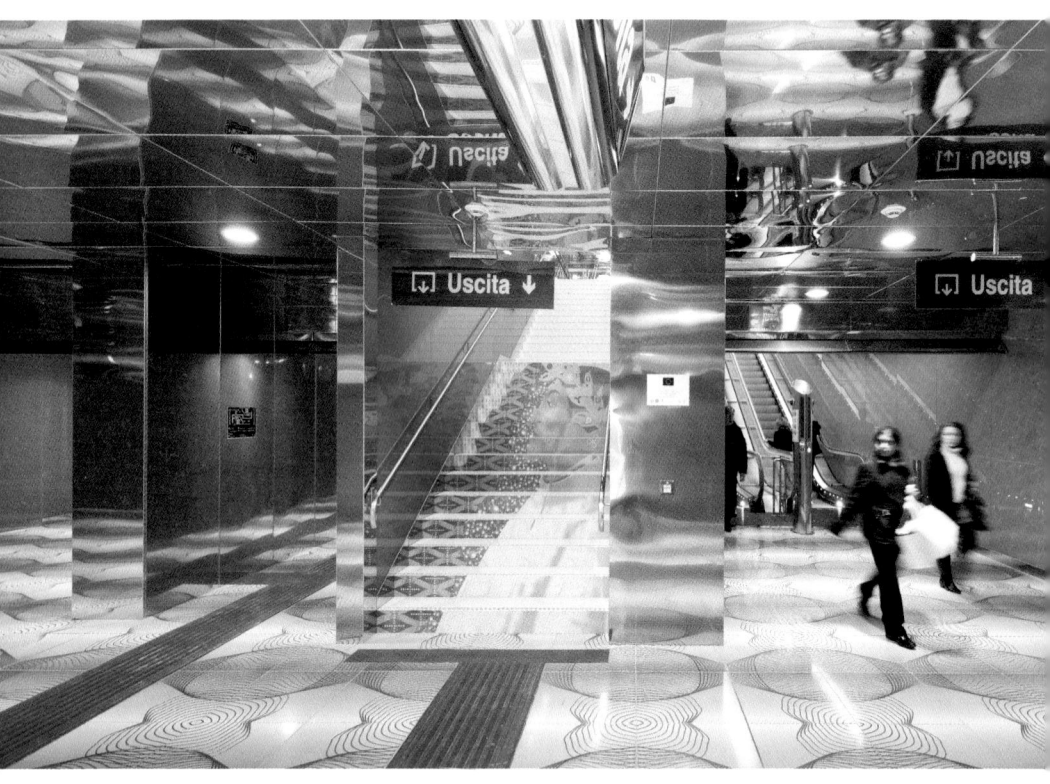

상품이 아닌 카림 라시드의 나폴리 지하철역 디자인

서 유래했다. 아르스는 그리스시대의 '솜씨'를 의미하는 '테크네techne'를 번역한 말로, 아르스는 르네상스 시대까지 물건, 집, 동상, 선박, 옷 등을 만드는 데 필요한 기술과 군대를 지휘하거나 땅을 측정하거나 청중을 사로잡는 데 필요한 기술을 뜻했다. 이 기술들은 규칙에 관한 지식에 의거하는 것이었으며, 규칙이 없는 것과 법칙이 없는 것은 기술이 아니었고 예술도 될 수 없었다. 구체적인 기술이라는 것은 체계가 잡혀 있고 이론화된 것이므로 이러한 기준에 부합하는 분야는 모두 예술로 여겨졌다.

한편 고대 때부터 아르스는 '정신적인 노력만을 필요로 하는 활동'과 '육체적 노력을 동반하는 활동'으로 구분되었다. 가령 다리를 놓거나 건물을 짓거나 그림을 그리는 일들은 모두 생활에 직접적으로 필요하거나 살아가는 데 필요한 것을 만드는 행위인데 반드시 육체적인 노동이 동반된다. 기술을 갖춘 활동이지만 이러한 활동들은 '통속적 예술vulgares ars'로 구분했다. 중세에 이르면 이것은 '장인적 예술mechanical ars'로 바뀐다. 그런데 아르스적 활동에는 '세상의 모든 물질은 무엇으로 이루어져 있는가' 하는 문제나 '수는 무엇인가' 하는 문제를 탐구하는 활동도 포함되었다. 이 활동들은 실용적이지 않지만 우주의 본질을 밝히는 것으로 육체적인 노동은 필요로 하지 않았다. 그래서 이러한 활동들은 '인문학적 예술liberales

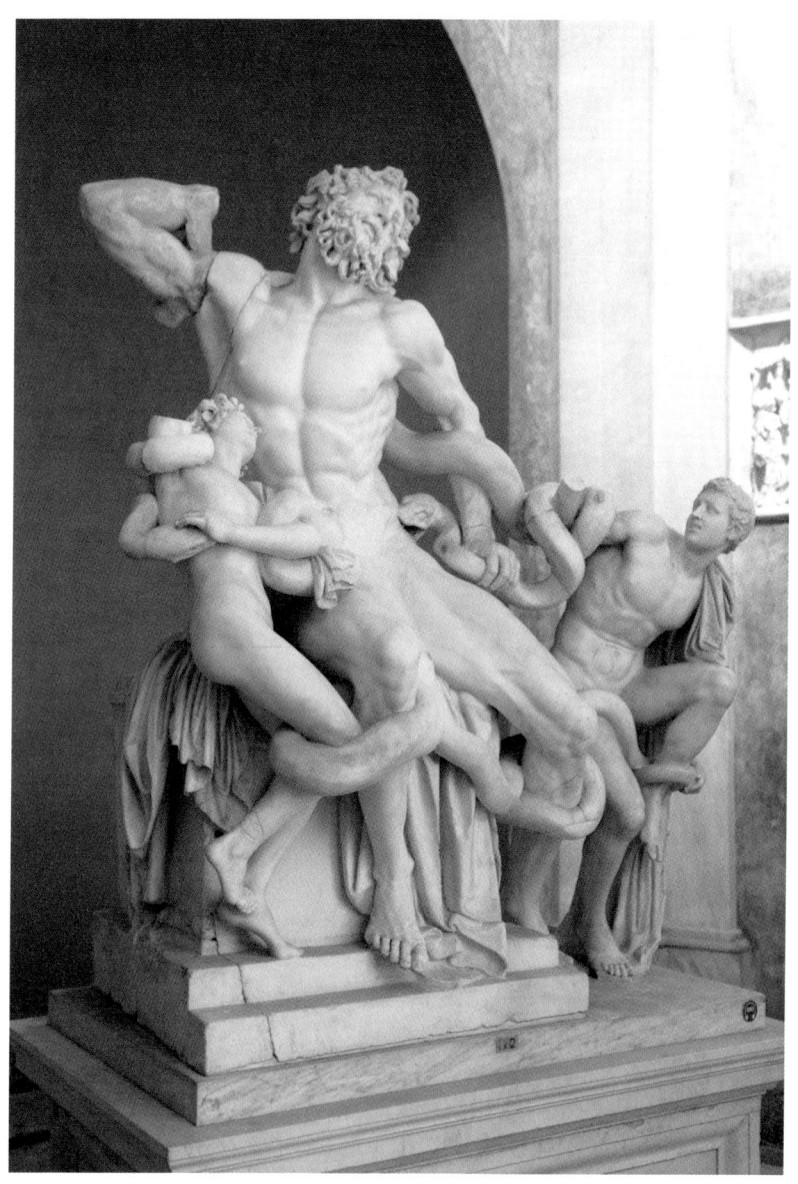

그리스시대에는 아르스에 속하지 않았던 라오콘 조각상

ars'로 분류했다.

후대에 들어 아르스는 실용성에 해당하는 영역과 학문에 해당하는 영역 두 가지로 나뉘었는데, 학문에 해당하는 인문학적 예술은 통속적, 장인적 예술에 비해 월등히 우월한 것으로 여겨졌다. 그러다가 중세가 되면 아르스는 점차 인문학을 가리키는 개념으로 바뀌었다. 중세시대에는 문법, 수사학, 논리학, 산술, 기하학, 천문학, 음악 총 일곱 가지 영역을 묶어 아르스라 했다. 이때의 음악은 음악을 만들거나 연주하는 활동이 아니라 음악학을 뜻한다. 이렇게 일곱 가지로 이루어진 인문학적 예술을 대학에서 가르쳤고, 중요한 교양과목으로 자리 잡았다. 지금 우리가 예술로 구분하는 음악이나 미술은 규칙성이 없다는 이유로 인문학적 예술과 장인적 예술 그 어디에도 속하지 못했다.

후대로 올수록 예술은 진리를 탐구하는 학문, 즉 인문학적 예술이 담당하게 되었고, 기술을 기반으로 실용적인 문제를 해결하는 테크네적 활동은 그 반대편을 담당하게 되었다. 당연하게도 인문학적 예술이 테크네적 활동에 비해 상위의 활동으로 여겨지면서 인문학적 예술은 절대적인 권위와 우위를 누리게 되었다. 그 흔적은 지금도 남아 있는데, 종합대학에서 인문대학을 '리버럴 아츠liberal arts'라고 표기한다. 그러니까 지금 예술이라고 하는 아트는 원래 '인문학적 예술'이었기에

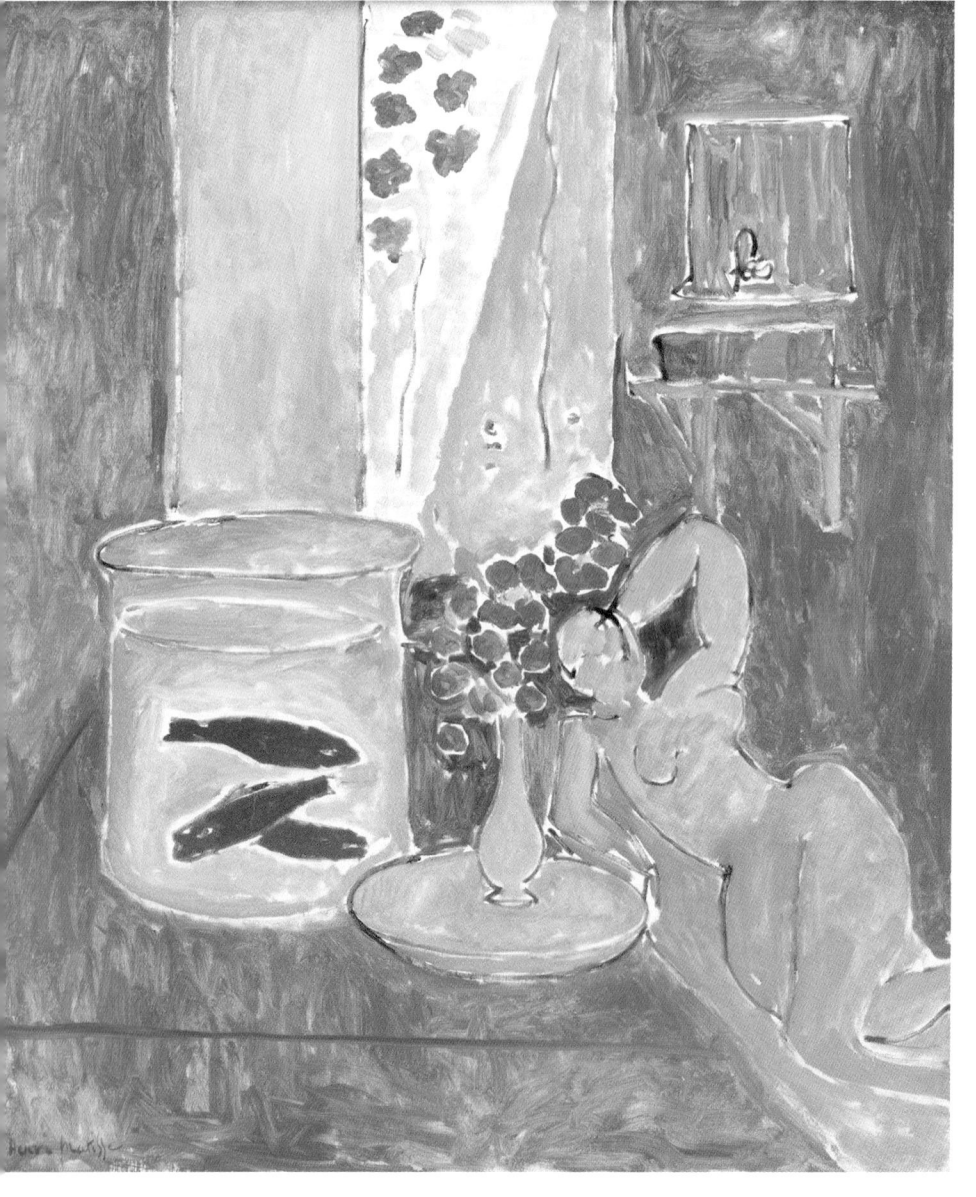

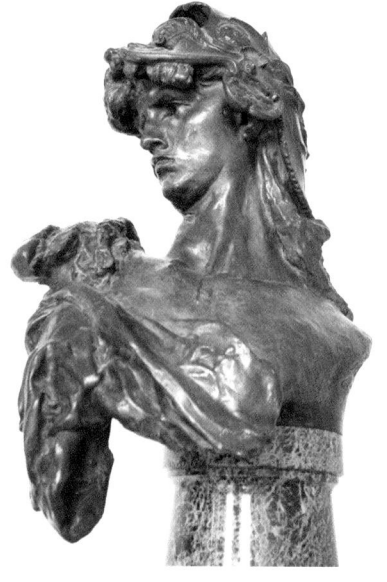

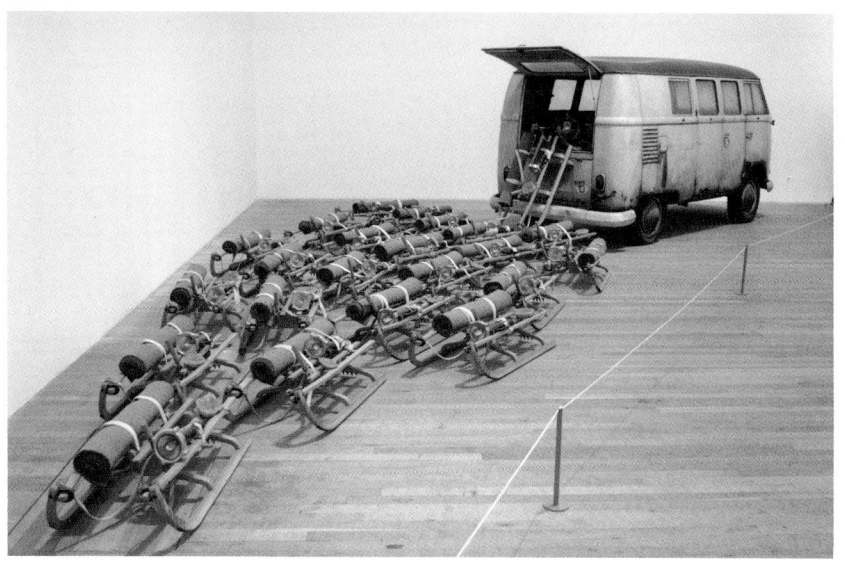

다양한 형태의 순수미술

'인문학' '순수학문'이라고 해석하는 것이다.

폴란드의 미학자 브와디스와프 타타르키비츠Wladyslaw Tatarkiewicz에 의하면, 18세기 중엽 이후로는 순전히 미적 예술만 예술로 남게 되었다. 물론 그 과정이 한 번에 이루어진 것이 아니라 19세기에 이르러서야 기술과 학문 분야가 제외되고 완전히 순수예술만 남아 지금의 예술 영역을 구성하게 되었다. 순수학문 분야가 제외된 것은 18세기 이후에 등장한 '과학science' 때문이었다. 진리를 추구하는 학문인 과학이라는 강력한 영역이 새로 만들어짐에 따라 그동안 아트에 속했던 순수학문들은 모두 과학이라는 더 강력하고 확실한 거처로 자리를 옮겨갔다. 그렇게 해서 비워진 예술의 공간을 지금의 예술 분야들이 순차적으로 채워나갔다.

그런 예술의 한 영역에 미술이 포함되었고 '순수미술'이라고 부르고 있다. 이 순수미술에는 조각, 공예, 회화 등이 포함된다. 하지만 중세시대에는 이런 활동들은 '메커니컬 아츠mechanical arts'에 가까웠고, '예술'과 '기술'의 구분에서는 기술 영역에 속하는 것이었다. 그러다가 지금은 순수예술, 즉 리버럴 아츠에 속하게 된 것이다.

이러한 역사적 흐름을 보면 예술이라는 범주는 고정불변의 절대적인 것이 아니라 그 내용과 정의가 항상 유동적이었다는 것을 알 수 있다.

미술은 원래부터 순수하지 않았다. 어느 순간부터 순수해졌는데, 그와 동시에 순수미술은 예술, 아트로 옮겨갔다. 서양에서는 전통적으로 아트, 즉 순수학문이 기술적인 분야보다 우월한 활동이었기 때문에 테크네에서 아트로 넘어가는 경우는 있어도 반대의 경우는 없었다.

사실 오래전부터 기술적인 분야에 속했던 회화와 조각은 아트로 승격되기 위해서 많은 노력을 했다. 뒤에서 자세히 살펴보겠지만 그리스시대의 황금비례 등이 그런 목적 때문에 만들어졌다. 여하튼 여러 노력 덕분에 잠시 성공하기는 했지만 조형예술이 아트로 완전히 옮겨가지는 못했다. 왜냐하면 옛날 화가들은 주문을 받아서 그림을 그리거나 교회나 왕실, 귀족들에게 의뢰를 받아 프로젝트성 그림을 그렸기 때문이다. 그러다 보니 언제나 현실적인 목적에 부합하는 그림을 기술에 입각해서 그렸다. 그런 점에서 과거의 화가나 조각가 들은 오늘날의 디자이너에 가까웠다고 할 수 있다.

예를 들어 부오나로티 미켈란젤로Buonarroti Michelangelo가 그린 시스티나성당의 천장화나 벽화를 보면 작품성은 대단히 뛰어나지만, 이 그림들은 로마교황청으로부터 의뢰를 받아서 그리게 된 공공 프로젝트의 일환이었다. 미켈란젤로가 그린

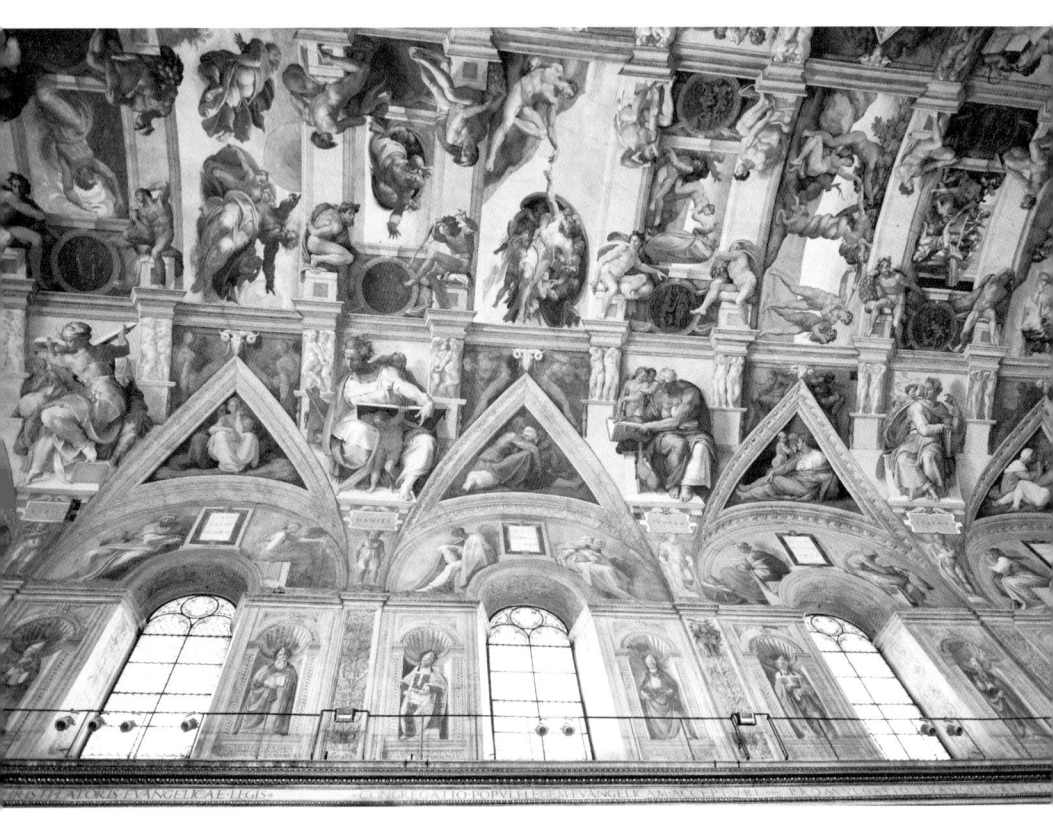
로마교황청의 의뢰로 그렸던 미켈란젤로의 시스티나성당 그림

그림은 예술작품이기 이전에 성경의 내용을 사람들에게 시각적으로 쉽게 이해시키기 위한 것이었다. 지금 기준으로 보면 그의 그림은 순수미술보다는 일러스트레이션에 가깝다.

그러다 미술이 아트 영역에 완전히 자리 잡게 된 것은 순수미술이 본격적으로 그려지기 시작한 19세기 후반부터였다. 음악은 이미 이전에 아트 영역에 들어와 있었고, 영화나 연극 같은 것들은 이후에 아트 영역에 들어왔다. 순수학문들이 과학으로 자리를 옮겨가면서 생겨난 공백을 기술적 영역에 있었던 음악, 미술 등이 하나씩 채워간 것이다.

그런데 그 후로 여러 예술 분야는 이전처럼 프로젝트성 작업이 아닌 작가를 중심으로 가치를 창조하는 작업이 주류를 이룬다는 공통점이 있다. 작가 스스로의 의지로 작품을 만들어 세상에 내놓은 것이다. 그리고 그렇게 만들어진 작품은 보여주는 것에서 그치지 않고 판매를 통해 대중화되었다. 인상파, 후기 인상파, 피카소 등의 그림들은 전시를 통해 미술시장에서 인기리에 판매되었다.

루트비히 판 베토벤Ludwig van Beethoven이나 빌헬름 리하르트 바그너Wilhelm Richard Wagner 같은 고전주의 음악가들도 음악을 위해서 허리를 졸라매었던 것이 아니라 작곡을 해서 많은 돈과 명예를 얻었다. 18세기 초부터 많은 음악가가 악보를 출판해서 경제적 이익을 얻었다. 문학도 마찬가지였다. 인쇄술의 발달로 문학가들이나 음악가들은 예술 활동을 경제활동으로 확장해 대중적인 인지도와 경제적인 이익을 동시에 누렸다.

그렇게 될 수 있었던 데에는 복제품들을 대량으로 생산할 수 있는 기술과 체계가 결정적인 역할을 했다. 작품의 오리지널리티가 요구된 것은 미술 분야에 한정된 현상이었고, 대부분의 예술 분야는 작품을 대량으로 복제, 생산해 판매함으로써 대중에게 알려지고 소비되었다. 그렇게 순수한 예술 활동들은 디자인에서 보는 바와 달리 결코 개인적이고, 고립되며, 사회성을 잃는 경우가 없었다. 그리고 언제나 상업적인 루트를 타고 대중화되었다.

그렇다면 어떻게 해서 수많은 비예술 분야가 예술 안으로 들어갈 수 있었던 것일까? 그것은 순수학문이 아트였다는 것과 깊은 관계가 있다. 여기서 잠시 '순수'라는 말의 의미를 제대로 이해할 필요가 있다. 흔히 많은 사람이 '순수미술'의 '순수'를 작가의 주관적 세계를 외부의 힘에 전혀 영향을 받지 않고 있는 그대로 자유롭게 표현하는 것이라고 생각한다. 작가의 내면이 오염되지 않고 그대로 표현되는 것을 '순수'라고 생각하는 것이다. 그런데 순수미술에서 '순수'는 '순수학문'의 '순수'에 가깝다. 실용성이나 현실적 이해관계와는 완전히 분리되어서 우주의 본질이나 진리를 탐구하기 때문에 학문 분야에는 '순수'라는 단어가 붙는다. 그래서 순수학문에는 세속적

권력이나 교황의 힘과 같은 외부의 그 어떤 작용도 개입할 수 없었고, 연구자의 주관적 호오好惡도 작용하지 못했다. 반대로 리버럴 아츠의 반대편에 있었던 '메커니컬 아츠' '테크네'에 해당하는 활동에는 실질적 기술이 요구되고 현실과 깊게 관계하기 때문에 순수라는 말이 붙을 수 없었다. 따라서 순수미술에서 '순수'는 진리라고 보는 것이 정확하다. 미술처럼 이전에 기술, 테크네에 속했던 활동이 아트에 들어가기 위해서는 필수로 확보해야 할 것이 바로 순수학문이 지향했던 '진리'였다. 미술에서 '순수'가 붙은 것은 바로 그 '진리'를 지향하게 되었기 때문이다.

그리고 그것을 가능하게 했던 사람이 바로 앞에서 이야기한 후기 인상주의 화가 세잔이었다. 세잔이 미술을 주관의 표현이 아니라 객관적 세계의 구현으로 바꾸어놓음으로써 미술은 순수미술이 될 수 있었고, 아트의 중심에 놓일 수 있었다.

그런데 미술에서 진리의 확보는 꼭 19세기에 등장했던 과제가 아니었다. 앞서 살펴본 것처럼 그리스시대 때부터 조각이나 건축 같은 조형예술은 개인의 주관이나 기술적인 활동을 넘어서서 보편적 진리를 추구하는 활동으로 승격되기 위한 노력을 많이 했다. 플라톤Platon 같은 철학자는 조형예술을 단지 '돋보이게만 하는 기술arts of flattery'이라고 비판하면서 테크네에도 들어가지 못하는 것으로 여겼다. 그 정도로 아트와 테

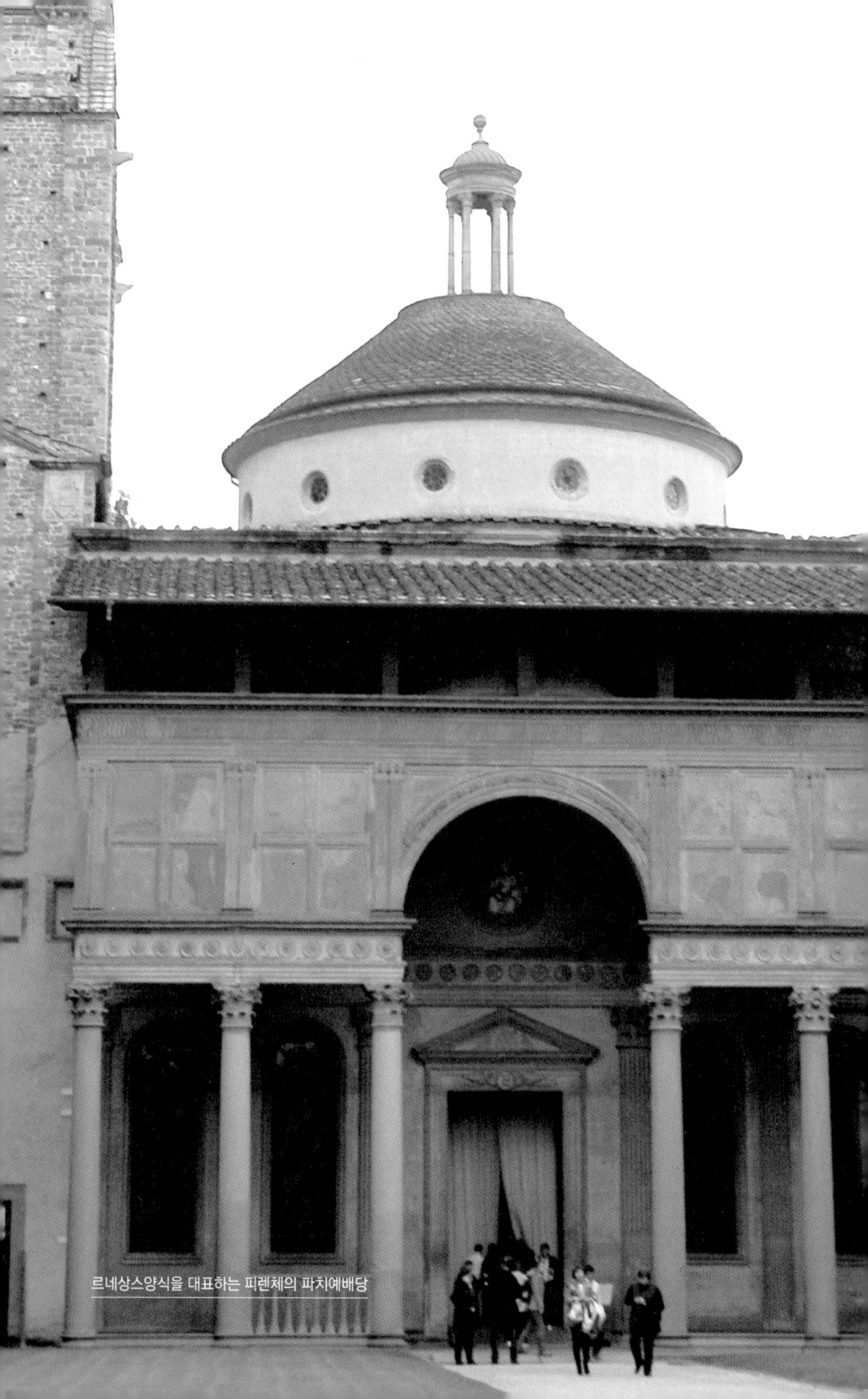

르네상스양식을 대표하는 피렌체의 파치예배당

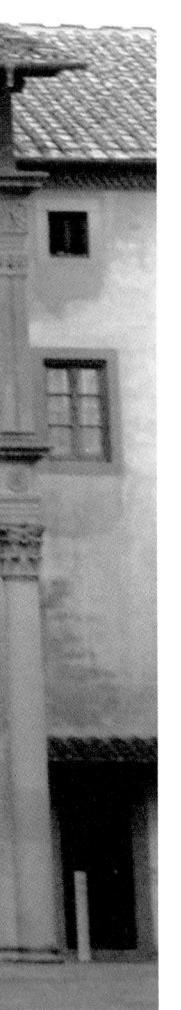

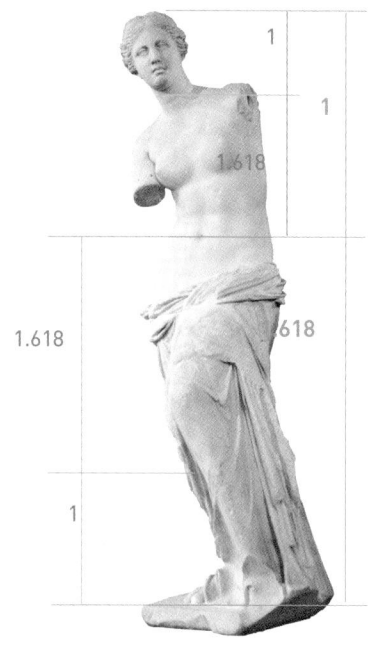

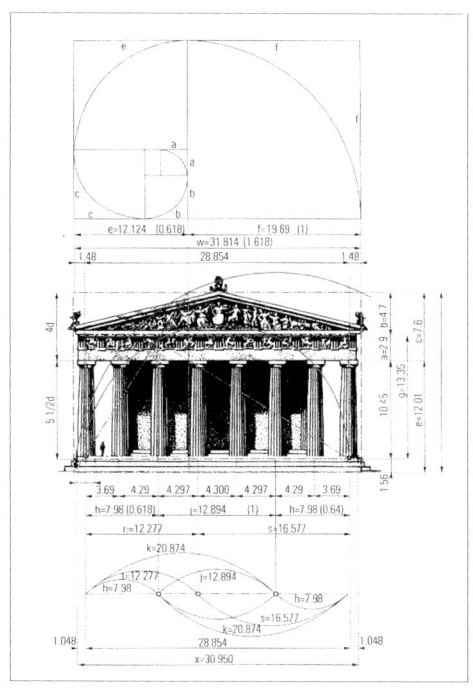

밀로의 비너스와 파르테논신전에 구현된 그리스시대의 수학적 비례미

크네적 활동의 불평등이 심했는데, 그래서 아트적 활동이 되기 위해서는 당시 철학이나 과학이 가진 진릿값과 같은 차원의 일관된 조형 법칙을 확보해야 했다. 그래서 수학에서 도입한 황금비례를 적용한 조각들이나 건축물들이 많이 만들어졌다. 하지만 그 정도로는 조형예술이 아트의 영역으로 쉽게 이전하지 못했다.

그리고 르네상스 시대가 되면 조형예술에서 다시 보편적 법칙성을 추구하게 되는데 초기에 만들어졌던 것이 투시도법이었다. 이것은 예술가 개인의 다양한 주관적 시각을 하나로 통합하는 보편적인 시각이 되었는데, 논리만 가지고 있으면 철학에서 수학처럼 누구나 구현할 수 있었다. 무엇보다 평면에 입체의 세계를 표현할 수 있어서 미술작업에 혁명적인 변화를 가져다주었다.

그다음으로 건축에서는 삼각형, 사각형, 원형만으로 교회를 짓는 르네상스양식이 만들어졌다. 기하학의 3대 형태와 기독교의 삼위일체를 연결해 교리를 시각화하고자 한 결과였는데, 그렇게 해서 자와 컴퍼스만으로 설계된 교회 디자인은 단지 하나의 건물이 아니라 기독교사상을 형상화한 것이 되었다.

바로 직전까지 교회 건축은 고딕양식이 이끌었다. 사실 고딕양식은 '고트족의 양식'이라는 의미로, 르네상스 시대의 건축가들이 앞 시대의 건축을 비난하기 위해 붙인 이름이지만

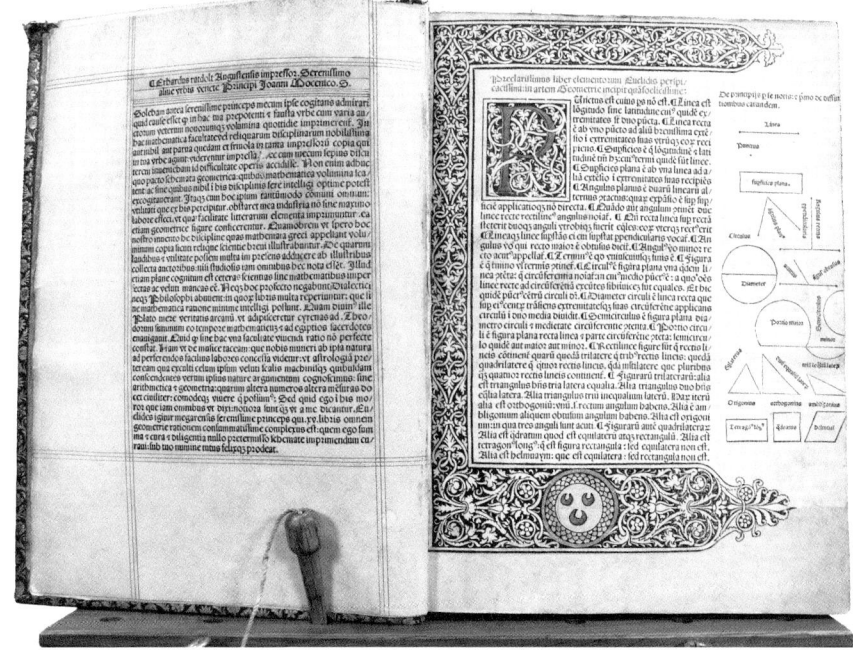

이름이라기보다는 욕에 가깝다. 이런 이름이 붙은 까닭은 고
트족이 서로마제국을 멸망시키는 데 앞장섰던 게르만족의 일
파로 알려졌기 때문이다. 그러니까 르네상스 시대의 건축가들
은 크고 화려한 고딕양식의 성당은 감각적 만족에만 입각해
서 만들어졌기 때문에 원칙이 없다고 비판하면서 기하학에 입
각한 원리적인 건축을 한 것이었다. 이들은 아랍 이교도 도성
안에 있었던 그리스·로마 시대의 기하학 체계를 보게 되었고,
그리스·로마 시대의 건축물이 담고 있는 수학적 이념을 참고
했다. 그래서 삼각형, 사각형, 원형만 가지고 개인적 주관을 벗
어나 본질의 세계를 디자인했다. 그것은 곧 수학으로 삼위일
체의 신학적 이론을 해석하는 일이었고, 기하학적 형태로 건
물을 설계하는 것은 신학 이념을 건물에 반영하는 일이었다.

이전까지는 아무리 크고 화려한 건축을 만들어도 그것은
기술적인, 테크네적인 산물일 뿐이었다. 하지만 르네상스 시
대 때부터는 건축 작업이 기독교의 이념을 다루는 성직자의
수준의 일로 지위가 급상승했다. 이때부터 건축가들은 '데지
그나레designare'하는 사람이라는 지위를 부여받게 되었다. 르
네상스 시대의 '데지그나레'는 오늘날의 '디자인design', 즉 설
계하다는 뜻과는 좀 달랐는데, 종교와 관련된 설계를 말했다.
그래서 르네상스 시대의 건축은 신학을 번역하는 일이 되었
고, 당시 건축가들의 작업은 기술자로서의 것이 아니라 성직

자 수준의 이념적인 일로 승격되었다.

건축에서의 이러한 지위 변화는 음악과 회화, 조각에 종사하는 사람들에게 대단히 큰 영향을 미쳤을 것이다. 건축가들의 사회적 지위가 바뀐 것을 보았다면 음악이나 미술 분야에서도 진리를 추구하고 실현하려고 시도했을 것이다.

건축 다음으로 테크네적 활동에서 아트적 활동으로 옮겨가는 데 성공한 분야는 18세기경의 음악이었다. 프란츠 요제프 하이든Franz Joseph Haydn, 볼프강 아마데우스 모차르트 Wolfgang Amadeus Mozart, 베토벤 등이 활동한 시기의 음악, 즉 고전음악이 형성되면서부터였다.

그전까지만 해도 음악은 종교를 위해, 혹은 왕이나 귀족을 위해 만들어지고 연주되었는데, 고전음악 시대에는 음악 자체를 목적으로 작곡가가 만들어내는 자율적인 창조물이 된다. 물론 이를 위해서는 음악 자체의 원리나 가치에 입각해 형식이 완전히 구성되어야 한다. 그래서 이 시기에 음악은 오선지를 중심으로 한 형식이 완전히 자리 잡고, 거기에 따라 대위법, 소나타형식 등 음악 자체의 원리에 기반한 음악이 만들어졌다. 그리고 교향곡, 현악사중주 같은 연주 형태도 나타나고 오케스트라를 중심으로 한 음악 형식도 만들어졌다. 이렇게 음악이 자체의 완벽한 형식과 음악성이라는 보편성을 지향하면서 아트, 예술 영역에서 확고부동하게 자리를 잡게 되었다. 그 결과 음악의 위치와 음악가들의 사회적 지위도 승격되었다.

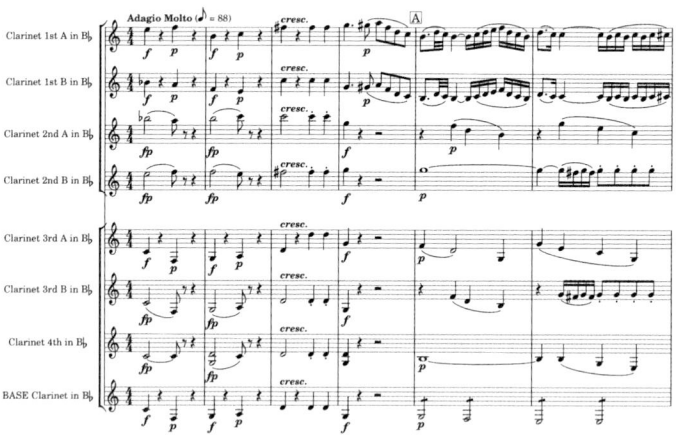

오선지를 중심으로 소리가 수학적으로 배열된 악보

그렇다면 미술은 어떻게 테크네에서 아트가 되었을까? 초상화를 주로 그리던 시대의 화가와 조각가 들은 음악을 하는 사람보다 더한 기술자들이었다. 대부분의 화가는 성 밖에서 가난하게 살면서 화구통을 들고 성안에 가서 그림을 그려주는 수공업자였다. 그랬던 그들이 아티스트가 된 것은 19세기 말, 정확하게 말하자면 후기 인상주의 때부터였다.

불과 얼마 전까지만 해도 미술의 목적이 무엇이냐는 물음에 '미의 추구'라고 답하는 경우가 많았다. 그런데 이때의 미는 시각적인 아름다움을 가리킨다. 이러한 미라면 플라톤이 비판했던 돋보이게만 하는 기술에 가깝다. 그런데 미술이 아트가 되면서부터는 아름답지 않더라도 훌륭한 작품들이 많이 만들어졌다. 미술의 목적이 진리가 되었기 때문이다. 이러한 양식의 그림은 후기 인상주의 때부터 본격적으로 그려지기 시작했다.

아름다운지 아닌지 판단하기 어려운 그림들은 인상파에서 먼저 그려졌다. 전통적으로 서양 회화에서는 인간이든 사물이든 완벽하다고 여겨지는 형태를 그려왔다. 그런데 인상파에 이르면 이름 그대로 완전한 형상이 아니라 '인상'을 그리기 시작했다.

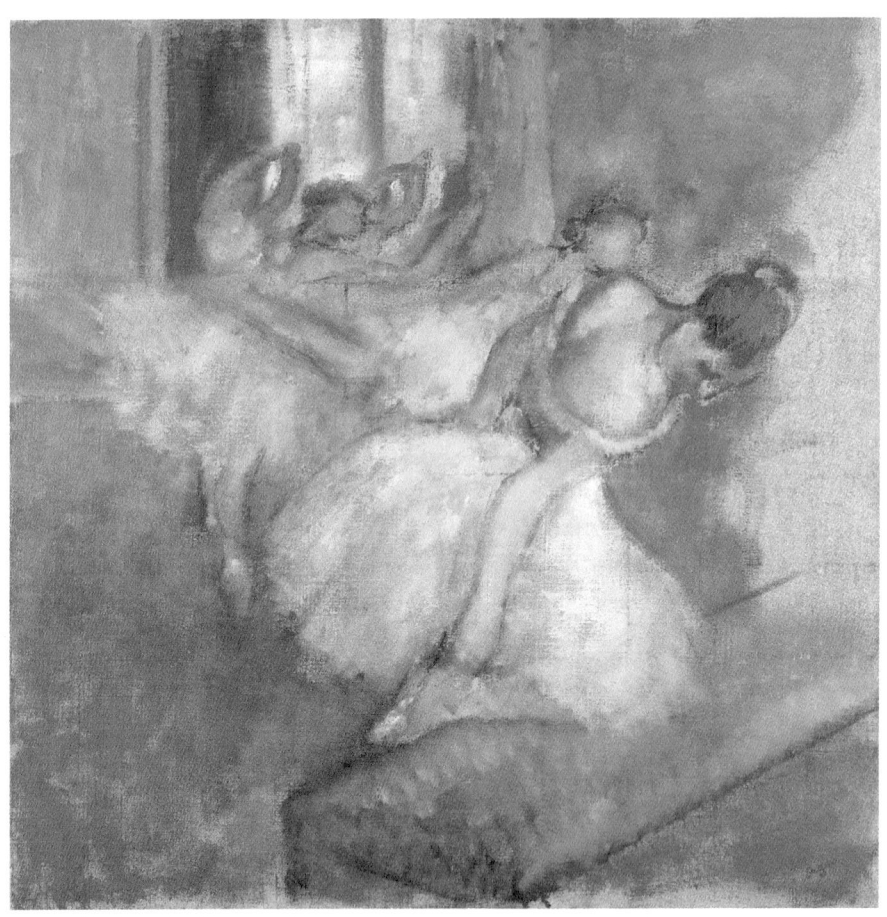

아름답지 않은 형태를 그리기 시작했던 인상주의 회화

인상은 이미지, 느낌이니 형상적 완전함을 필요로 하지 않는다. 그래서 형식적 측면만 보고 순수미술의 시작을 인상파라고 하기도 한다. 그렇지만 인상파 화가들은 진리에 대한 관념에 따라 그림을 그린 것이 아니라 순전히 시각적 효과에 입각해서 그림을 그렸기 때문에 본격적인 순수미술의 시작은 거의 동시대에 등장했던 후기 인상파 때부터라고 보는 것이 일반적이다. 앞서 살펴본 것처럼 후기 인상파 화가 세잔에서부터 순수미술, 즉 현대미술이 시작되었다고 본다.

세잔은 "이 세상의 모든 사물은 원기둥, 원뿔, 구로 단순화할 수 있다"라고 말했다. 단순화한다는 것은 복잡한 사물 속에서 본질을 가려낸다는 뜻인데, 다양한 사물과 그것을 이루는 본질적 요소로 형태를 구분했던 그의 시각은 이 세상의 모든 물질이 118종의 원소로 이루어졌다는 화학의 물질관과 유사하다. 그러니 세잔의 형태관이 화학적 원리에서 영향을 받

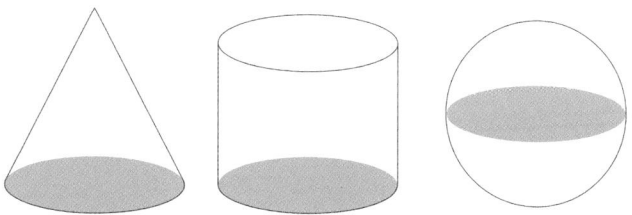

세잔이 사물의 본질적 형태라고 했던 원뿔, 원기둥, 구

았던 것은 분명해 보인다.

세잔의 조형 논리에서 가장 뛰어난 것이 바로 '구성composition' 이다. 화폭에서 분석한 조형 요소들을 조형 원리에 입각해서 재결합하는 것인데, 이렇게 그려진 그림은 원소들이 모여서 지구의 모든 물질을 이룬다고 보는 화학의 세계와 구조적으로 아주 유사하다. 그리고 이렇게 구성의 방법으로 그림을 그리면 자연스럽게 형태 요소를 '분석'하고 '종합'하게 되는데, 이것은 과학에서 사용하는 방법과 그대로 일치한다.

그래서 이렇게 구성된 그림은 작가의 개인적 주관이 만든 것이지만 과학과 깊은 연관성을 가진다. 세잔의 이러한 구성 원리는 이후 현대미술에서 가장 중요한 원리로 받아들여지고, 미술은 묘사에서 벗어나 독자적인 조형의 세계, 본질의 세계를 획득하게 된다. 그렇게 해서 미술은 자연스럽게 과학처럼 본질의 세계를 표현하는 일이 되었고, 곧 아트에 자리를 잡고 '순수미술'이라는 이름을 얻기에 이르렀다. 이런 점에서 화학의 원리는 현대 순수미술이 형성되는 데 결정적인 영향을 미쳤다고 할 수 있다. 그리고 당대의 과학적 원리를 적용해 미술을 아트의 영역으로 들어가게 만든 세잔의 업적은 정말 눈부신 것이었다.

19세기 후반의 후기 인상주의부터 미술은 아름다움이 아니라 진리를 추구하는 대표적인 예술로 자리를 잡았고 이후

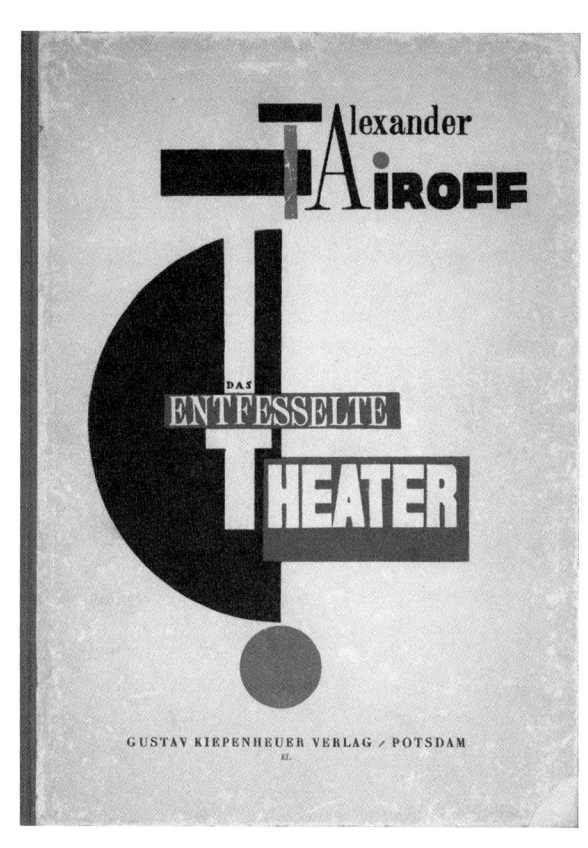

기하학적 형태로만 구성된 엘 리시츠키의 추상미술 작품

현대미술의 찬란한 꽃을 피웠다. 20세기 초반에는 미술작가들도 많이 등장했지만 대단히 많은 미술 유파가 나타나 찬란한 순수미술의 시대를 열었다. 진리를 추구하자마자 다양한 유형의 미술이 나타나게 되었던 것은 각 작가들이 보고 추구한 진리의 분야가 다양했기 때문이다. 물리학, 화학, 의학 등 과학의 영역이 다양한 것을 보면 진리는 하나가 아니라 다양하다는 것을 알 수 있다. 이를테면 초현실주의 회화는 인간의 본질이 이성이 아니라 무의식이라는, 19세기 말 심리학적 발견에 입각해 무의식의 세계를 그린 것이다. 아무 생각 없이 보았을 때는 몽롱한 신비주의 그림 같지만 그 뒤에는 심리학이라는 과학의 발견이 뒷받침되어 있었다.

그래서 이들의 작품을 단지 개인적 취향, 주관의 표현이라고 규정하는 것은 바람직하지 않다. 모든 철학자가 진리를 추구하지만 자신의 입장에서 본 진리를 말하기 때문에 각각 주장하는 바들이 다른 것처럼, 화가들도 자신들이 포착한 진리의 모양새들이 다르기 때문에 다양한 작품들이 나올 수밖에 없었다.

그리고 또 하나의 특징은 시각적으로 아름다워 보이지 않은 미술작품들이 태반이고, 아름다운 것이 별로 없다는 사실이다. 미술이 진리를 추구하면서부터 아름다움은 미학의 가치로 대접받지 못하게 된다.

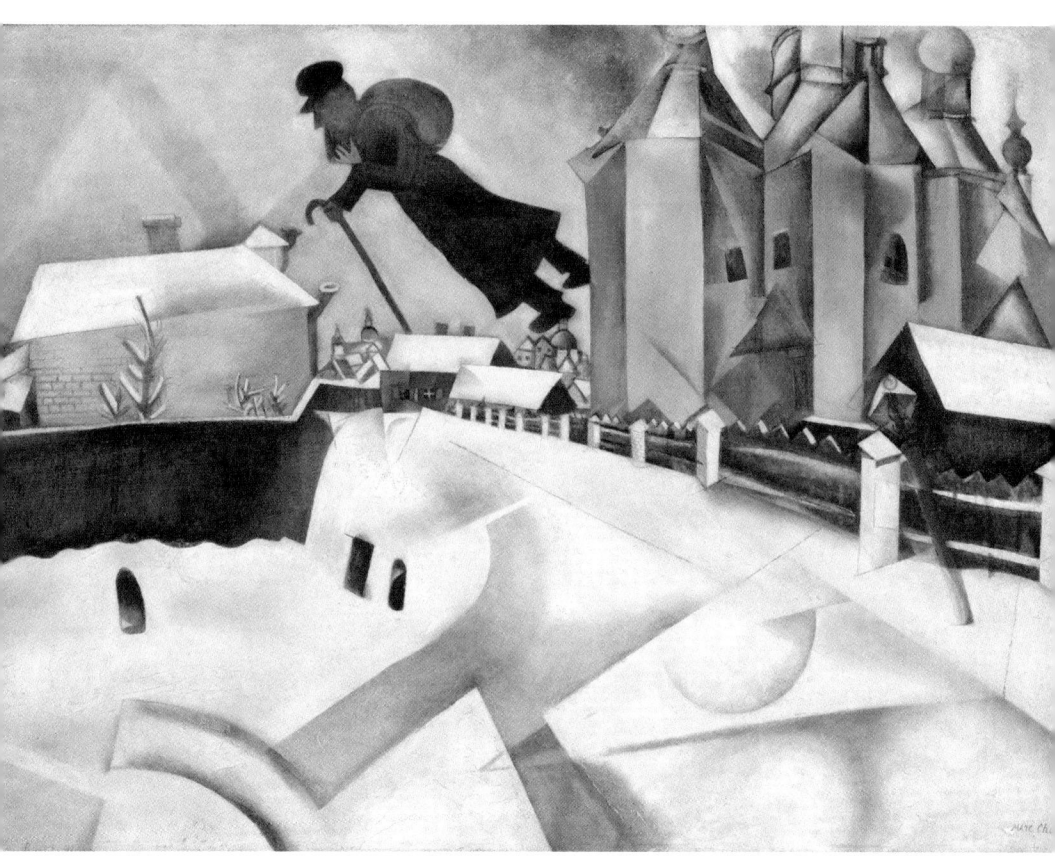

무의식의 세계를 그린 샤갈의 초현실주의 회화

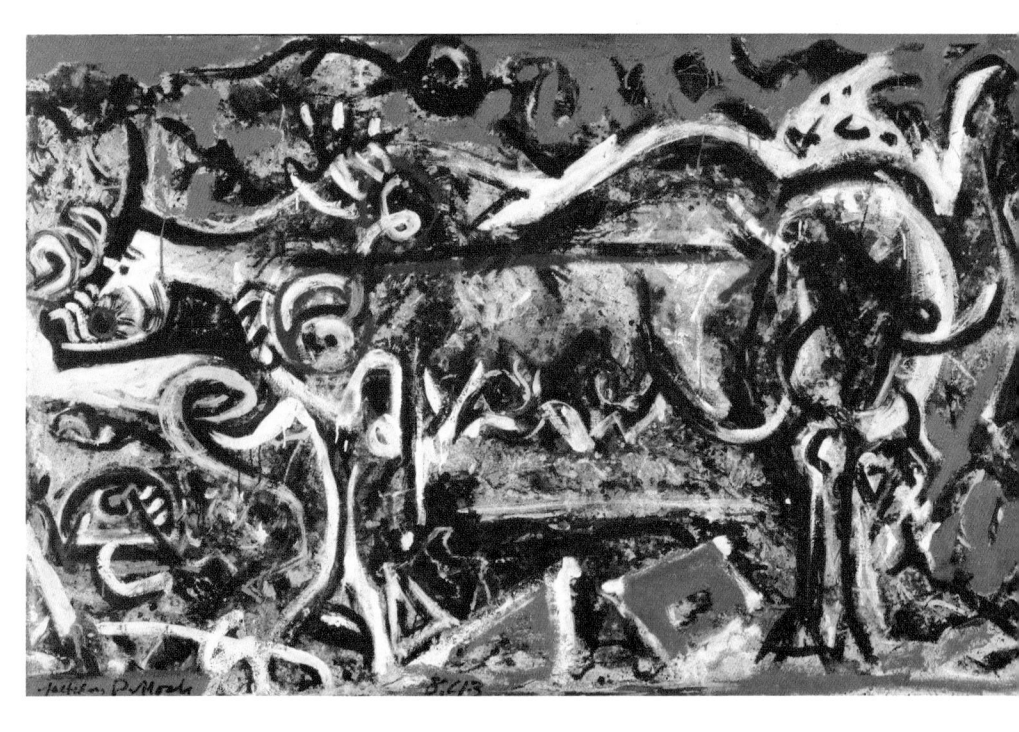

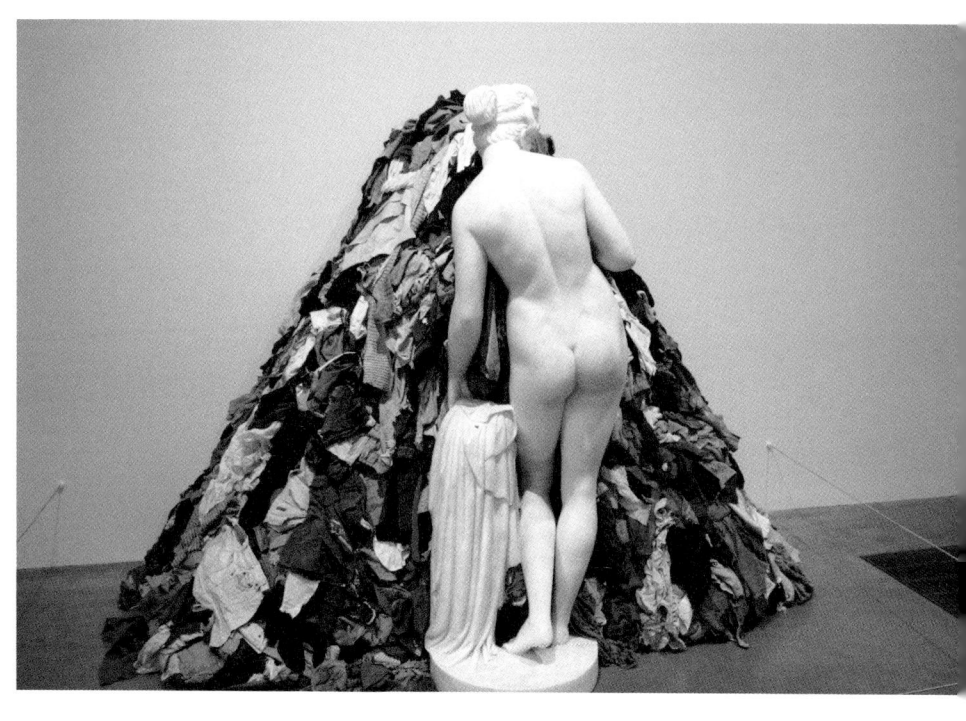

아름답지 않아 보이는 현대미술들

앞서 살펴본 것처럼 지금 예술의 영역에 자리 잡고 있는 분야들이 원래부터 그 자리에 있었던 것은 아니었다. 진리, 본질의 세계를 확보하면서 순차적으로 예술의 영역으로 들어갔는데, 그런 점에서 본다면 사회적 윤리성과 대중을 위한다는 디자인은 아직 테크네 쪽에 남아 현실의 문제를 기술적으로 해결하는 일에만 전념하고 있는 듯하다. 물론 변화의 조짐은 있지만 여전히 아트로 넘어가지 못하고 테크네에 남아 있는 조형예술의 일부분으로 있는 것 같다.

이렇게 된 데에는 사연이 있다. 처음 미술이 아트로 옮겨갈 때 화가들과 조각가들은 연대감이 확실했다. 하지만 같은 영역에 있었던 공예는 차별했다. 타타르키비츠에 의하면 19세기만 하더라도 공예는 인간 정신의 산물이 아니라 손기술의 산물이라 여겨 예술에 자리 잡는 것이 거부되었다고 하는데, 화가와 조각가 들은 공예가 진리를 추구하지 않는다고 해서 예술에 들어오는 것을 막았다. 이때 모리스는 순수예술과 실용예술을 차별하는 것은 해악한 오류라고 거칠게 공격하면서 공예를 예술 영역으로 받아들이라고 요구했다. 하지만 그의 요구는 받아들여지지 않았고, 회화와 조각만 아트로 진입했다. 이때 맛본 좌절감 때문인지 모리스는 이후 순수미술을 맹공격하기 시작했다. 순수미술에 대한 그의 부정적인 생각은 이러한 배경 속에서 만들어졌다. 그래서 한편으로는 그의 마음이 이해는

되지만 그의 견해가 지금까지 디자인 분야에 견고하게 남아 있는 것은 많이 아쉽다.

20세기에 들어와서 기존의 공예에서 디자인이 진화적으로 분리되었는데, 그 덕분에 공예는 예술 영역으로 분류되었다. 공예가들을 작가라고 부르는 것만 보더라도 알 수 있다. 거기에 비하면 디자인은 아직도 테크네에 머물러 있다고 할 수 있다.

그래서 디자인이 본래 예술이냐 아니냐 하는 것은 별 가치가 없는 논쟁이다. 지금 아무리 디자인이 테크놀로지와 생산 체계, 상업주의에 머물러 있다고 하지만 '기능'에서 '진리'로 목표가 바뀌기만 한다면 디자인도 언제든지 예술의 영역으로 들어갈 수 있기 때문이다.

여기서 예술에서의 진리에 대해 분명히 알아야 할 점이 있다. 예술에서의 진리는 그것을 획득했는가가 중요한 것이 아니라 진리를 목표로 해서 예술 행위가 이루어지냐는 것이다. 예술에서의 진리 확보는 진리에 대한 전망이나 규명을 한다는 것이지, 진리 그 자체를 획득하는 것을 뜻하는 것이 아니다. 엄밀히 말하면 과학도 시시각각 새로운 이론에 의해 바뀌기 때문에 확고부동하게 진리를 확보했다고 할 수는 없다. 그래서 칼 포퍼Karl Popper 같은 철학자는 과학의 특징으로 "반증 가능성"을 주장했다. 말하자면 어떤 과학적 이론이라도 반박

할 수 있는 가능성, 부정될 수 있는 가능성을 가지고 있어야 한다는 것이다. 독일의 철학자 칸트의 철학도 인간과 사회와 우주의 본질에 대해 당대에 가장 완벽하게 설명한 것이기 때문에 진리로 인정되었을 뿐이지 그것이 영원불멸하는 진리 그 자체인 것은 아니다. 더 완벽한 이론이 등장하면 진리는 바뀐다. 그래서 철학에서는 끊임없이 논쟁이 일어나는 것이다. 이처럼 진리를 추구하는 과학과 철학조차도 완벽한 진리를 확보하는 것은 불가능하다. 예술도 다를 바가 없다. 중요한 것은 진리를 목표로 한다는 것이다.

예술이 되어서 얻은 것

앞서 살펴본 바와 같이 지금 예술에 자리 잡고 있는 분야들은 진리를 목적으로 확보함으로써 그 자리에 들어갔다. 그런데 그렇게 해서 얻는 것은 무엇일까? 단지 화가와 조각가 들의 지위만 상승시켰을까? 그것만을 위해 기술적인 활동, 즉 테크네에 속했던 많은 예술 분야가 아트로 넘어가려 한 것은 아니었을 것이다. 그렇다면 많은 분야가 아트가 되면서 얻은 것은 무엇일까?

진리를 추구한다고는 하지만 디자인에 비해서 '쓸데없는

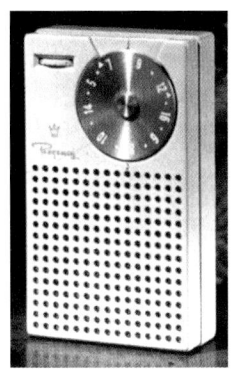

기능으로 대중과 연결된 디자인과 감동으로 대중과 연결된 순수미술

것을 만드는 일'처럼 보이는 미술이 디자인과 다른 차원에서 대중성을 확보하고 있는 것을 보면 아주 재미있다. 예를 들어 고흐나 피카소 같은 작가의 작품전이 열리면 전 세계에서 온 수많은 관람객이 비싼 입장료를 내고 줄을 선다. 그리고 마케팅 이론에서 디자인은 상품으로서 일정한 수명주기를 가지는데 미술은 수명이 따로 없다. 게다가 남녀노소, 국적을 가리지도 않는다. 순수미술은 작가 내면의 주관을 표현하며 세상으로부터 고립되었다고 하는 생각이 디자인계에 팽배하지만 실제로는 전혀 반대의 현상이 일어나고 있는 것이다. 왜 이런 현상이 일어나는 것일까?

지금까지 디자인은 일반적으로 기능을 통해 개인과 연결된다. 이 관계는 기능적 혜택과 욕구의 충족이라는 결과를 낳으면서 객관적으로 끝난다. 그런데 '진리'를 표현하는 순수미술은 '진리'를 통해 '대중'과 주관적으로 연결된다. '진리'의 특징은 '보편성'이다. 누구나 받아들이는 공통된 가치이기 때문이다. 그래서 순수미술은 '보편적 진리'를 확보함으로써 많은 사람으로부터 주관적인 '공감'을 불러일으킨다. 이 '공감'을 미학적으로는 '감동'이라고 한다. '감동感動'은 마음이 움직이는 것이다.

그리스시대 이후로 서양에서는 오랫동안 인간의 마음을 정신이 아닌 육체에 유배시켰다. 일관성 없이 시시각각 변한다는 이유에서였다. 그 결과 마음은 절제의 대상으로 외면당하고 무시당해왔다. 그러나 현대철학, 현대미학에서 마음은 정신의 영역으로 돌아왔다. 현대철학이나 현대의학에서는 인간의 정신이 '이성' '윤리' '정서'의 세 영역으로 이루어진다고 본다. 그래서 마음은 정신 영역에서 '정서'로 분류된다. 근대 이전까지 서양에서는 인간의 정신을 이성 그 자체라고 생각했지만, 지금은 정서가 삶에 결정적인 영향을 미치는 정신작용으로 꼽힌다. 정서가 인간의 행위를 직접적으로 유발하고, 정서에 문제가 생기면 우울증이나 암 같이 건강에 치명적인 문제를 불러일으키기 때문이다. 물론 그 반대면 건강하고 즐거

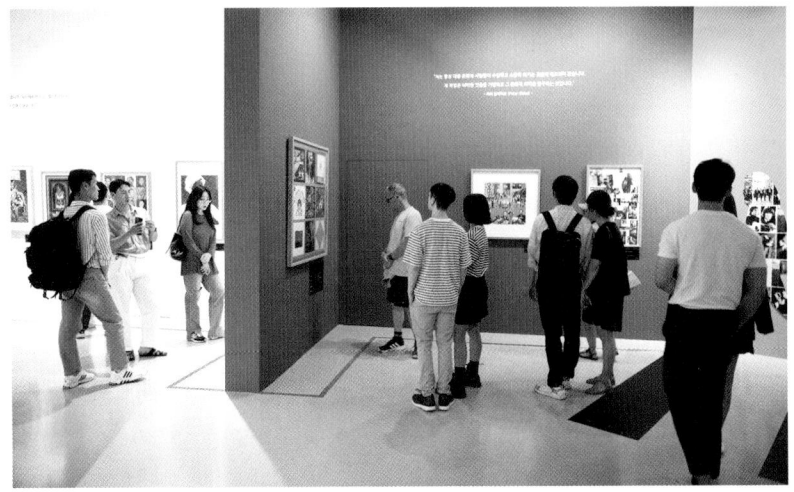

미술품을 감상하는 많은 사람

운 삶을 살아가도록 돕는다.

실제로 좋은 미술도 그렇고 좋은 음악, 좋은 영화에는 많은 사람이 모여든다. 진리를 추구하기 때문이라고 하는 것은 너무 딱딱하다. 사람들이 무엇을 기대하고 전시장과 공연장을 찾는지를 생각하면 쉽다. 정서적 감동 때문이다. 미학적으로 말하자면 '미적 감흥' '미적쾌감'을 얻기 위해서다. 그러니까 순수미술을 비롯한 예술은 진리와 보편성을 통해 감동을 자아내고, 그 결과 사람들의 정서를 순화시킨다. 그래서 순수미술은 객관적인 기능만 충족하는 디자인보다 훨씬 넓고 깊게 대중과 하나가 될 수 있는 것이다.

순수미술이 예술이 되어서 얻은 것은 바로 이것이었다. 아니, 순수미술이 예술이 되고자 했던 목표가 이런 것이었다. 감동을 통해 사람들과 하나가 되는 것…….

생산자의 입장만을 대변해온 기능주의 디자인의 비윤리성

순수미술의 이런 행보에 반해 디자인은 전혀 다른 길을 걸어왔다. 디자인의 공익적 성격, 윤리적 당위성뿐 아니라 현대디자인에 관한 거의 모든 것이 제1, 2차 세계대전 전후에 형성되었다. 구체적으로는 제1차 세계대전 직후 독일 디자인학교

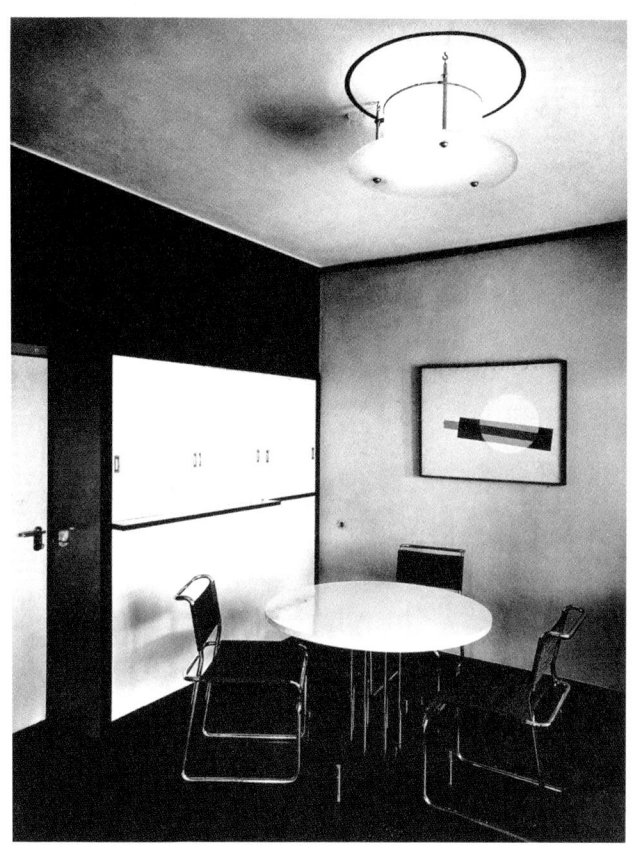

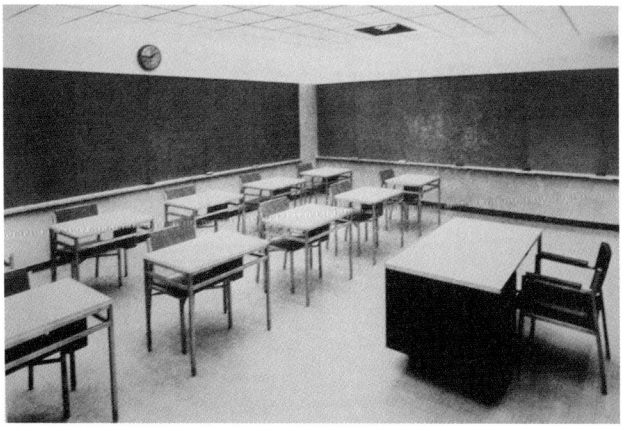

현대디자인의 표준이 된 바우하우스에서 만든 디자인과 미국의 실용주의 디자인

바우하우스의 디자인과 제2차 세계대전 직후 미국의 실용주의 디자인이 현대디자인의 중요한 골격이 되었다. 두 차례의 전쟁이 지나간 직후의 상황은 정상이 아니었다. 이 시기의 사회가 당면한 가장 큰 과제는 폐허가 된 자리를 빠르게 복구하는 것과 생존이었다. 현대디자인은 바로 이런 비정상적인 상황을 타개하는 과정에서 형성되었다.

이 같은 시기에 사람들의 욕구는 생존에 필요한 것을 원하는 방향으로 획일화된다. 따라서 사회적 수요도 단일화되고 대량화된다. 하지만 생산시스템이 전쟁으로 심하게 타격을 받은 상황에서는 공급이 수요를 따라가지 못한다. 그 결과 수요

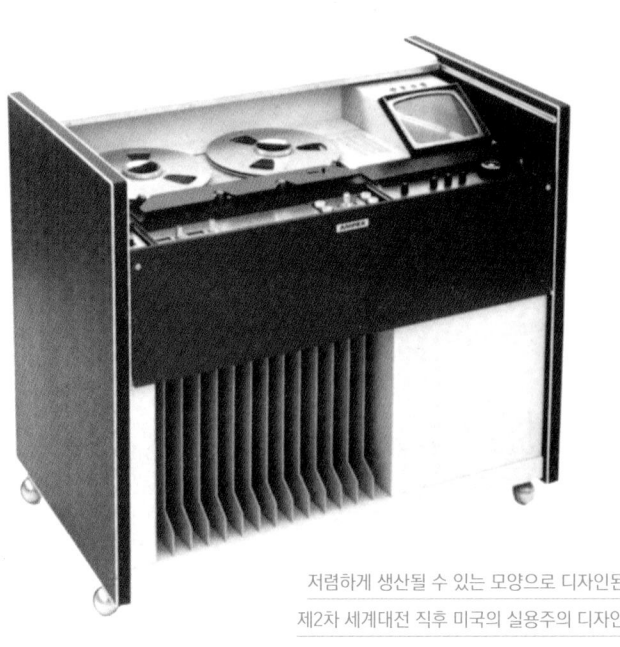

저렴하게 생산될 수 있는 모양으로 디자인된
제2차 세계대전 직후 미국의 실용주의 디자인

는 급증하고 공급은 모자라는 불균형상태가 된다. 그로 인해 생산하는 측은 몹시 우월한 입장에 서서 가장 유리한 방식으로 생산을 하게 된다. 자원을 최대한 적게 들여서 생존에 필요한 물자를 대량으로 만들어 공급한다. 이때 심미성이나 문화적 가치 같은 높은 수준의 욕구들은 전부 배제된다.

그래서 이 시기에 탄생한 대부분의 디자인은 일체의 장식을 배제한 박스 모양으로 만들어졌다. 제1차 세계대전과 제2차 세계대전 직후 물자가 부족한 상황에서 어쩔 수 없이 나타난 스타일이었다. 그런데 결핍 상황에서 형성된 이런 스타일이 전쟁 피해가 복구된 이후에는 하나의 세련된 스타일로 탈바꿈해 주류 디자인 스타일로 유행처럼 번졌다. 스파크에 의하면 1960년대와 1970년대 제품 디자인을 지배할 정도였다. 기능주의를 모던디자인의 이상이라고 찬양했던 니콜라우스 페브스너Nikolaus Pevsner, 루이스 멈퍼드Lewis Mumford, 리드, 지그프리드 기디온Sigfried Giedion 등의 비평가들은 이 시기의 스타일을 현대디자인의 본질이라고 칭송하기까지 했다.

그러나 스파크가 "가정용품의 대량소비가 이루어지자 많은 생산업자가 '현대적인 스타일'이 상업적으로 이익이 된다는 것을 깨닫기 시작했다"라고 한 것처럼, 이때의 디자인은 기계로 아주 값싸게 대량생산할 수 있는 모양이어서 생산업자들에게 많은 이익을 가져다주었다. 당연히 우월한 입장에 있었던 생산자들은 자신들에게 이익이 되는 선택을 했다. 그 결과 기능주의 디자인은 전쟁 피해가 복구되고 풍요로운 시기에 들어서면서부터 원래의 취지를 많이 잃는다.

"기계미학은 철학에서 마케팅의 도구로 변형되었다"는 스파크의 말처럼 윤리적 가치를 앞세웠던 기능주의 디자인은 생산 비용을 절감해 기업의 이윤에 헌신하는 디자인으로 쉽게 바뀌어버린다. 그래서 영국의 건축학자 레이너 버냄Reyner Banham은 "형태는 기능을 따른다"는 이념이 "스타일은 판매를 따른다"로 바뀌어버렸다고 한탄했다.

하지만 이 같은 현상은 경영학적 측면에서 보면 당연한 일이었다. 만들기만 하면 불티나게 팔리는데 생산업자가 비용을 많이 들여서 멋있고 의미 있는 제품을 만들 리 없기 때문이다. 이윤을 최대한 많이 남기고 싶은 것은 인지상정이고, 그런 점에서 현대디자인의 미니멀한 스타일은 적어도 전쟁의 후유증으로부터 벗어난 뒤부터는 존 A. 워커John A. Walker가 말한 것처럼 "소비사회와 결부된 전문적 활동"이 되어버렸다.

그렇지만 똑같은 물건을 만들어 많은 사람의 필요성을 민주적으로 충족시켜준다는 디자인의 이상주의는 기업의 이윤을 위해 똑같은 물건을 대량생산하는 디자인을 계속해서 윤리적으로 치장해주었다. 그러니까 상업주의에 종속된 기능주의 디자인은 전쟁 후의 비극적인 상황을 극복하는 데 큰 역할을 했다는 과거의 업적으로 꽤 오랫동안 사회윤리를 실천하는 분야인 것처럼 행세했던 것이다. 기업을 위해 온갖 마케팅적 디자인을 하면서도 자신들은 공익적인 일을 한다고 착각하면서 예술이나 미술을 배제하는 디자이너들이 여전히 많은 것을 보면 상황은 크게 바뀌지 않은 듯하다.

포스트모던 이후의 디자인 변화

1980년대부터 전 세계를 강타했던 포스트모던 디자인의 흐름에서 디자인에 근본적인 변화가 생겨났다. 이것은 왜곡된 기능주의 디자인, 모더니즘 디자인에 대한 비판에서 시작된 새로운 경향이었는데, 1982년 이탈리아의 혁신적인 디자인 그룹 멤피스의 첫 번째 전시회가 시발점이 되었다. 이 전시회 이후 멤피스의 디자인 스타일은 전 세계적으로 영향을 미쳐서 포스트모더니즘 디자인이라는 국제적인 흐름이 만들어졌다. 그런데 포스모더니즘 디자인은 그간 보아왔던 디자인과는 완전히 다른 차원이었다.

멤피스를 이끌었던 디자이너 에토레 소트사스Ettore Sottsass의 책장 디자인을 보면 이것이 디자인인지 순수미술 작품인지 판단하기 참 어렵다. 책장으로서의 기능은 완전히 무시되어

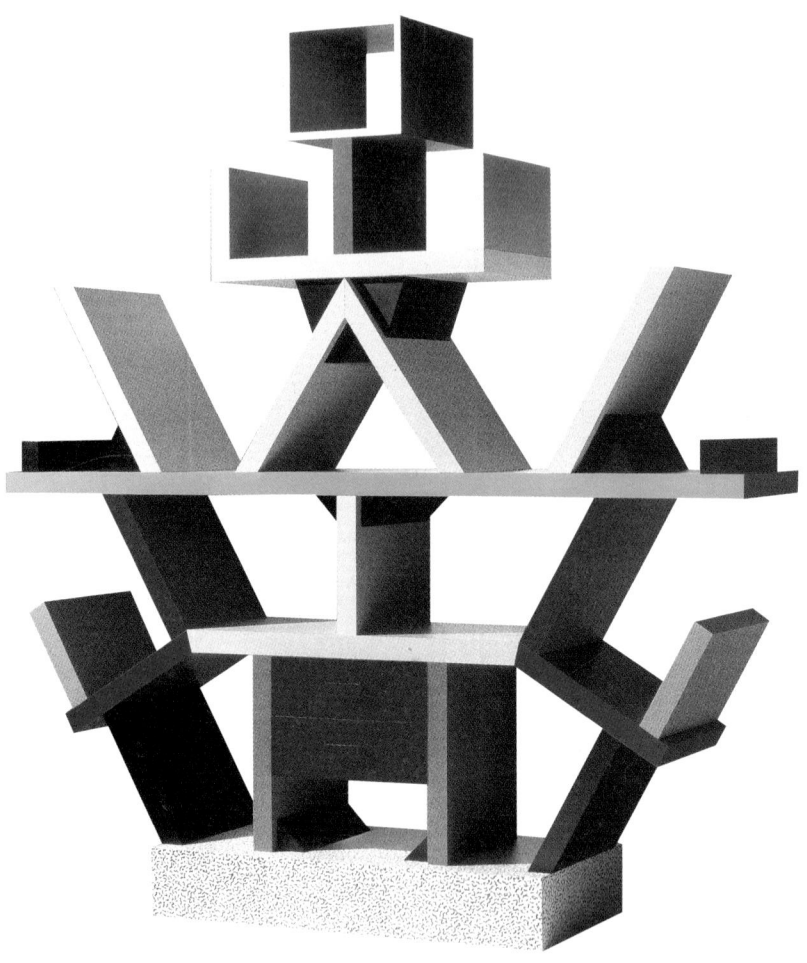

기능주의를 무시한 에토레 소트사스의 책장 디자인

있다. 그간 디자인의 본질이라고 여겼던 것이 이 디자인에서 의도적으로 배제되었다. 그래서 많은 이론가가 멤피스의 이러한 디자인을 '반 디자인anti-design' '급진적 디자인radical design'이라고 부르기도 했다.

놀라운 사실은 이 희한한 디자인 경향이 1980년대를 이끈 디자인 양식이 되었고, 디자인에 대한 기존의 모든 것을 바꾸어버렸다는 사실이다. 조너선 M. 우드햄Jonathan M. Woodham에 의하면, 멤피스는 자신들의 디자인을 예술품으로 생각했다. 그들은 '예술로서의 디자인'으로 기능주의 디자인을 부정하려 했다. 그리고 멤피스 그룹을 만든 소트사스는 그들의 예술적 디자인에 녹아 있는 상상력과 풍부한 시각언어가 소비자인 대중의 디자인 경험을 증대시키고, 생산업체들이 자신들이 생산하는 제품들에 들어 있는 미학적 가치를 이해할 수 있도록 하는 것이라 생각했다.

그러한 생각이 적중했던 것인지 그동안 생산업자들이 만든 대로 디자인을 받아들이기만 했던 대중이 이후부터는 예술적 디자인에 대단한 환호를 보내기 시작했다. 우드햄에 의하면 멤피스에서 예술품이라고 만든 제품들은 부유한 엘리트들의 전유물로 받아들여졌다고 했지만, 미학적으로 진보적인 대중의 열광적인 지지를 얻으면서 상업적으로도 큰 성공을 얻었다. 이내부터 눈에 띄는 점은 디자인을 받아들이는 대중의 존

재감이 디자인계에서 서서히 두각을 드러내기 시작했다는 것
이다. 이러한 현상은 디자인 역사에서 보기 힘든 일이었다. 그
렇게 해서 기능주의를 극복하려는 포스트모던 디자인이 등장
한 이후로 세계 디자인계에서 기능주의 경향은 한동안 주춤하
게 되었고, 그동안 무시되었던 예술에서의 보편적 진리나 본
질, 문화적 의미, 예술적 가치 등이 디자인에서 본격적으로 꽃
을 피우게 된다.

　1990년대에 들어서면서 기능성이 아닌 가치를 앞세우는
디자인이 본격적으로 나타났다. 이 당시 디자인의 아이콘이라
고 해도 과언이 아닌 프랑스의 산업디자이너 필립 스탁Philippe
Starck의 레몬즙 짜는 기구 주시 살리프를 보면 그 변화를 감지
할 수 있다. 기능보다는 광택이 나는 알루미늄 몸체의 우아한
형태가 아주 돋보인다. 금속의 질감이 아주 귀족적이고, 우아
한 곡선이 매우 장식적으로 보이는데 이런 럭셔리한 형태가
레몬즙을 짜는 기구라는 것이 무척 흥미롭다.

　이 기구의 사용 방법은 아주 간단하다. 레몬을 반으로 잘
라 몸체 맨 위 둥근 머리에 대고 누르면 작게 파인 홈들을 따
라 레몬즙이 아래로 흐른다. 물론 레몬즙 담을 컵을 아랫부분
에 먼저 놓아두는 것을 잊어서는 안 된다. 어쩐지 잡초를 제거
하는 데 잔디 깎는 기계를 동원한 느낌이 들기도 한다. 하지만
주시 살리프 덕분에 레몬즙 짜는 하찮은 일이 아주 고급스러운

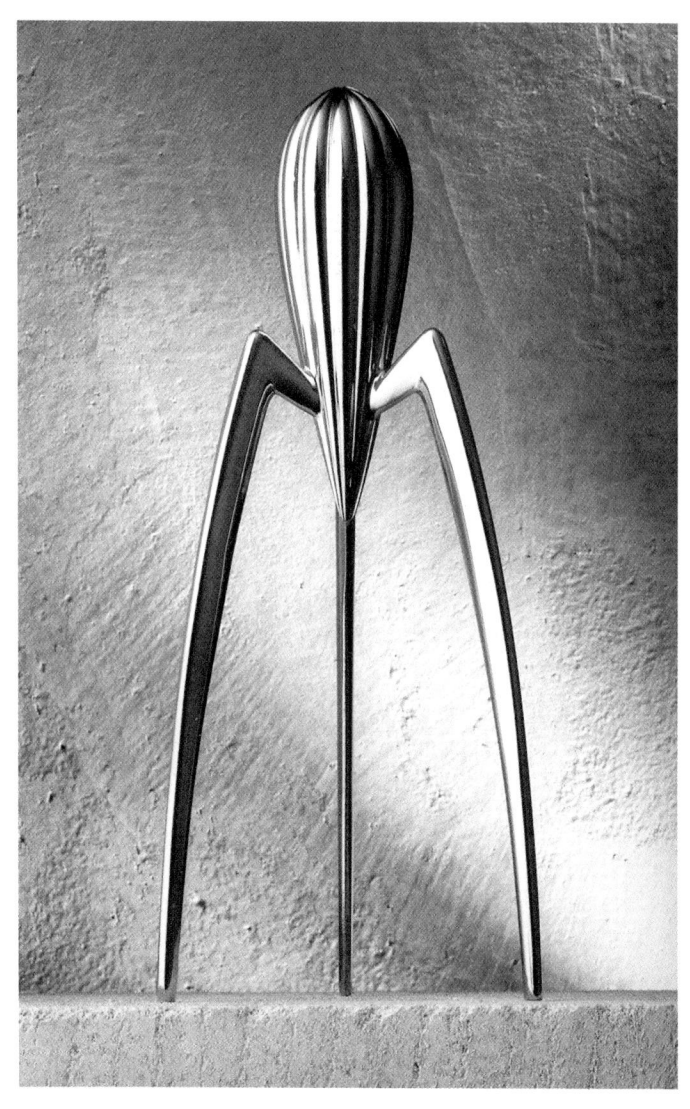

프랑스의 고전주의 문화와 위트를 잘 표현한 필립 스탁의 주시 살리프

문화적 행위가 된다. 기능적인 도구를 쓸 때와는 전혀 다른 만족감을 준다.

　주시 살리프를 사용하지 않을 때는 긴 다리와 쐐기모양의 작은 몸통이 이루는 형태가 마치 현대조각 같아서 주방을 미술관처럼 만들어주니 장식품으로도 일품이다. 그리고 우아한 곡선으로 이루어진 형태나 번쩍이는 은색의 금속 질감이 결합된 이미지는 바로크와 로코코, 아르누보 장식으로 이어져 온 프랑스의 고전주의적 장식 전통을 그대로 압축해놓은 것 같다. 필립 스탁의 다른 디자인들에서도 프랑스의 고전주의적

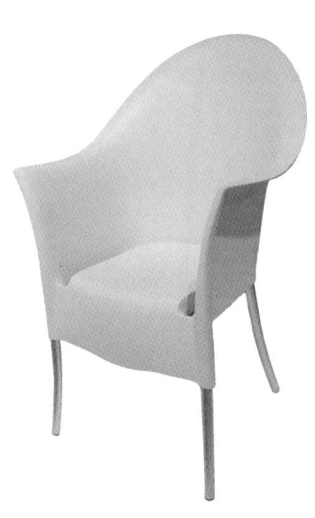 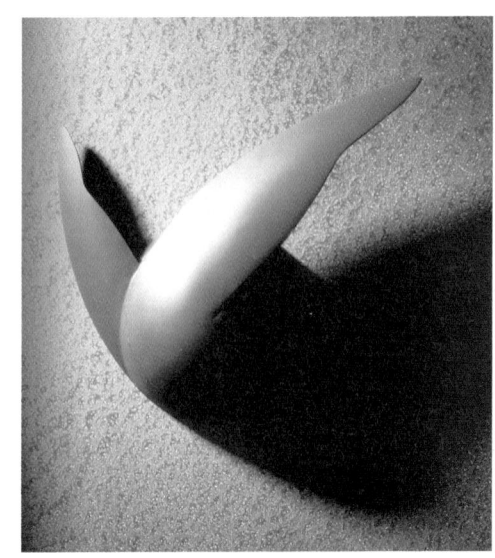

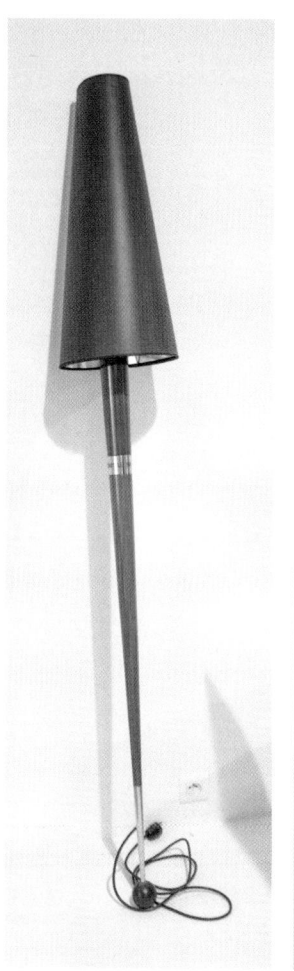
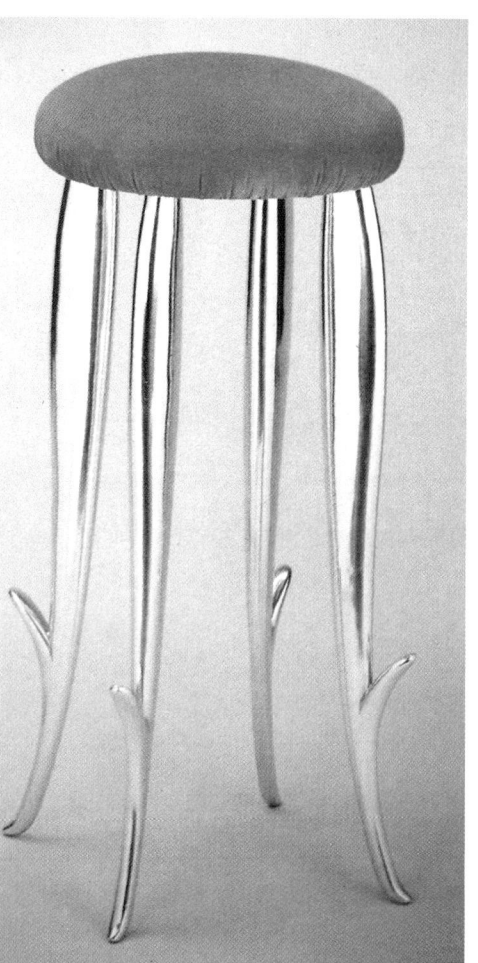

기능이 아닌 문화가 담긴 필립 스탁의 디자인들

전통을 표현하려는 의지를 강하게 느낄 수 있다.

　그래서 주시 살리프는 오랫동안 이탈리아 주방용품 브랜드 알레시의 초베스트셀러였고, 1990년대 디자인의 아이콘이 되었다. 그만큼 대중적 인기도 대단했는데 기존의 디자인 논리로는 설명하기 어려운 현상이었다. 기능주의 시대였다면 이런 쓸데없는(?) 디자인이 대중적인 인기를 얻는다는 것은 매우 비정상적인 현상으로 받아들여졌을 것이다. 하지만 지적이고 디자인에 적극적인 대중의 열광적인 호응 덕분에 이 디자인은 세계적인 추세가 되었고, 상업적인 면에서도 큰 성공을 이루었다.

　1980년대에 들어 기능주의를 넘어서는 디자인들이 나오게 된 데에는 사회적 변화가 결정적인 작용을 했다. 1960~1970년대가 되면 제2차 세계대전의 후유증은 완전히 회복되었고, 1980년대부터는 미국과 유럽 전체가 윤택의 시대로 접어들었다. 다시 말해 전쟁으로 말미암은 비정상적인 상황이 정상화되었다. 그러니 멤피스의 예술적 디자인이 바로 이 시기에 등장한 것은 우연이 아니었다. 사회적으로 경제적 여유가 생기자 기능주의 디자인 대신에 예술적 가치를 지향하는 디자인이 각광받기 시작했던 것이다. 이는 생산자 중심으로 돌아가던 디자인이 서서히 소비자 중심으로 돌아가기 시작했다는 것을 의미하기도 한다.

그런 점에서 멤피스의 디자인을 '반디자인anti-design' '급진적 디자인radical design'이라고 하면서 비정상적인 디자인, 일탈적 디자인이라 취급한 것은 기능주의 디자인만을 정상이라고 보는 선입견에서 비롯된 것이며, 사회·경제의 본질적 변화를 반영하지 못한 편견이라고 할 수 있다. 1980년대부터 멤피스의 디자인은 사실상 디자인의 중심이 되어서 기능주의가 아닌 새로운 디자인의 흐름을 만들어냈고, 이후 지금까지 미학적이고 예술적인 디자인의 흐름이 도도히 흐르고 있다.

이런 현상들을 보면 제1, 2차 세계대전 직후의 기능주의 디자인을 '모던디자인modern design' '현대디자인'이라고 규정한 것은 현대성을 너무나 편협하게 본 것이라고 할 수밖에 없고, 비정상적인 상황에서 만들어진 '획일적 디자인'을 '정상적인 디자인'이라고 규정한 오류라고 볼 수 있다. 그리고 대중의 헤게모니가 증대하면서 디자인에서의 예술성, 디자인의 미학적 가치가 점점 중요해지고 있는 것도 주요한 포인트라 할 수 있다.

한편 우리나라의 1980년대는 개발도상국으로서 열심히 산업을 발전시키던 때라 선진국에서 일어나던 이러한 디자인 흐름에서 완전히 비켜나 있었다. 기능주의 디자인이 발전하고 있었고 대중의 욕구 수준도 높지 않았다. 그러다 보니 국내 디자인계에서는 산업, 생산, 테크놀로지, 기능성 등을 중심으로 디자인 활동이 이루어졌고, 선진국 반열에 오른 지금까지도 그

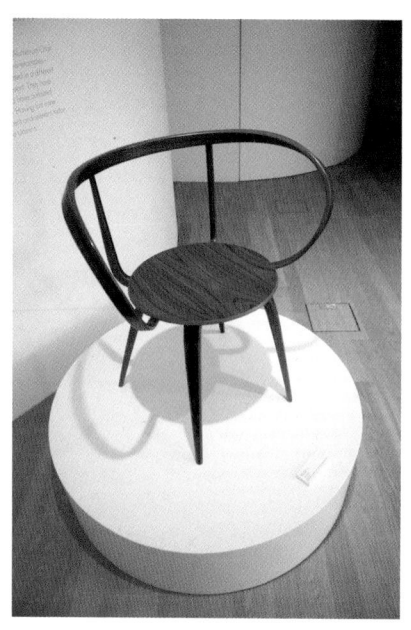

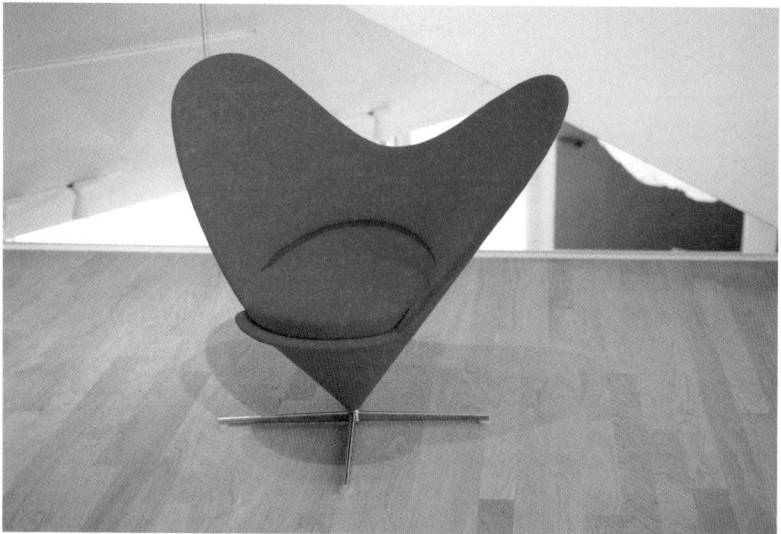

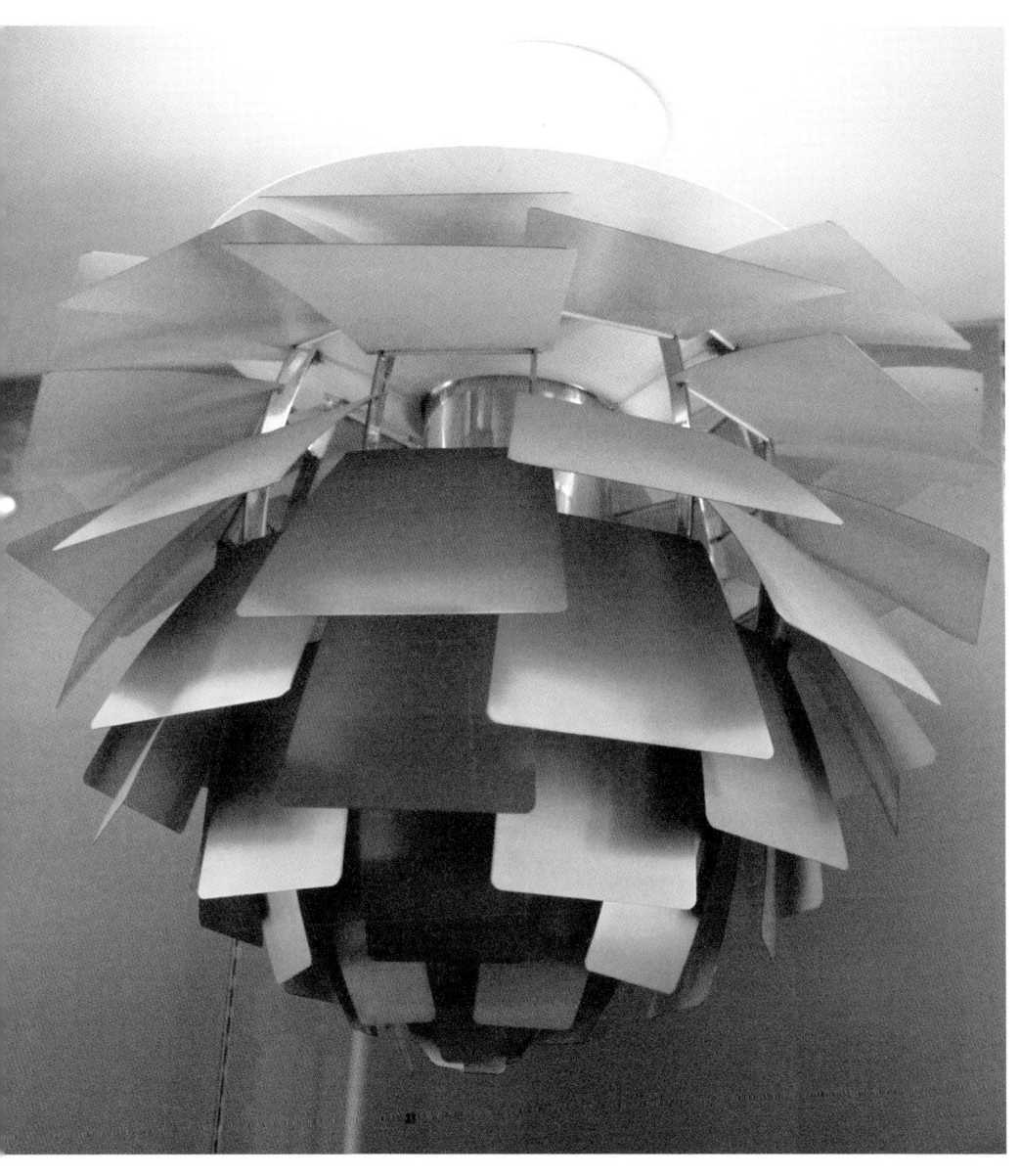

대중을 중심으로 확산된 북유럽풍 디자인

러한 디자인이 압도적으로 많다.

어쨌거나 1990년대에 이르면 우리나라도 기본적인 산업화를 이룩하고 선진국 대열에 합류하기 위해 질주하기 시작했다. 21세기에 접어들어 선진국에 근접하는 고도성장을 이루게 되었으며, 2020년 OECD 전망 기준 경제 규모 순위를 보면 우리나라는 1조 6240억 달러로 세계 9위에 랭크되었다. 그리고 미국 CNBC가 IMF 전망치를 발표한 결과를 보면 2020년 세계경제 규모는 10위, 군사력은 6위로, 총합 국가 파워 세계 8위에 올랐다. 이제 우리나라는 개발도상국을 넘어 세계 정상급의 선진국이 되었다. 게다가 이미 2017년에 GNP 3만 달러를 돌파하면서 이탈리아를 제친 바 있다. 또한 OECD가 교육 수준을 분석한 데이터를 보면 2019년 우리나라의 고등교육을 받은 인구 비율은 69.8퍼센트로 세계 1위다.

이러한 지표들은 우리나라도 이제 대중이 문화를 적극적으로 수용할 수 있는 경제적인 여건이 충족되었음을 의미하며, 당연히 디자인에서도 경제력이 있는 스마트한 대중이 디자인에 예술적 가치를 요구하는 단계에 접어들었다는 것을 말해준다. 북유럽풍의 디자인이 대중에게 유행하는 것이나 명품에 대한 관심 증대 등의 현상들이 모두 그러한 변화의 징후라 볼 수 있다. 그러니 대중의 요구에 따라 디자인의 모든 활동이 영향을 받는 것은 이제 시간문제다.

(2장)

미학의 체계 속에서 디자인

예술적 디자인은 대중의 요청

스페인의 세계적인 디자이너 하이메 아욘Jaime Hayon이 디자인한 현대 아웃렛의 정원 인테리어를 보면 순수미술인지 디자인인지 참 혼란스럽다. 실제로 이 디자이너는 초현실적인 상상력과 보는 사람을 흥겹게 만드는 회화작품을 계속 그리고 있다. 하지만 무엇보다 일반인들은 이 정원이 디자인이든 순수미술이든 상관없이 이 초현실적인 공간을 재미있게 즐기고 있다. 기능주의 디자인만 부여잡고 있는 디자인 종사자들에게는 아주 당혹스러운 인테리어다.

　미술사학자 리드는 "기술이 끝나는 곳에 예술이 시작된다"는 유명한 말을 남겼다. 어느 분야든 생산을 위한 기술적인 문제를 해결하면 그다음에는 자유롭게 표현하는 단계로 넘어간다. 미술양식론자 하인리히 뵐플린Heinrich Wölfflin은 이를 '고

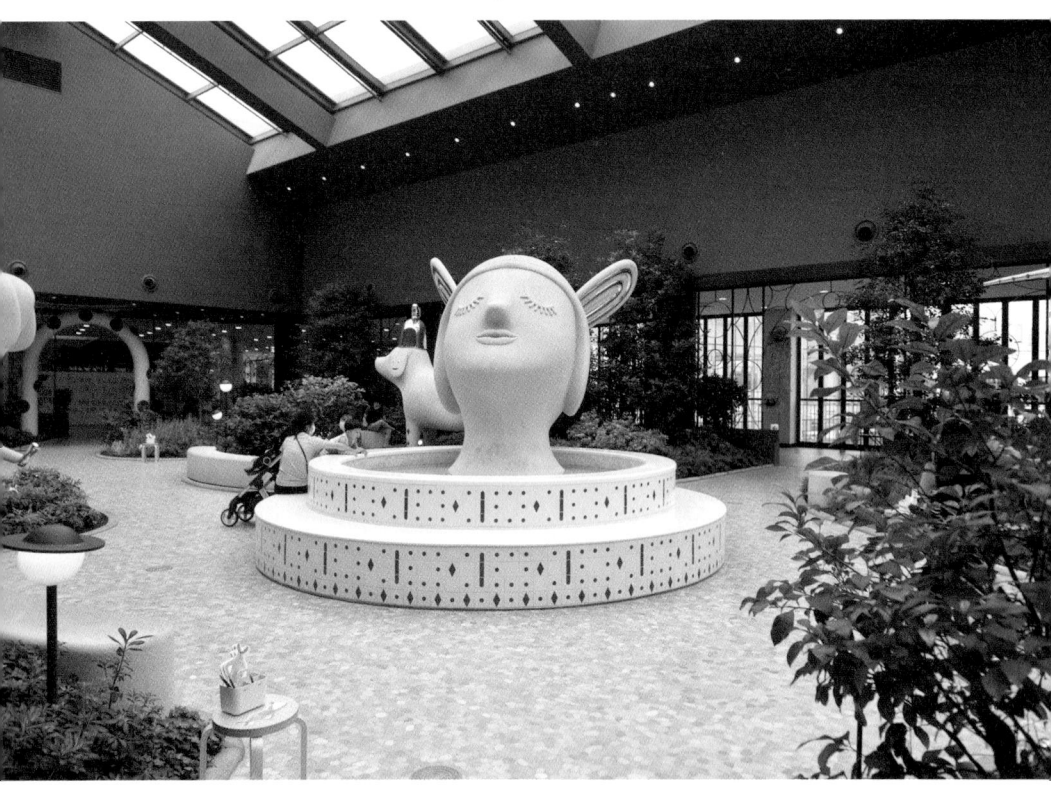

하이메 아욘이 디자인한 현대 아웃렛의 정원

전적 단계'와 '회화적 단계'로 설명한다. 그의 이론에 의하면 고전주의 단계에서는 기술적으로 완벽함을 성취하는 것을 목표로 하는데, 이 단계를 통과하면 그다음으로는 확보된 기술 위에 자유로운 표현을 추구하는 회화적 단계로 접어든다고 한다. 이것은 먹을거리가 풍부해지면 맛있는 것을 찾는 현상이나, 옷이 많아지면 멋을 찾는 것과 같이 자연스럽게 일어나는 현상이다.

그런 점에서 아욘의 디자인을 보면 왜 이런 디자인이 대중에게 각광받는지 잘 알 수 있다. 그동안 기술적인 측면을 강조하고 기능주의를 추구했던 디자인이 안정된 사회를 맞이하고 생산기술이 많이 향상됨에 따라 이제는 예술이라는 더 높은 단계를 추구하는 과정에 접어든 것이다. 그런데 이러한 변화는 디자인 내부에서 주체적으로 만들어진 것이 아니라 디자인 외부로부터의 압력, 즉 대중이 이런 디자인을 즐기고 선호하는 사회적 변화에 의해 촉발되었다는 점이 중요하다.

많은 사람이 예술성으로 충만한 아욘의 디자인을 즐겁게 받아들이는 것을 보면, 디자인의 예술성이라는 것은 디자인 분야의 내적 분출이라기보다는 디자인을 받아들이는 사회, 대중의 요청에 의한 결과라는 것을 알 수 있다. 이제는 대중이 기능적 대상이 아니라 미학적인 대상으로 디자인을 대하고 있는 것이다. 그렇지 않으면 아욘 같은 디자이너들은 지금쯤 어느 골방에 틀어박혀 남들이 알아주지 않는 이상한 그림만 그리고 있을 것이다.

미학적으로 말하면 감상층이 디자인을 최종적으로 완성하는 존재로 부상했다고 할 수 있다. 그러니까 대중이 낮은 수준이 아니라 높은 수준의 디자인을 원하고 있기에 그것이 예술로서의 디자인이 만들어지는 동력이 되고 있는 것이다. 이제 디자인은 생산자 중심의 논리에서 감상자, 미학적으로는 수용자 중심의 논리로 이전해야 하는 환경에 직면해 있는 것이다.

미학이 향한 목적, 즐거움

대중이 디자인 생산에서 중심이 될 때 예술성이 요청된다고 했는데, 대중은 왜 하필 디자인에서 예술을 원하는 것일까? 이를 이해하기 위해 예술, 미학을 파고들어가면 복잡한 이성적 논리와 주관적 감각이 뒤엉킨 엄청난 이론의 함정에 빠지게 된다. 특히 예술을 본질과 원리라는 측면에서 접근하면 도저히 빠져나올 수 없는 논리의 미로에 갇혀버리기 쉽다. 예술을 예술 그 자체나 예술을 만드는 측면에서 살펴보면 답을 찾기 대단히 어려워지는 것이다. 하지만 예술을 받아들이는 측면에서 바라보면 답은 쉬워진다. 사람들이 예술을 찾는 이유는 너무나 간단하고 분명하기 때문이다.

『미학적 인간』에서 엘렌 디사니이케Ellen Dissanayake는 "예술에서 정신의 지고함과 신성함에 전념하는 지고한 유미주의자라 할지라도, 단순하든 심오하든 예술을 경험하면 기분이 좋아진다는 사실에는 반드시 동의할 것이다"라고 했다. 그의 말이 옳다. 예술은 대단히 이해하기 어려운 난해한 문제와 더없이 숭고한 가치를 가지고 있지만 결국 그것은 사람들에게 지극한 즐거움, 미학적으로 말하자면 '미적쾌감'을 준다. 그뿐만 아니라 예술은 사물을 새롭게 보게 만들고, 상처받은 마음을 어루만져주고, 위축된 마음에 용기를 가져다준다. 결국 우리 삶을 가치 있게 만들어주는 것이 예술이다. 그래서 사람들이 적지 않은 비용을 들여 어려운 추상미술이나 난해한 교향곡을 찾는 것이다. 그 덕분에 예술은 인류가 탄생한 이래로 인류와 함께해올 수 있었다. 아마 인류가 멸망할 때까지 예술은 우리 곁에서 사라지지 않을 것이다.

대중이 디자인에서 높은 차원의 정신적 만족을 원하고 예술을 요구하는 것은, 그랜트 앨런Grant Allen이 말한 것처럼 기본욕구가 충족되고 나면 미적 경험이 우리의 삶을 더 행복하게 만들 뿐만 아니라 "더 밝고, 더 고상하고, 천상에 더 가까운 삶"을 만들어주기 때문이다. 그 결과 정상적인 사회에서 예술적인 디자인이 만들어질 수밖에 없고 디자인 미학이 필요해지는 것이다.

그런데 이러한 현상이 최근 들어 갑자기 생겨난 것은 아니다. 자신이 사용하는 물건이나 생활환경에서 예술적인 즐거움을 얻으려 하고, 그 결과 삶의 모든 것을 예술적으로 승화하는 것은 동서고금을 불문하고 아주 정상적인 시대에 나타나는 보편적 현상이다. 이런 현상을 보통 '문화'라고 한다. 유럽의 로마시대와 르네상스 시대, 중국의 당송시대, 우리나라의 통일신라시대, 고려시대, 조선시대 등에서 고차원의 문화를 찾아볼 수 있다. 순수미술이 등장하기 전까지는 일상생활에서 사용되는 건축물과 물건들, 시각적 이미지 등 많은 조형 분야에서 뛰어난 예술적 성취가 요구되었다.

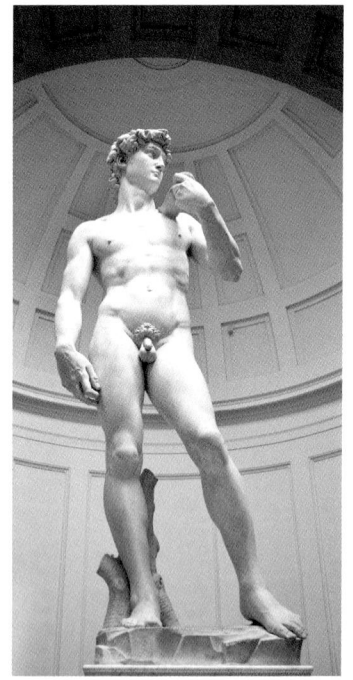

현대문명이 찬란하고 고도로 발달된 사회를 이룩했지만 삶을 둘러싸고 있는 디자인

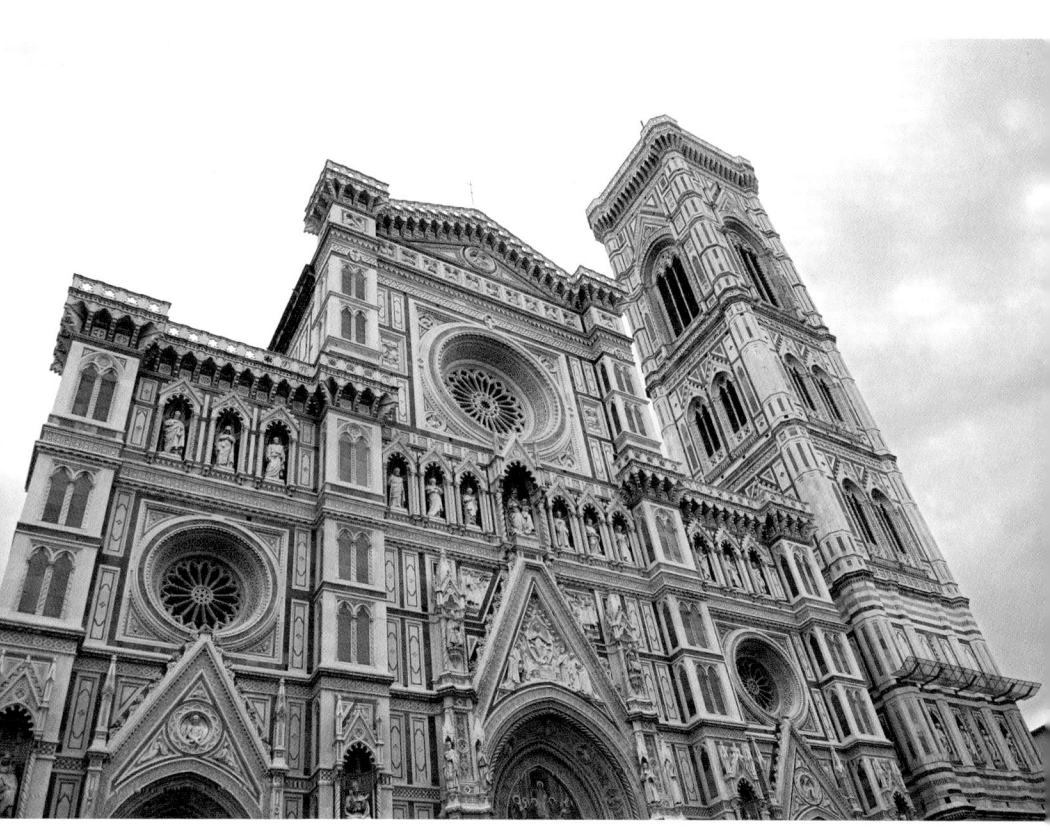

르네상스 시대에 만들어진 다비드상과 산타마리아델피오레대성당

에서 예술성이 요구되는 시기는 대단히 늦게 찾아왔다. 왜냐하면 제1, 2차 세계대전이 20세기 대부분의 시간에 걸쳐 있었기 때문이다. 전쟁의 후유증이 컸기 때문에 그만큼 회복하는 데 많은 시간이 걸렸고, 그래서 기능주의 디자인이 주도권을 가졌던 시기가 너무나도 길었다. 20세기는 사람들이 편안하게 살 수 있었던 시기가 그다지 길지 않았다. 하지만 안정기에 접어든 20세기 후반부터는 디자인에 대한 대중의 영향력이 높아지기 시작했고, 대중의 욕구 수준도 그만큼 높아지기 시작했다. 그 결과 디자인도 기능성만을 충족시키는 단순한 단계를 넘어서서 미적 감흥, 미적쾌감을 불러일으켜야 하는 단계에 접어들게 되었다.

미학적으로 보면 디자인을 만드는 측의 논리보다 디자인을 즐기는 대중의 만족이 중요해지게 되는데, 따라서 디자인은 단지 기능적 충족을 위한 것을 넘어서서 감상을 위한 대상으로서의 자격을 부여받게 된다. 이것은 곧 디자인을 만드는 측에 예술적인 디자인을 만들어야 하고, 디자인을 미학적으로 보아야 한다는 사회적 압박을 가하게 된다. 그러니 이제 '디자인 미학'은 선택이 아니라 시대적 당위가 되고 있는 것이다. 그렇다면 예술적인 디자인에서 얻을 수 있는 즐거움은 어떤 것일까?

미적대상으로서의 디자인

미학에서는 예술을 통해 얻는 즐거움을 '미적쾌감' '미적 감흥'이라 한다. 미학자 조지 디키George Dickie에 의하면, 이것은 어떤 대상이 보는 사람의 주관 속에 그런 반응이 일어나도록 방아쇠를 당겼기 때문에 발생한다고 한다. 그러니까 미적쾌감은 그것을 촉발하는 대상에 의해 발생하는데, 그렇다고 모든 것이 그런 대상이 되는 것도 아니다. 미학적인 관점에 따르면 이 세상의 모든 것은 미적쾌감의 방아쇠를 당기는 것과 그러지 못하는 것으로 나뉜다. 이때 미적쾌감을 불러일으키는 대상을 '미적대상'이라고 구별한다. 그런데 이 미적대상 중에서 인간이 만든 인공물을 '예술'이라 하고 미학의 주된 연구 대상으로 한다. 그래서 미학은 주로 예술을 연구 대상으로 하는 것이 특징이다.

기능을 수행하는 것이 디자인의 가장 본질적인 특징이라고 하지만 그중에서도 미적쾌감을 불러일으키는 것이 있다. 그러한 디자인은 미적대상이 된다. 이런 디자인은 기능적인 디자인의 원리나 마케팅의 원리가 아니라 미학적 관점에 의해 그 가치가 드러나고 미학적 원리에 따라 작동한다.

예컨대 음식은 원래 생존을 위해 먹는 것이지만 그중에는 맛있는 음식도 있어서 먹는 즐거움을 준다. 그렇기 때문에 배

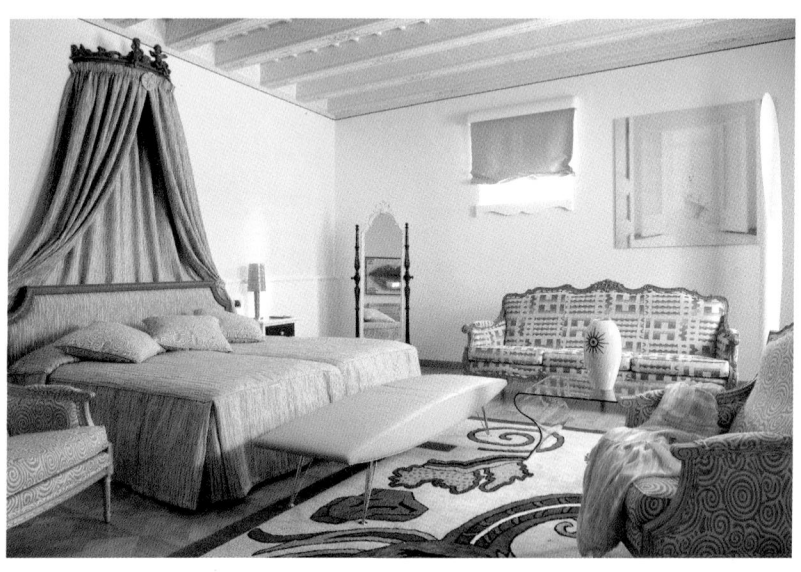

미적쾌감을 불러일으키는 비블로스호텔의 객실 디자인

를 불린다는 목적과는 완전히 다른 목적으로, 즉 맛을 즐기기 위해 맛있는 음식을 먹게 된다. 이때 음식은 생존이 아니라 맛을 중심으로 존재하고, 맛을 구현하며 만들어진다. 미적 디자인은 맛있는 음식과 같다고 할 수 있다.

많은 디자인 교육기관에서 디자인을 마케팅 논리로 가르치다 보니 디자인은 본질적으로 마케팅의 속성을 가진다고 착각하는 경우가 많다. 그래서 디자인을 공부하려면 으레 마케팅을 공부해야 하는 것처럼 생각하기도 한다. 하지만 이것은 디자인을 상품이라는 틀 안에 가두어놓은 뒤 마케팅이나 비즈니스 이론에 따라 디자인을 규정하고 작동 원리를 의도적으로 만든 것일 뿐이다. 디자인의 본질과는 아무런 관계가 없다.

생각해보자. 사람이 살아가는 데 필요한 것을 고안하는 것이 디자인의 본질인데, 이것이 꼭 상품이 되어야 하는 법칙은 없다. 디자인과 상품은 아무런 내적 연관이 없는 것이다. 그저 상품과 비즈니스의 원리에 디자인을 적용해 논리를 만들어낸 것일 뿐이다. 그러니 디자인을 보는 관점이 달라지면 디자인에 대한 논리도 완전히 달라진다. 따라서 디자인이 미적 쾌감을 불러일으키는 미적대상, 예술이 된다고 하면 그런 디자인은 미학적인 원리에 따라 움직이게 되고, 미학적 움직임에 따라 작동된다. 그렇기 때문에 미학적 디자인은 미학 체계 안에서 규정되고, 미학적 논리에 따라 작동 원리를 구성해내

야 한다. 그러기 위해서는 먼저 미학이 무엇인지 이해할 필요
가 있다.

미학 체계 속에서 작동하는 디자인

학문으로서의 미학은 18세기 독일에서 처음 등장했다. 1750년
바움가르텐이 『에스테티카Aesthetica I 』에서 "미학은 감성적 인식
의 학"이라고 주장한 데에서 시작했으며, 명칭은 그리스어 '아
이스테시스aisthesis'에서 유래되었다. 1758년에는 『에스테티
카Aesthetica II 』가 출간되면서 아름다움을 연구하는 학문으로서
'미학Aesthetics'이 구체화되었다.

　'감성적 인식의 학'이라는 말이 이성에 비해서는 저급하
기는 하지만 인간의 감성에도 일정한 법칙성이 있기 때문에
학문으로 성립할 수 있다는 뜻이었다. 여기서 '감성적 인식'이
라는 개념은 고트프리트 빌헬름 폰 라이프니츠Gottfried Wilhelm
von Leibniz의 볼프학파가 주장한 표상 이론에서 유래했다. 독일
의 철학자 크리스티안 볼프Christian Wolff는 이성적인 개념들을
구성해서 이론과학의 영역을 형성하는 것이 상위의 표상 능력
이고, 상위의 표상 능력에 의해서 획득된 개념을 경험적으로
확인하는 경험과학의 영역을 형성하는 것이 하위의 표상 능력

이라고 했다. 바움가르텐은 미학을 후자에 속하는 논리로 보았다.

　바움가르텐은 정신생활의 대부분이 감성적으로 사물을 인식하는 활동으로 이루어지는데, 여기에도 어떤 법칙성이 존재하기 때문에 학적으로 취급할 수 있다고 주장했다. 그리고 미학적 인식능력을 '의사 이성', 즉 이성과 유사한 이성 활동이라고 하면서 미학을 '의사 이성의 학'이라고도 불렀다.

　그런 편견 없이 당당한 하나의 학문으로서 미학을 본격적으로 체계화한 사람이 계몽주의의 완성자 칸트였다. 칸트는 이성의 원리에 미학을 종속시킨 바움가르텐의 논리가 근본적으로 잘못되었다고 보았고, 자신의 3대 비판서 가운데 하나인 『판단력 비판』을 통해 미학적 작용은 인간이 태어날 때부터 타고나는 것이라는 '선험적 감성론'을 주장하면서 인식론에 입각한 미학만의 독자적인 학문 영역을 만들었다.

　쉽게 말해 칸트의 견해는 인간의 정신은 이성만으로 이루어진 것이 아니라 '이성' '윤리성' '정서' 등 세 가지 영역으로 구성되는데 각각의 정신 영역은 독자적인 원리에 의해 움직이며, 미학은 '정서'와 관련된 독자적인 학문으로 보았다. 그러니 이성과 관련된 학문과 감성과 관련된 미학은 우월과 열등의 관계가 아니라 각각이 독자적인 것이 된다. 칸트에 동의하건 말건 현대미학은 칸트의 이러한 개념에 입각해서 발전해왔고 탄탄한 체계를 이루고 있다.

　진리와 심플한 관계를 맺고 있는 철학과 달리 미학은 아름다움을 촉발시키는 대상과 그것을 받아들이는 사람의 작용이 개입되기 때문에 아주 복잡해진다. 논리 자체가 난해하다라기보다는 아름다움이 만들어지는 데 작용하는 주체들이 많기 때문에 복잡해지는 것이다.

　한편 많은 사람이 아름다움을 느끼는 미적대상에는 여러가지가 있다. 사람들은 멋진 자연경관과 화랑의 그림, 지나가는 귀여운 아기에게도 아름다움을 느끼고, 예쁜 신발이나 옷그리고 감동적인 영화에서도 아름다움을 느낀다. 그런데 이중에서 아름다움을 목적으로 만들어지지 않은 것들은 미적인감흥을 불러일으킨다고 하더라도 그 안에 담긴 가치를 논의하기 어려울 뿐 아니라 원리를 탐구하기에도 어렵다. 그래서 미학에서는, 특히 서양 미학에서는 이런 것들은 미학의 탐구 대상으로 삼지 않는다.

　미학에서 주로 탐구하는 대상은 누군가가 아름다움을 목적으로 만든 인위적인 산물, 즉 예술이다. 이론적으로는 모든 아름다운 사물이 미학의 대상이지만, 실제로는 예술품이다. 그리고 미가 추상적이고 애매한 개념적인 것에 비해 예술은 구체적이면서도 명확하기 때문에 예술로 한정하는 이유도있다. 게다가 예술은 본질적으로 미적가치 창조나 미적체험을 목적으로 하고 있으며, 예술가도 이런 목적에 따라 창조 작업을 하기 때문에 예술미가 가장 전형적인 미라고 할 수 있다. 그래서 독일의 미학자 콘라드 랑게Konrad Lange는 예술미만을 미라고 하고 그것을 연구하는 예술론만을 미학이라고 하자는 과격한 논리를 피력하기도 했다.

아무튼 현존하는 모든 예술 분야는 이러한 체계에 입각해서 존재하고 있으며 미학적 논리, 예술학적 논리에 따라 작동하고 있다. 미학적 대상으로의 디자인도 당연히 이를 따르고 있다. 그렇기 때문에 미학적 디자인을 이해하기 위해서는 현대미학의 체계를 통해 디자인의 미학적 체계를 생각해보아야 하고, 그러기 위해서는 특히 '예술학'이라는 좀더 세분화된 영역을 살펴볼 필요가 있다.

예술학을 이루는 여러 논리와 디자인

앞서 살펴본 것처럼 미학의 대상은 아름다움, 즉 미美인데 예술은 이것을 목적으로 한 결과물을 만드는 유일한 분야다. 그래서 아름다움이라는 미학적 가치는 이 세상 그 어떤 것보다도 예술에서 고도로 표현된다. 인류 역사가 이어지는 동안 인간은 수많은 예술을 만들며 살아왔는데, 그 과정에서 축적된 미학적 아름다움의 수준은 대단히 뛰어나다.

여기서 살펴보아야 할 것은 자연의 아름다움이다. 자연도 인간이 만든 예술품 못지않게 아름답다. 기가 막힌 절경이나 천혜의 자연 등은 뛰어난 아름다움을 불러일으킨다. 그래서 미학에서는 자연의 미를 미학의 범주에 넣어야 할지 빼야 할지 논란의 여지가 많다.

그렇지만 대체로 자연의 아름다움은 특정한 미의식을 가

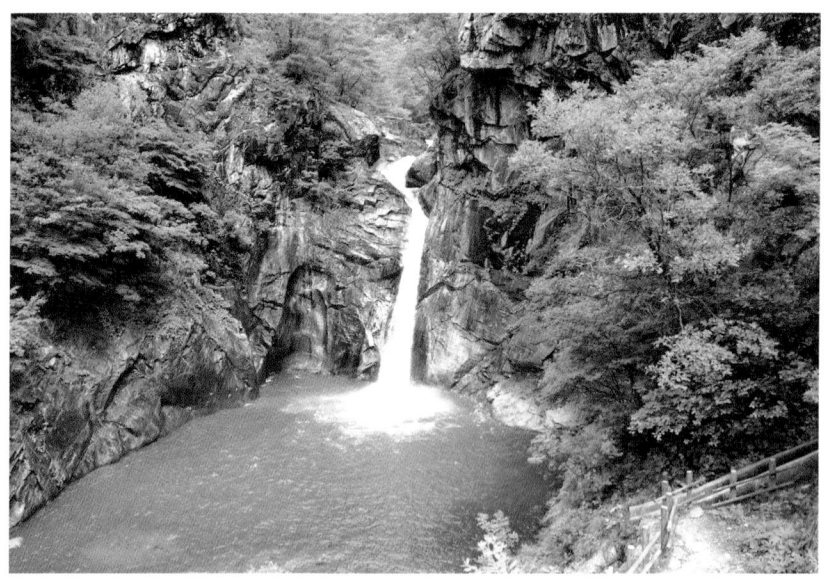

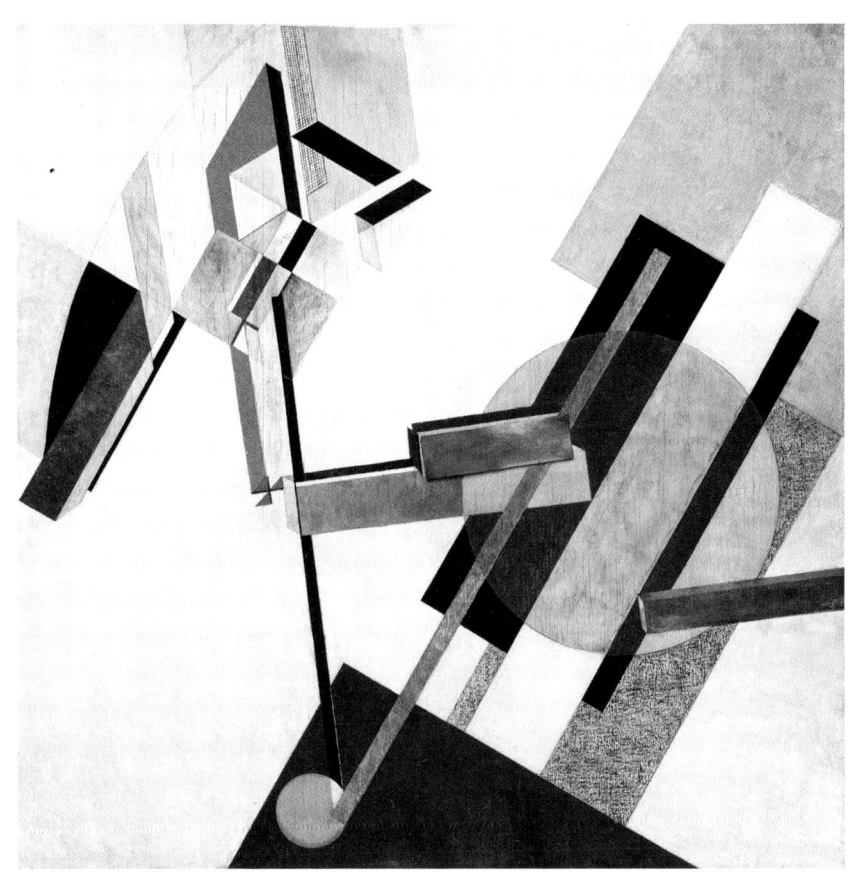

아름다운 자연과 개념적으로 뛰어난 미학적 가치를 가지고 있는 미술작품

지고 의도적으로 만들어진 것이 아니기 때문에 예술품에 비해서 인위적이거나 개념적으로 두드러진 미학적 가치를 가지고 있지 않다. 그러다 보니 특히 서양 미학에서는 자연미를 거의 다루지 않고 있으며, 고대 때는 오히려 배제되었다.

그래서 현대의 '미학'은 일반적인 아름다움이 아니라 의도적으로 아름다움을 구현한 예술을 주로 탐구했다. 그 결과 미학은 '예술학'으로 수렴될 수밖에 없었다. 특히 독일 관념론 미학 이후로는 예술미를 미학의 주된 대상으로 삼는 것이 주류를 이루었다. 독일 관념론 미학은 진정한 미를 예술미에 귀속시키고, 예술은 미의 실현을 목적으로 삼고 있기 때문에 미와 예술을 동일시하며, 그로 인해 나타나는 모든 예술의 문제를 미학의 문제라고 생각했다.

그런데 예술은 과학처럼 홀로 존재하는 것이 아니라 반드시 예술작품 자체와 그것을 받아들이는, 즉 감상하는 측이 존재한다. 작품과 감상자의 화학작용이 예술과 미학에서 나타나는 일반적인 체계다. 그래서 예술의 아름다움은 탐구하기 아주 복잡하고 어려운 것이다. 일단 예술학은 예술품 그 자체와 그 예술작품을 감상하는 과정으로 크게 나뉜다. 구체적으로 미학에서 예술학은 예술품 그 자체의 가치와 관련된 '예술미'와 예술을 체험하는 과정인 '미적체험'에 대한 이론으로 이루어진다.

예술미는 미적대상, 즉 예술작품에 관련된 미적 논리인데, 예술의 미적가치가 예술품 그 자체에 들어 있다고 보는 관점과 예술품을 통해 감흥을 받았을 때 미적가치가 만들어진다는 관점으로 나뉜다. 다시 말해 아름다움은 그것을 성분으로 가지고 있는 작품에 있는 것인지, 아름다움을 느끼는 주체에 있는 것인지에 따라 견해가 나뉜다. 그래서 전자는 작품 자체를 파고들고 작품의 어떤 미적 성분 때문에 아름다운지를 연구하는데, 이것을 '객관주의적 미학'이라고 한다. 후자는 아름다움이 감상자의 주관에서 발생하는 것이라고 보고 감상자의 내면을 연구 대상으로 삼는다. 이것을 '주관주의적 미학'이라고 한다. 어떤 것을 선택하느냐에 따라서 접근 방식도 달라지고 미학에 대한 결과들이 전혀 다르게 나온다. 이것은 서양의 고전주의 미학과 근현대 미학을 나누는 특징이기도 해서 뒤에서 자세히 살펴보자.

미적체험에 대한 이론은 예술을 체험하는 과정이 예술품 그 자체보다도 미학적으로는 더 결정적이라는 생각을 바탕에 깔고 형성된 논리다. 생각해보면 아름다움이 예술작품에 표현되기는 하지만 사람이 예술작품에서 미적 감흥을 얻기 전까지는 어디에도 존재하지 않는다. 그러니까 아무리 뛰어난 조각품이 만들어졌다 하더라도 그것을 보는 사람이 아름답다고 느낄 때 미학적 가치가 형성되는 것이다.『장자莊子』에 나오는 이

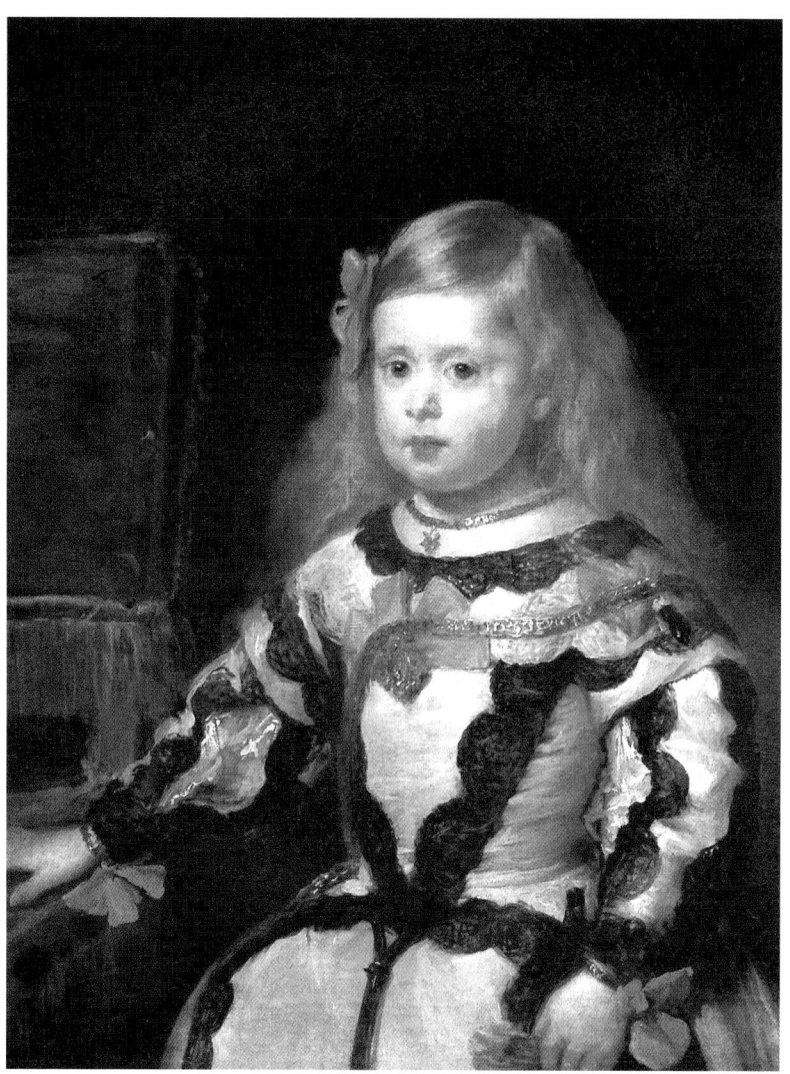

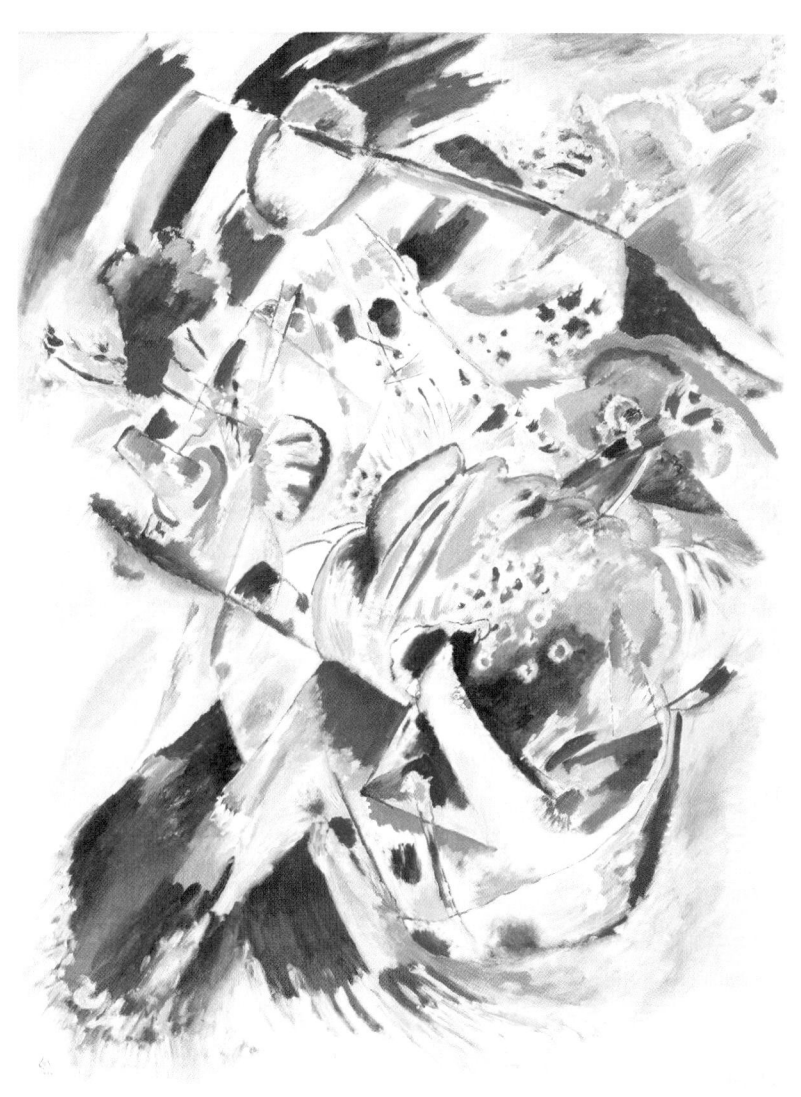

미적가치가 담긴 고전주의 회화와 체험을 통해 미적가치를 해석해야 하는 추상회화

야기처럼 아무리 미인이 있더라도 작은 동물에게는 위협적인 존재일 뿐이다. 미인이, 미인이 될 수 있는 것은 미인으로 보는 사람 때문이다. 그래서 현대미학에서는 미적가치가 고정된 실체로 존재하는 것이 아니라 심미적 체험을 통해 발생하는 것이라 보는 경향이 강하다. 이러한 관점에서 예술의 심미적 체험 과정을 살펴보면 크게 예술을 생산하는 측의 체험 과정과 예술품을 감상하는 측의 체험 과정으로 나눌 수 있다.

이처럼 미학의 핵심인 예술학은 예술미와 미적체험에 관한 원리 체계로 이루어져 있고, 그 하부에 각각 다양한 원리 체계가 형성되어 있다. 디자인을 예술로 전제할 때, 디자인 역시 이러한 예술학의 복잡한 체계 속에서 작동한다. 그리고 이는 각각의 원리들을 살펴봄으로써 확인할 수 있다.

객관주의 미와 디자인

모두가 아름답다고 하는 것을 보면, 아름다움이란 것에는 어떠한 공통점이 있고 일정한 법칙이 있는 것 같다. 그렇다면 본질적인 미의 규칙, 법칙을 적용한다면 최고의 예술을 만들 수 있지 않을까? 그럴 수만 있다면 걸작을 만들기 위해서 예술가들이 머리를 쥐어뜯을 필요도 없을 것 같다. 생각해보면 미학이라는 학문이 만들어질 수 있었던 것도 아름다움을 관장하는 어떤 법칙이 있기 때문이었다. 그것이 없었다면 학문이 형성될 수 없었을 것이다.

미적대상에 관한 예술미에서 객관주의 미와 주관주의 미는 상충된다. 객관주의 미는 미의 본질이나 미의 규칙이 객관적으로 존재한다는 논리를 바탕으로 하고 있다. 미를 대상의 성질로 파악하는 것이다. 그래서 이 관점에서는 미의 본질과 규칙을 명료하게 밝히고, 그것을 통해 미를 구현하는 것을 주 목적으로 한다.

예술가들에게 이러한 미적 관점은 아름다운 예술품을 만들어야 하는 어려운 과제를 뛰어난 감성이 아니라 뛰어난 지성으로 접근하게 한다. 막연한 감수성에 입각해서 예술품을 만드는 것에 비해서 완전한 아름다움을 표현할 수 있고, 개인을 넘어서는 보편적인 아름다움의 세계를 구현할 수 있기 때문이다. 그래서 많은 예술가가 객관주의 미로 완전한 미를 구현할 수 있고, 또 그렇게 해야 한다고 생각했다.

아름다움에는 본질이 있고 규칙성이 있을 것이라는 생각은 꼭 예술가나 지식인이 아니더라도 일반 사람들도 상식적으로 하는 생각이다. 그렇지 않으면 아름다움은 혼란스럽기만 하고 자극적이고 표면적인 것이라 여기기 쉽기 때문이다. 그래서 오래전부터 많은 문화권에서 규칙적이고 본질적인 아름

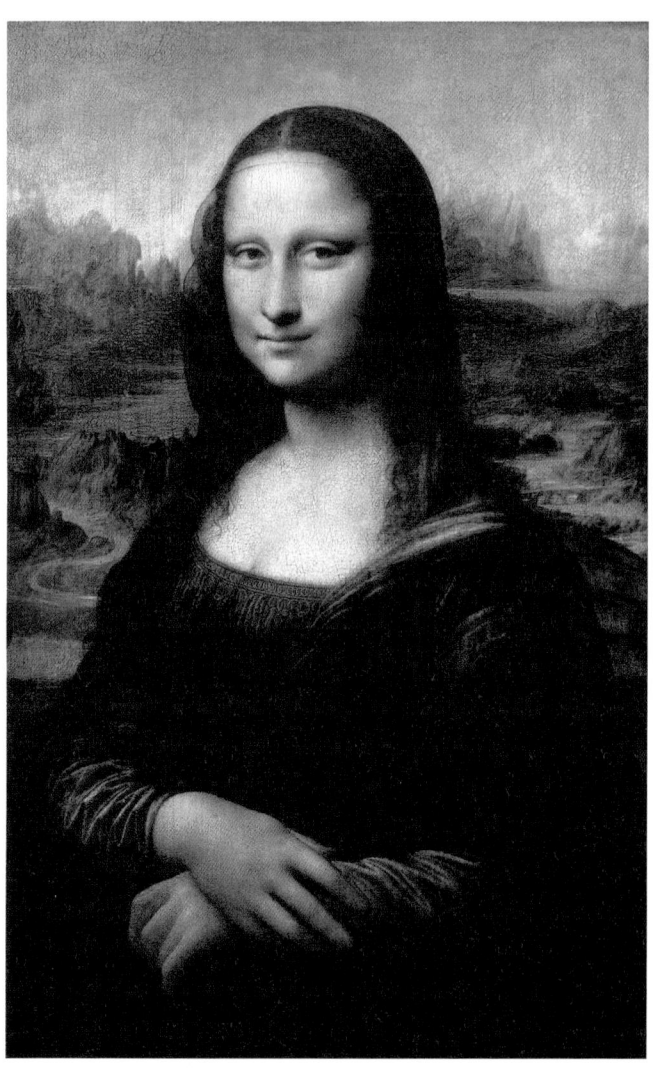

아름다운 〈모나리자〉 그림

다움을 구현해 완벽한 예술을 만들고자 했다. 대표적인 것이 바로 그리스의 황금비례다. 그리스시대 때부터 서양 사람들은 완벽한 법칙성이 수학에 있다고 믿었는데, 이러한 믿음은 미학적 태도나 취향에도 영향을 미쳐 수학적 법칙에서 완벽한 아름다움을 찾는 경향이 일반화되었다. 그렇게 해서 찾은 것이 황금비례였다. 당시 사람들은 2대 3이나 1 대 $\sqrt{2}$와 같은 수학적 비례값을 가진 황금비례를 자연에서 도출한 가장 완벽한 아름다움이라고 여겼다. 그래서 그리스시대에는 그림을 그리거나 조각을 하거나 건축물을 만들 때 이 황금비례를 적용해 가장 완벽한 미를 표현하려 했다. 그리스의 파르테논신전은 그러한 엄격한 황금비례로 만든 가장 대표적인 유물이다.

로마시대에는 기하학적 형태의 건물을 만들어서 더욱더 완벽한 수학적 질서의 완벽한 아름다움을 실현하려 했다. 판테온신전이 대표적인데, 건물 자체를 구와 원기둥, 육면체 등의 기하학적 구조들을 조합한 형태로 만들어서 비례와 기하학으로 이루어진 더욱 수학적인 건축의 전형을 보여주고 있다.

이후 서양에서는 작가의 주관적 감성이 아니라 객관적인 조형적 규칙에 입각해 만들어진 예술에 '고전주의'라는 이름을 붙여 이를 완벽한 아름다움이 구현된 예술이라 칭송했다. 서양의 고전주의 회화는 사실적으로 표현해놓아서 전체적인 구도를 보면 한 치의 빈틈도 없이 매우 치밀하게 짜여 있다.

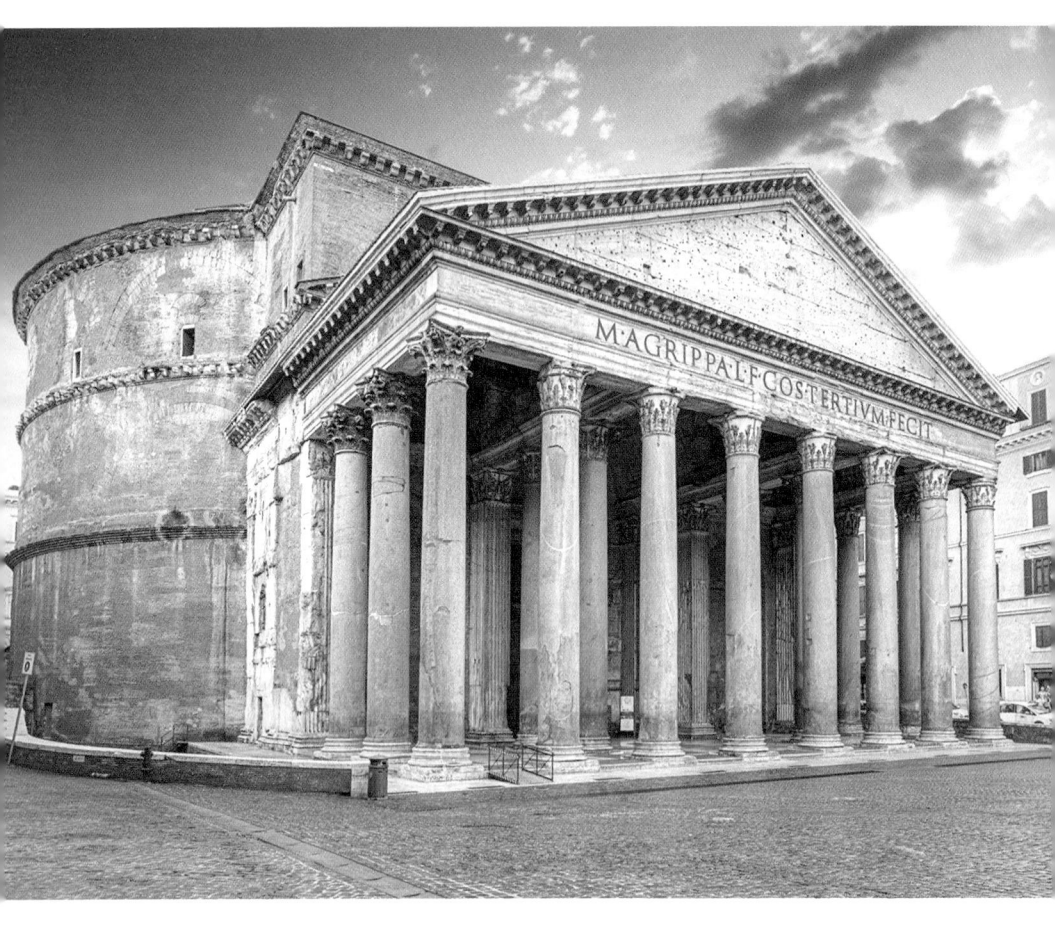

기하학 형태로 만들어진 로마의 판테온신전

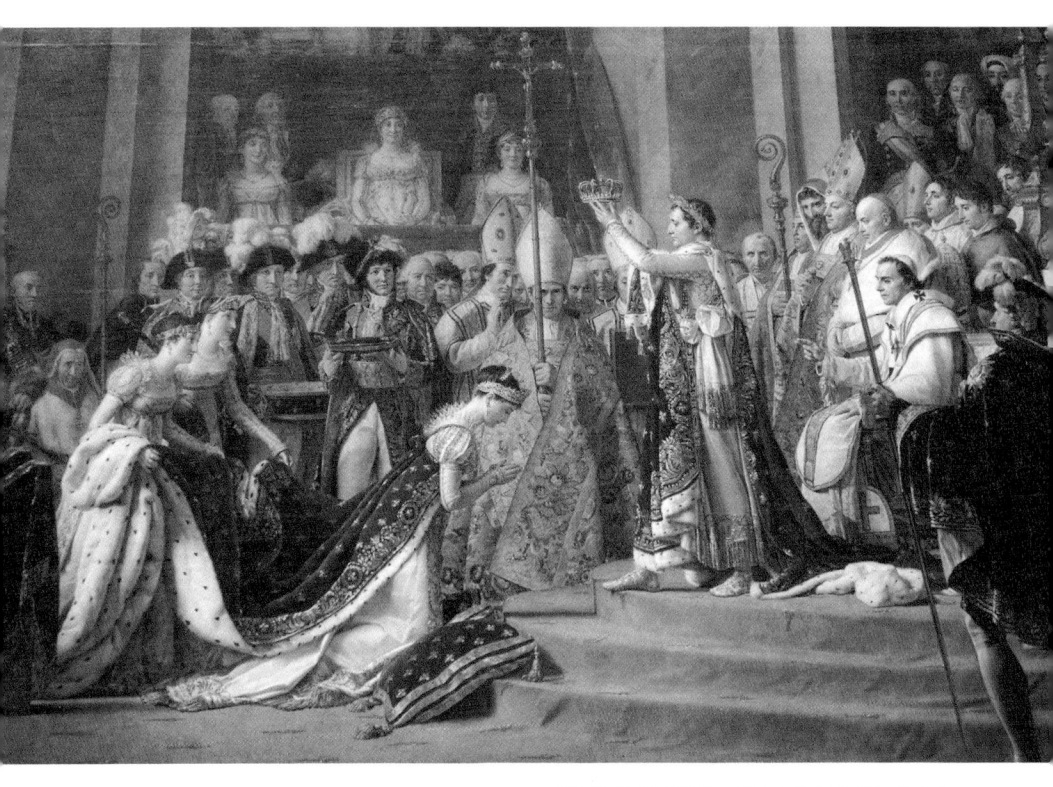

엄격한 구도와 정교한 솜씨로 그려진 신고전주의 회화

그래서 고전주의라는 이름에 걸맞게 빈틈없이 아주 탄탄해 보인다.

이러한 객관주의 미의 경향은 현대에도 그대로 이어졌는데 피터르 코르넬리스 몬드리안Pieter Cornelis Mondriaan을 중심으로 나타났던 네덜란드의 신조형주의 미술이 대표적이다. 몬드리안은 조형의 본질만 추려서 그림으로 표현하려 했기 때문에 수직선과 수평선, 삼원색과 검은색과 흰색으로만 그림을 그렸다. 그의 그림에서 황금비례 같은 수학적 비례는 보이지 않지만, 이성적으로 파악된 조형의 본질적 요소들만으로 그림을 그렸기 때문에 현대적인 관점에서 볼 때 객관주의 미학을 잘 표현한 그림이라 할 수 있다.

또한 제1차 세계대전 직후 등장했던 바우하우스의 기능주의 디자인도 미학적으로는 정확히 객관주의 미에 해당한다. 기능주의에 입각한 미니멀한 현대디자인은 그 어떤 현대미술보다 객관주의 미를 충실하게 표현했다. 미국의 건축가 루이스 설리번Louis Sullivan은 "형태는 기능을 따른다Form follows function"고 말했는데, 이 말은 기능주의 디자인을 대변하는 가장 유명한 말이다. 기능이라는 객관적인 가치에 형태미가 종속된다는 언술인데, 현대디자인이 객관주의 미학관에서 출발했다는 것을 보여주고 있다.

하지만 뭐니 뭐니 해도 "가장 기능적인 것이 가장 아름답다"

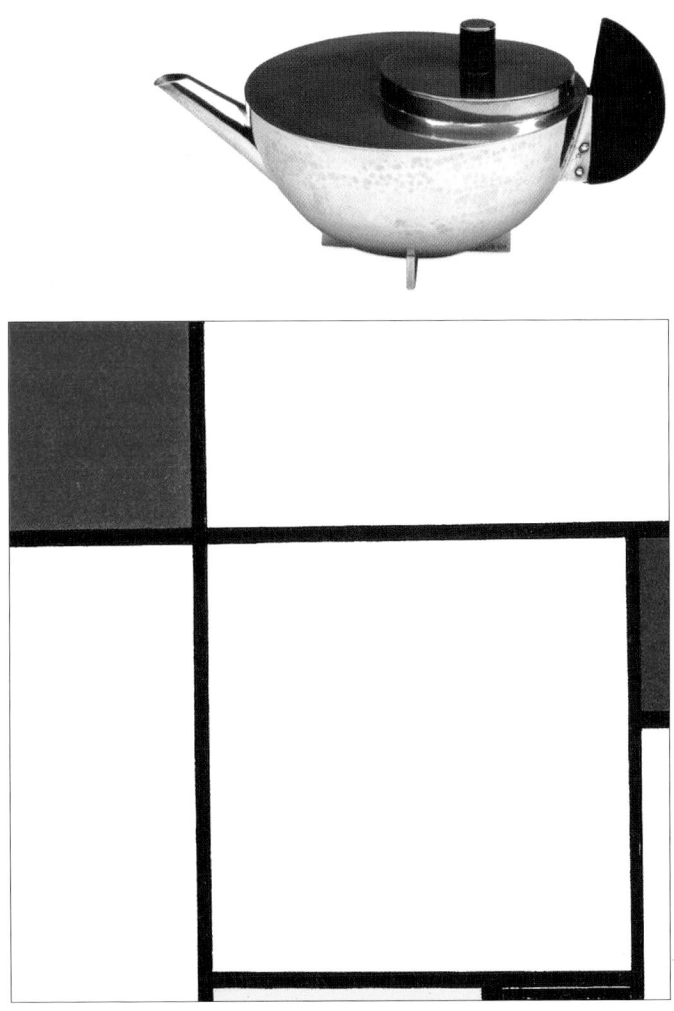

기능주의 디자인과 몬드리안의 추상 그림

는 말이야말로 디자인의 객관주의 미학관을 가장 잘 보여주는 말일 것이다. 기능적이기만 하면 아름다움은 저절로 확보된다는 뜻인데, 디자인에 종사하는 대부분의 사람은 이 말을 사명처럼 여긴다. 이 말은 좋은 뜻이지만 오히려 디자이너들로 하여금 아름다움에는 신경을 전혀 쓰지 않고 오로지 생산과 기능에만 충실하게 만들었다. 생산과 기능은 모두 객관성의 영역이며, 예술과 거리가 있는 디자인의 공적 영역이기도 했다. 이런 객관적인 영역, 기능에만 충실하면 심미성은 저절로 해결된다는 믿음은 디자이너들이 심미성에 대해 따로 연구하거나 노력할 필요가 없게 만들었다. 결과적으로 이 말은 조형적 훈련이나 감각이 부족한 디자이너들에게 면죄부를 주었고, 디자인에서 조형 교육을 부실하게 만드는 결과를 낳았다.

기능에 충실하면 아름다움은 저절로 따라온다는 말은 논리적으로 근거가 전혀 없다. 기능과 심미성은 별개의 문제이기 때문이다. 게다가 아름다움을 그렇게 쉽게 얻을 수 있다면 군이 미학적으로 연구하거나 예술가들이 고통스러운 창조 과정을 감내할 필요도 없을 것이다. 그리고 가장 기능적인 것이 가장 아름답다고 한다면, 청계천에 있는 공업사에서 만들어내는 수많은 기계와 제품도 가장 아름답다고 해야 할 것이다. 그렇지만 이런 물건들을 좋은 디자인이라고 칭찬하지는 않는다.

한편 이런 말들이 초래한 문제 중 하나는 기능적인 디자

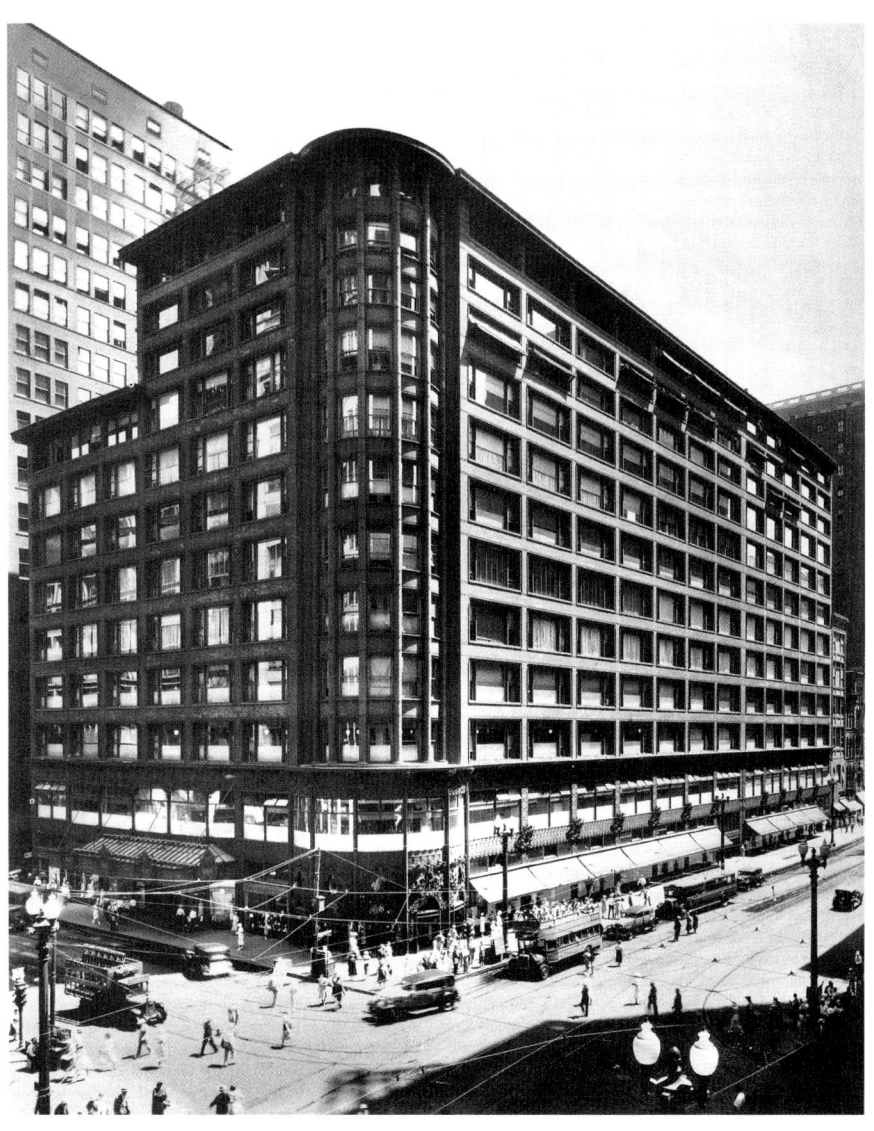

루이스 설리번의 기능적인 건축인 카슨피리스콧백화점

인을 무조건 아름답게 보아야 한다는 미적 독재의 빌미가 되었다는 점이다. 20세기 초 오스트리아의 건축가 아돌프 로스 Adolf Loos의 "장식은 범죄"라는 언급도 이와 상통하며, 이런 말들은 장식적인 형태의 디자인이 가진 심미적 가치를 훼손하고, 심플한 형태의 디자인만을 절대적으로 아름답다고 여기게 만들었다. 그 결과 디자인계에서는 지금도 심플한 형태의 디자인을 군더더기 없는 형태라 우수하다고 보고, 장식적인 형태를 부정적으로 보는 조형적 선입견이 팽배하다.

하지만 인류가 만든 대부분의 조형예술은 '장식'이다. 장식이 진짜로 죄악이라면 인류가 이룬 조형예술의 성취는 대부분 없애버려야 한다. 그런 점에서 디자인에서 객관주의 미라고 여겨온 모든 언술이나 논리는 사실 반反객관적이고 대단히 편중되었다고 할 수 있다.

그럼에도 우리나라의 많은 디자이너가 다이소나 무인양품 같은 실용적인 디자인들을 예로 들면서 여전히 심플한 형태의 디자인이 대세라고 믿고 있는 듯하다. 그런데 이 제품들이 심플한 형태를 취한 까닭은 생산의 경제성에 입각하기 때문이다. 판매가격을 중요하게 생각하는 제품은 예나 지금이나 대개 이런 스타일을 추구한다. 그 반면에 인간의 높은 수준을 만족시키기 위한 디자인들은 심플한 형태뿐 아니라 가치 있는 다양한 스타일을 추구한다.

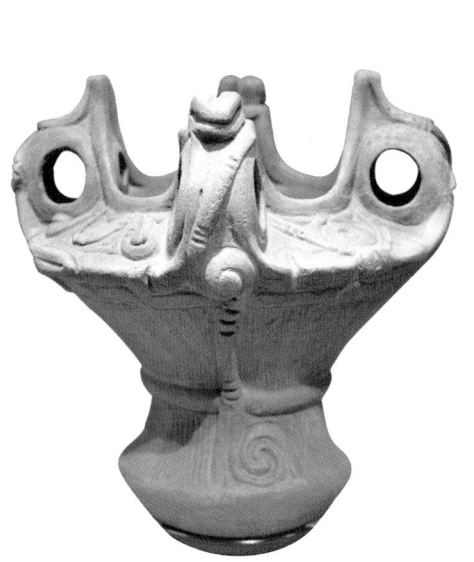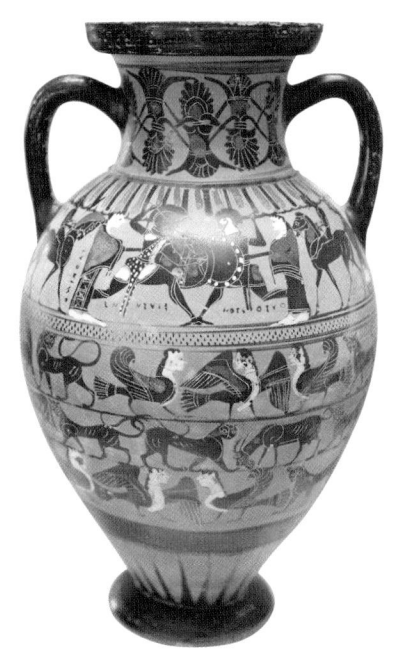

아름다운 장식을 가진 고대 일본과 그리스의 토기들

세계 최고의 산업디자이너라 할 수 있는 네덜란드의 마르셀 반더스Marcel Wanders는 '뉴 아르누보new art nouveau' 스타일이라 불릴 정도로 고전적 장식의 화려한 디자인을 많이 선보이고 있다. 그리고 바로 이런 스타일 덕분에 국제적인 인기를 얻고 있다. 그러니 다양한 디자인들 중에 심플하고 기능적인 디자인들만 선별해놓은 뒤 그것을 세계적인 추세라고 주장하는 것은 확증편향, 즉 보고 싶은 것만 보는 오류에 불과하다.

이렇게 객관주의 미의 원리에서는 아름다움의 본질이나 법칙을 예술의 성질로 보기 때문에 그것이 작품에 표현되면 일단 완벽한 아름다움이 실현되었다고 여긴다. 그래서 객관주의 미에서는 작품 그 자체에서 모든 것이 완성되어버린다. 문제는 그것을 보고 즐기는 감상자의 입장이나 느낌은 전혀 고려하지 않는다는 점이다. 그로 인해 감상자가 어떻게 보든 완벽한 아름다움에 관한 객관적인 미적 법칙에만 관심을 두고 오로지 완벽한 아름다움이 작품에 표현되는 것에만 관심을 기울이게 된다. 그리스의 건축과 조각, 중세 유럽의 수많은 예술품이 대체로 그렇게 만들어졌다. 파르테논신전이나 고전주의 조각들은 보는 사람이 아름다움을 느끼기 전에 이미 완벽히 아름다운 대상이 된다.

그런데 완벽한 미적 법칙에 의해 만들어졌다고 해서 모든 것이 아름답게 보이는 것은 아니다. 황금비례가 적용된 형태

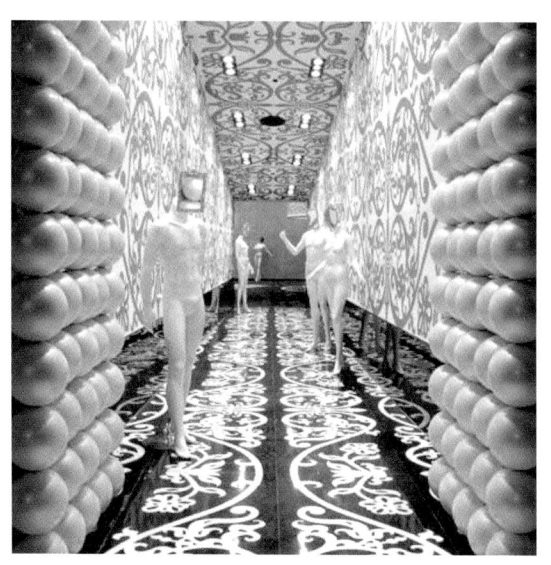
화려한 상식이 두드러지는 마르셀 반더스의 디자인

나 기하학적 형태로 디자인된 것들 중에는 아무런 설명 없이 보면 그저 그렇게 보이는 것들도 많다. 게다가 황금비례가 아닌 것들 중에서 아름다워 보이는 것도 많다.

객관주의 미는 엄밀하고 가치중립적인 객관성 때문에 아름다움에 대한 본질이나 원리를 독점하는 것 같지만, 그러한 객관성은 이성에 국한된 것이기 때문에 감각적으로 아름다워 보이는 문제에 대해서는 아무런 설명도 못하고 대응도 못한다. 그리고 완벽한 아름다움이 만들어지는 과정에서 예술을 받아들이는 사람은 완전히 배제된다. 보는 사람이 아름답게 느끼든

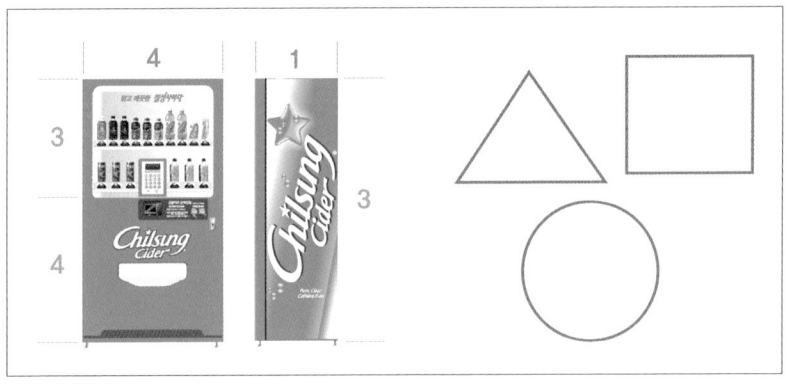

미적 감흥을 일으키지 못하는 황금비례 형태와 기하학적인 형태

말든 이성적으로 규정된 아름다움의 요소가 구현되기만 하면 완벽한 예술이 되기 때문에 수용자는 구경꾼에 불과할 뿐 아니라 심지어 소외된다. 객관주의 미의 경향을 가진 기능주의 디자인에서 디자인을 받아들이는 사람이 매우 심각하게 배제되어온 것도 그 때문이다. 기능성이 객관적으로, 합리적으로 구현되기 때문에 그 과정에서 아름다움은 저절로 해결된다는 생각은 디자인을 받아들이는 사람의 마음에서 일어나는 아름다움의 감정을 완전히 배제하는 논리다.

객관주의 미학의 모든 논리의 문제는 아름다움을 미적대상의 성분으로 보았다는 데 있다. 그래서 정작 아름다움을 느끼고 즐기는 사람의 마음을 완전히 배제했고, 그 결과 미학에서 예술만 혼자 고고하게 사람들의 머리 꼭대기에 올라 있었다. 객관주의 미학에 입각한 기능주의 디자인도 디자인 내에서 모든 가치를 완성할 수 있다고 생각해 결국 디자인을 받아들이는 사람의 마음을 살피지 않는 문제를 낳았고, 그들의 삶을 위해 디자인이 존재한다는 본질을 무시하고 디자인을 위한 디자인에 빠져버렸다. 그러다 보니 그동안 디자인에서는 아름다움과 같은 가치보다는 합리적이고 이성적인 효용성에만 치중했고, 그것을 확보하면 아름다움은 자동적으로 따라온다는 다소 일방적이고 건방진 논리를 추구하면서 희로애락을 중심으로 이루어지는 인간의 삶을 놓쳐버렸다. 모두가 미적가치는

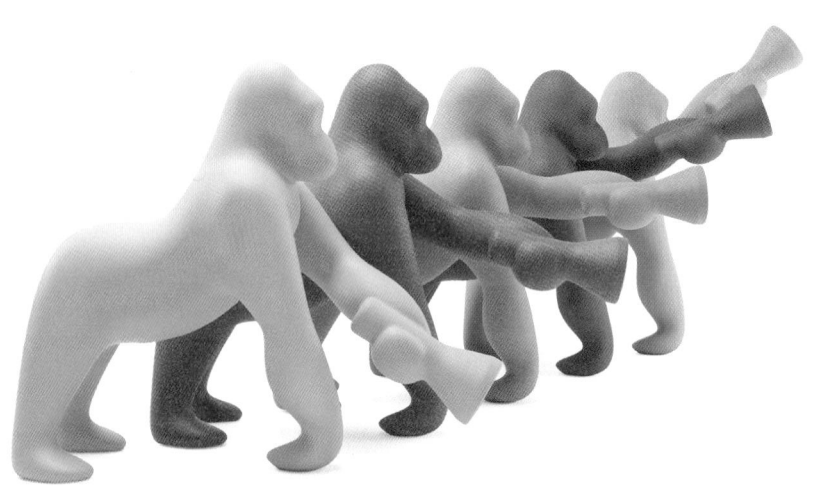

즐거운 마음을 촉발하는 조명디자인 콩

객관적으로 규명되고 표현될 수 있다는 전제 때문이었다. 그래서 아름다움은 대상의 성질이 아니라 예술적 감흥을 통해 존재한다는 주관주의 미학이 나오게 되었다.

주관주의 미와 디자인

손에 랜턴을 들고 있는 고릴라 모형은 이탈리아의 디자이너 스테파노 지오반노니Stefano Giovannoni의 조명디자인이다. 주객이 전도되었다는 것은 이를 두고 하는 말일 것이다. 고릴라 모양의 인형이 손에 조명을 들고 있다고 조명디자인이라니 참으로 황당하다. 하지만 그런 마음은 입가에 미소를 그리며 순식간에 사그라진다. 그 대신 마음이 즐거워지고 하나쯤 가지고 싶어진다. 이 디자인은 조명으로서의 기능성은 그다지 뛰어나지 않다. 그렇지만 보는 사람의 마음을 아주 심하게 흔들어놓는다. 객관적인 가치는 낮지만 주관적인 가치는 대단히 뛰어난 것이다. 이러한 디자인은 주관주의 미를 지향하고 있다고 할 수 있다.

예술미에서 주관주의 미는 아름다움이 대상의 특징이 아니라 경험하는 사람의 마음에서 나타나는 특징이라 보고, 미적대상을 파악하는 주체의 태도나 작용 측면에서 미를 연구한다. 지오반노니의 조명디자인을 객관주의 미라는 관점에서 보면 아름다움의 법칙 같은 것을 찾아보기 어렵다. 디자이너가 장난으로 만든 것처럼 보인다. 그러니 아무리 완벽한 아름다움의 법칙으로 만들어진 예술이 있더라도 최종적으로 받아들이는 사람이 즐거움을 얻지 못하면 그것은 그저 하나의 물질에 불과하다. 파르테논신전 앞을 지나가는 개미에게는 신전이 위대한 예술로 전혀 보이지 않는다. 아무리 뛰어난 고전주의 조각이라도 그것을 보고 놀라고 감동을 받는 사람들이 없다면 그저 하나의 돌덩어리에 불과하다.

그런데 고대 그리스시대 때부터 18세기에 미학이 등장하기 전까지 서양에서는 그렇게 생각하지 않았다. 완벽한 미의 법칙이 구현되어 있으면 무조건 완벽한 예술이라고 생각했다. 하지만 미학이 등장하면서부터 이념적으로 완전한 아름다움이란 존재하지 않으며, 모든 아름다움은 받아들이는 사람의 마음에서 만들어진다고 보기 시작했다. 그래서 근대미학의 체계가 갖추어지면서 주관주의 미가 중심을 차지했다. 물론 여기에는 18세기부터 서양 사회가 오랜 중세시대에서 벗어나 평등한 사회, 계몽주의적 사유의 시대에 접어든 것과도 관련이 있다. 계급이 뒤로 물러나고 사람, 보편적인 인간이 중심이 되는 시대가 등장하면서 아름다움이나 예술도 그것을 받아들이는 사람이 최종적으로 결정하는 것으로 보기 시작했다. 그래서 미의 주관성이 압도적인 영향력을 가지게 되었다.

그런데 주관주의 미학관이 본격적으로 태동하기 전에 그러한 전조는 바로크와 로코코 시대의 장식 문화에서 찾아볼 수 있다. 프랑스를 중심으로 만들어졌던 이 문화는 고전적인 미학적 법칙보다는 보았을 때 압도적인 아름다운 형태를 추구했다. 그래서 장식 과잉으로 오해를 많이 받기도 하고 귀족주의 문화의 사치스러운 스타일로 비판을 받기도 하지만, 보는 사람의 마음을 아주 요동치게 만드는 조형적 특징을 보면 이전의 고전주의 문화와는 완전히 다른 방향의 미학을 지향했다고 할 수 있다. 18세기 주관주의 미학이 발전할 수 있었던 것은 이러한 문화적 전통이 바탕이 되었다.

한편 주관주의 미에서는 '예술적 감흥'이 예술의 완성이라고 보았다. 다시 말해 예술가가 만든 작품은 그것을 최종적으로 받아들이는 사람의 마음에서 쾌감이나 감동이 발생했을 때 완성된다고 본 것이다. 그 결과 예술이나 아름다움에서 중요해지는 것은 예술을 창조하는 사람이나 작품이 아니라 그것을 즐기는 대중이 되었다. 대중의 감흥이 근현대 미학에서는 무엇보다 중요하게 다루어지는 이유가 바로 이 때문이다.

그런데 미적 감흥이라는 것은 단지 감각적인 차원에서만 만들어지는 것이 아니다. 다시 말해 현란한 색깔, 현란한 형태에서도 미적 감흥이 일어나지만 이런 감각적인 만족은 오래가

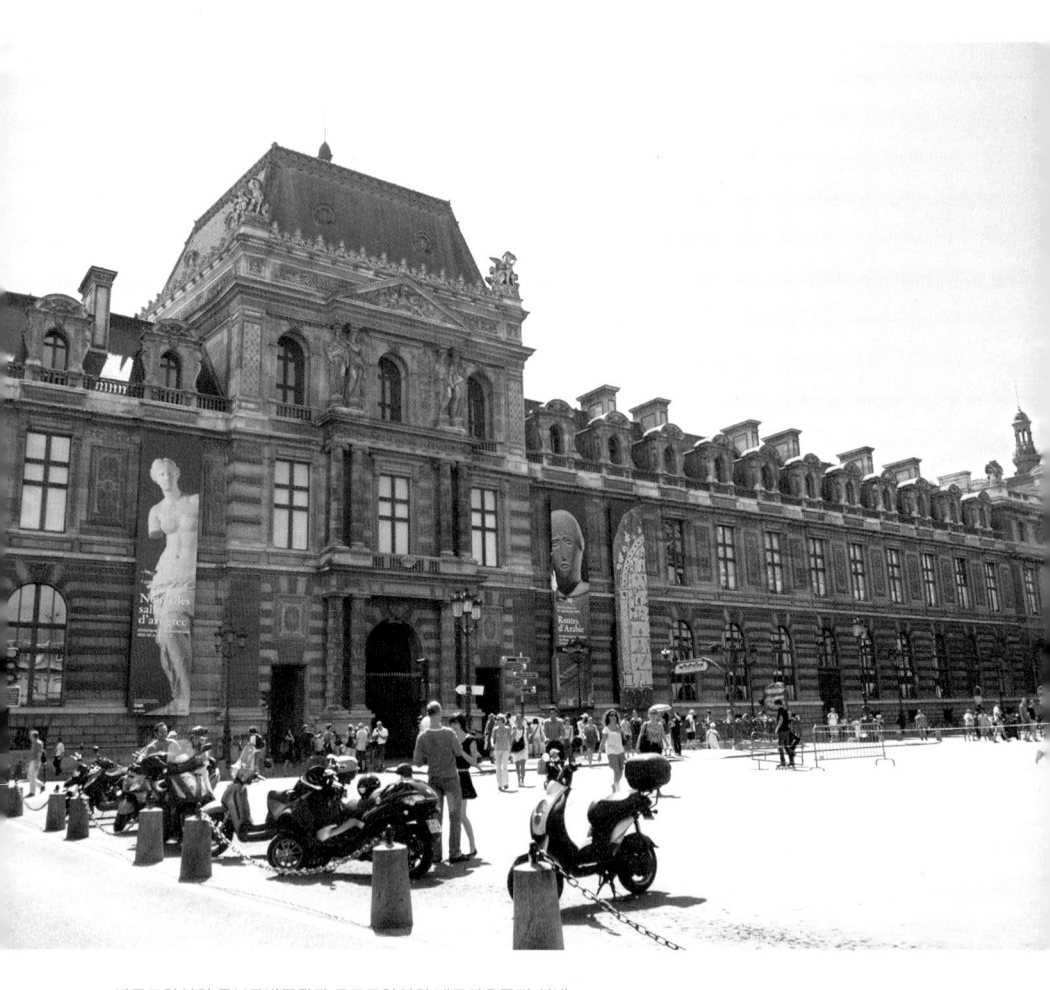

바로크양식의 루브르박물관과 로코코양식의 베르사유궁전 실내

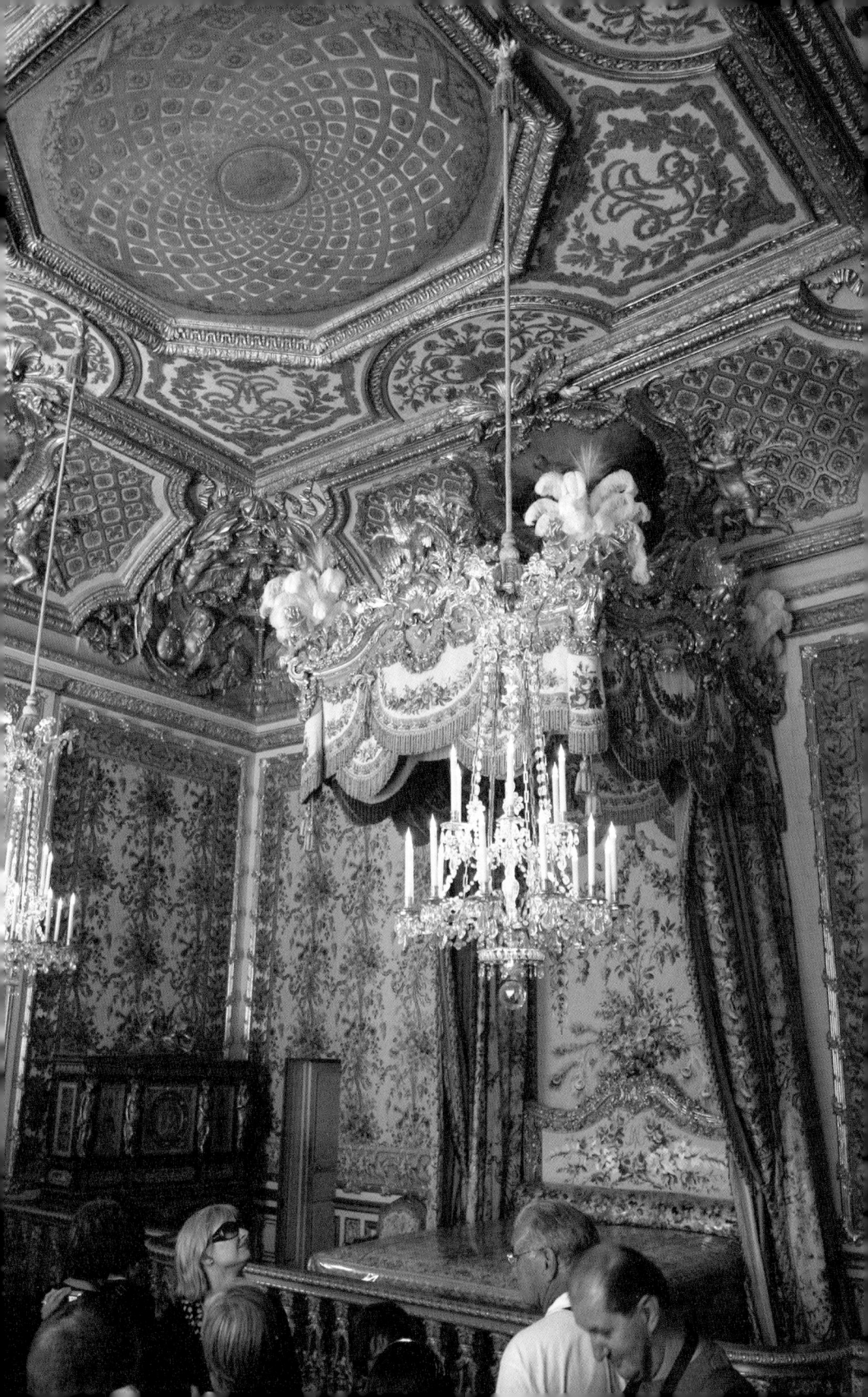

지 못한다는 치명적인 단점을 갖고 있다. 예를 들어 색이 아주 아름다운 패션 디자인은 대단한 미적 감흥을 촉발시키기지만 볼 때뿐이다. 맛있는 음식을 먹으면 만족감이 그때뿐인 것과 비슷하다.

여기서 중요하게 부상하는 것이 내용미다. 색과 형태는 작품의 형식에 관련된 것인데, 형식적인 아름다움은 시간적 한계가 있다는 단점이 있지만 작품의 내용에서 촉발되는 미적 감흥은 아주 오래가거나 시간의 흐름과 관계없이 존재한다는 장점이 있다. 명작들이 대체로 이런 특징을 가진다. 가령 르네상스 시대에 만들어진 미켈란젤로의 다비드상은 시공간과 상관없이 작품에 내재된 내용적 가치가 무한한 감동을 불러일으킨다. 물론 다비드상은 형식적인 아름다움도 뛰어나다. 하지만 이 조각이 진짜 감동적인 점은 대리석으로 만들어졌다는 것이 아니라 생동감 있게 보인다는 것이다. 미켈란젤로는 단순히 아름다운 조각상을 만들려 한 것이 아니라 진짜 사람 같은 형상을 만들려 했다. 이처럼 명작들은 의도하지 않더라도 시간을 초월해서 작동하는 내용미를 가진다.

그런데 지속적으로 작용하고 좀더 강력한 미적 감흥을 불러일으키기 위해서 조형예술에서 나타난 것이 바로 '추상미술'이다. 추상미술은 형식이 아니라 내용 가치에 집중해서 만들어진 새로운 경향이었다. 피카소의 그림이 대표적인데, 그

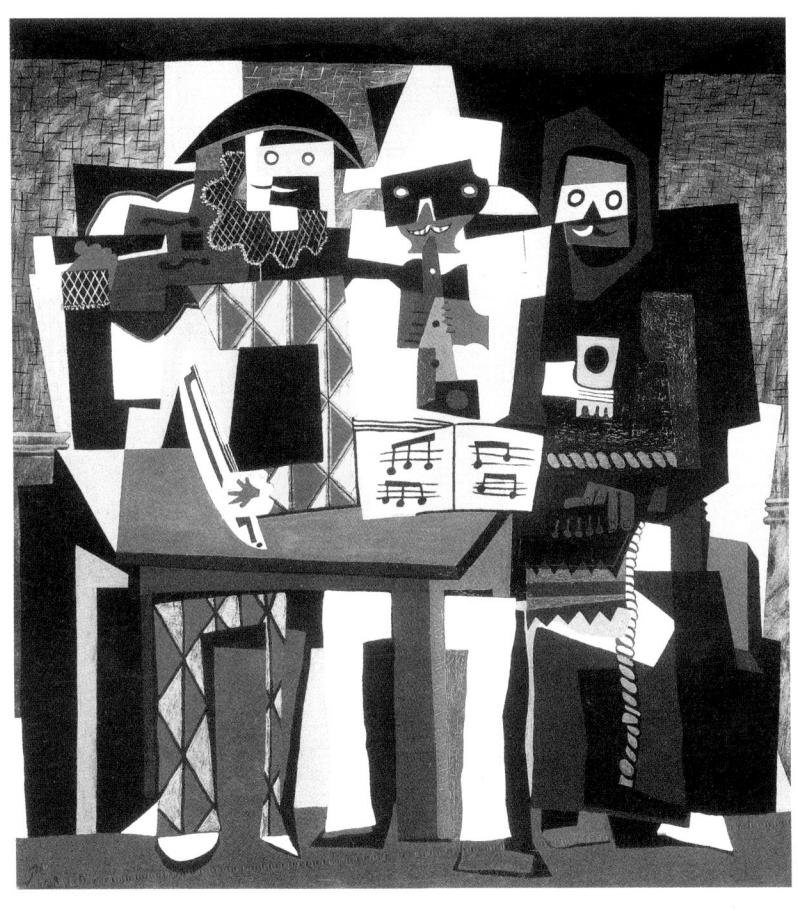

내용적 가치가 지속적인 미적 감흥을 불러일으키는 피카소의 그림

의 그림은 형식적인 측면에서는 즉각적인 미적 감흥을 촉발시키지 않지만, 사람을 여러 방향에서 본 모양을 하나로 나타냈다는 창조력과 그 결과 완성된 희한한(?) 형태가 매우 지적 감흥을 불러일으킨다.

하지만 이렇게 내용적 가치가 뛰어난 추상 작품은 맨눈으로 볼 때는 그 묘미를 파악하기 어렵기 때문에 학습되고 고양된 취향이 필요하다. 이를 칸트는 '취미 수준'이라 했다. 말하자면 작가가 만든 작품에 담긴 내용적 가치를 이해하고 감흥을 얻기 위해서는 작품을 받아들이는 사람, 즉 감상자도 거기에 맞는 교양 수준을 갖추어야 한다는 것이다.

그런데 추상 작품에 내재된 내용적 가치가 많은 사람에게 감동을 주기 위해서는 그 안에 표현된 내용이 공감대를 얻을 수 있는 가치여야 한다. 그래서 추상미술에서 내용적 가치는 주로 보편적 가치, 진리를 추구한다. 그렇다고 이를 객관주의 미에서 추구하는 아름다움의 본질이나 아름다움의 규칙 같은 것과 혼동해서는 안 된다. 객관주의 미에서 말하는 미의 본질이나 규칙은 예술의 형식미에 한정된다. 수학적 법칙이든, 기하학적 형태든 대체로 조형미, 형식적 미학 논리에 관한 것이고, 추상미술에서 말하는 진리나 본질은 내용미에 해당한다. 따라서 미술이나 음악과 같은 예술 분야를 초월한다. 예술에서 내용미는 대체로 인문학적 가치를 지향한다. 가령 역사적 사건을 차용한 추상화는 역사적 맥락을 이해하고 있는 많은 대중을 감동시킨다. 이런 작품은 대중과 공감하고 예술을 넘어서는 차원에서 감동을 주기 때문이다.

그럼에도 디자인에서는 제2차 세계대전 직후까지 주관주의적 태도는 배타되고 거부되었다. 오로지 객관적이고 합리적인 이성에 통제되는 디자인만이 현대디자인으로 인정되었다. 일체의 주관적 아름다움은 받아들여지지 않았는데, 그만큼 여유가 없었다고 볼 수 있다. 그리고 민주화, 사회적 헌신이라는 윤리적 담론하에서 더욱 부정당했다. 디자인에서 주관주의 미는 반사회적이거나 반윤리적이라는 의심을 받았다. 예술을 위한 예술이라는 말처럼 주관주의 미는 순수미술에서나 추구하는 가치로 여겨졌던 것이다.

하지만 앞서 살펴본 것처럼 1980년대 이탈리아에서 시작된 포스트모던 디자인 경향이 등장하면서 기존의 객관주의 미를 추구했던 디자인 흐름에 큰 균열이 일어났고, 서서히 주관주의 미가 중심을 차지하기 시작했다.

1993년에 알레산드로 멘디니Alessandro Mendini가 디자인한 와인 오프너 안나 G는 디자인에서 주관주의 미가 본격화된 중요한 사례라 할 수 있다. 이 와인 오프너는 필립 스탁의 주시 살리프와 비교되기도 하지만 사람의 퍼스낼리티personality를 구현해 출시되자마자 전 세계적으로 인기를 끌었고, 지금까지

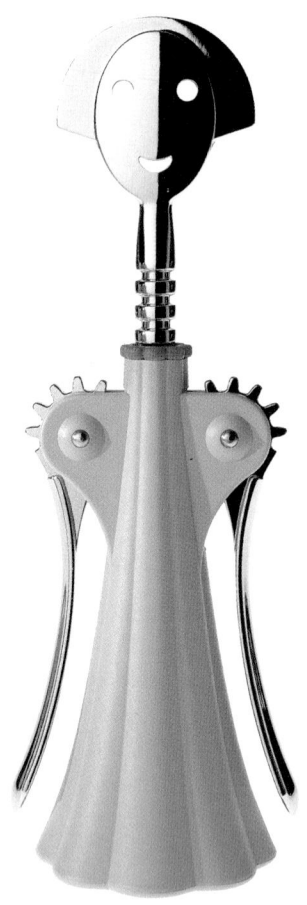

알레산드로 멘디니의 안나 G

도 절찬리에 판매되고 있는 히트작이다. 미학적 관점이 확립되지 않은 상태에서 이걸 보면 '그저 좀 유머러스하구나' 하고 넘어가버릴 것이다. '감성디자인' 정도로 파악하고 마는 것이다.

그런데 이 디자인은 그저 그런 디자인이 아니라 30년 가까이 판매되는 베스트셀러인 데다 디자인 역사에 길이 남을 걸작이다. 하지만 감성에 호소하는 정도로만 이해하는 관점에서는 이 디자인이 왜 그렇게 뛰어난지 전혀 알 수 없다.

우선 이 디자인은 보는 사람으로 하여금 대단한 미적 감흥을 불러일으킨다. 몸통과 목의 파스텔색과 금속 부분은 편안함을 자아내면서 고급스러워 보인다. 게다가 보기와 달리 전체적 형태는 황금비례를 이루고 있다. 머리에서 목과 몸통이 4 대 5 정도의 비례를 이루고 있어서 그리스시대에 확립된 황금비례값과 같다. 그래서 아주 안정되어 보인다. 이처럼 형식적인 면에서 이 디자인은 매우 고전주의적인 조형미를 갖추고 있는데 객관주의 미의 입장에서 보아도 손색이 없는 수준이다.

그런데 이 와인 오프너가 웃고 있는 여인의 모습이라는 것에서 많은 사람이 매우 큰 재미를 느낀다. 안나 G라는 실존인물에서 영감을 받아 그의 이름을 붙여놓았기 때문에 사람의 퍼스낼리티가 더욱 깊게 자리 잡고 있다. 기능과는 전혀 관련이 없는 가치지만 이 디자인이 지금까지 초베스트셀러 자리를 차지할 수 있었던 것은 바로 이러한 내용적 가치가 담겨 있기 때문이다. 그런 점에서 이 디자인은 주관주의 미학을 지향하고 있는데, 특히 내용적인 가치를 통해 아주 인상적이고 지속적인 감흥을 불러일으킨다.

와인 오프너를 사람의 모양으로 만드는 일이 어렵지 않은 것 같지만 이렇게 형식적인 완벽함을 구축하면서 디자인한 것이나 실존 인물의 이미지를 관념적으로 더 강화시킨 감각은 미학적으로 대단히 뛰어나다. 그리고 이러한 접근은 이전의 디자인과 완전히 다른 수준의 감동을 불러일으킨다. 그 감동의 크기에 따라 아름다움의 차원도 달라진다. 미학적으로 이 디자인은 객관주의 미를 추구했던 기능주의 디자인과 완전히 다른 방향의 미적 관점, 주관주의 미를 지향한다.

이처럼 주관주의 미는 현대미술이나 현대디자인에서 적극적으로 표현되고 있고, 현대미학의 주류를 형성하고 있다. 미술에서는 오래전부터 주관주의 미가 적극적으로 표현되었는데, 디자인에서는 여전히 주관주의 미가 기능주의적 관성에 많은 방해를 받고 있는 상황이다. 겨우 감성디자인 정도로만 인식되고 있는데, 이런 수준의 이해로 주관주의 미는 디자인에서 제대로 동력을 얻기 어렵다. 하지만 세계 디자인은 이미 오래전부터 적극적으로 주관주의 미를 추구하고 있고, 그에 따라 대단히 뛰어난 디자인들이 많이 나오고 있다.

지금까지 예술학에서 예술작품을 중심으로 아름다움의

가치를 살펴보았다. 그런데 예술에 관한 미학 논리에는 예술품 자체가 아니라 예술품을 창조하고 향유하는 측의 체험을 중요하게 보고, 그 과정을 통해 미학적 가치를 살펴보는 관점도 있다.

미적체험으로서의 디자인

현대예술학에서 아름다움을 비롯한 미학의 중요한 가치들은 체험을 통해서만 감지되고 실현된다고 본다. 그래서 예술작품 그 자체보다는 작품을 둘러싼 미적체험 과정을 통해 아름다움의 가치가 어떻게 형성되는지에 집중한다.

하지만 일반적으로 미적체험이라고 하면 예술을 감상하는 것으로만 생각하기 쉽다. 음악을 듣거나 영화를 보거나 그림을 보는 등 예술작품을 접하고, 그 안에 담긴 아름다움을 느끼고 감동을 받는 일련의 과정을 일상생활에서 많이 경험하고 있기 때문일 것이다. 그런데 여기에는 작가가 작품을 창조하는 생산적 측면에서의 체험도 추가된다. 작가가 예술작품을 창조하는 것도 감상하는 체험 과정 못지않게 복잡한 체험 과정을 거친다. 그래서 미적체험과 관련된 미학 논리는 '생산적인 측면'의 것과 작품을 받아들이는 측면의 체험, 즉 '미적향수'라고 하는 두 가지 영역으로 이루어진다.

일반인들은 잘 모르겠지만 작가가 작품을 만드는 과정은 정확하게 작품을 감상하는 체험과 반대로 진행된다. 먼저 작가가 아름다움의 가치를 여러모로 연구하고 모색한 뒤 특정한 미적가치를 선택하고 거기에 입각해서 작품으로 표현한다. 이 과정에서 작가는 수많은 경험을 하고, 실험을 하고, 심오한 사유를 통해 뛰어난 예술작품을 만들어내는 것이다. 이러한 과정은 작가들마다 다르기 때문에 저마다 독특한 개성을 발휘해 다른 작품에서는 볼 수 없는 매력적인 미적가치를 만들어낸다.

이를테면 쇠라와 같은 점묘파 화가들은 당시 유행에 가까

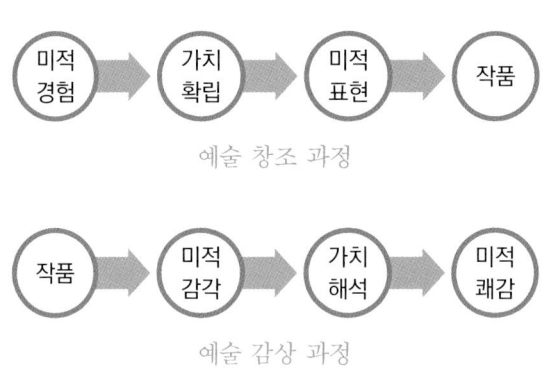

예술 창조 과정

예술 감상 과정

작품과 관련된 작가와 수용자의 미적체험 과정

웠던 각종 과학 분야 발달에 관심을 가졌고, 광학 원리를 도입해서 그림을 그리는 새로운 방법을 만들었다. 광학 원리로 추상미술을 만든다는 것이 쉽지 않은 일이었을 텐데, 쇠라는 삼원색의 점들이 다양한 색을 만들어내는 원리를 포착해 점묘법을 개발했다. 그 덕분에 누구도 하지 못했던 독특한 스타일의 그림을 그릴 수 있었다.

입체파 화가들은 눈에 보이는 어느 한 장면만을 사진처럼 그리는 것은 대상의 진정한 본질을 그리는 것이 아니라고 생각했다. 그래서 이들은 한 폭의 그림에 여러 개의 시선으로 본 대상의 형태를 조합해서 기괴한 입체파 그림을 그렸다. 그렇게 해서 이 세상 어느 누구도 창조하지 못했던 심오한 형태를 창조했다.

마티스 같은 화가는 야수파라 불릴 정도로 이성을 최대한 배제한 상태에서 더없이 편안하고 본능적인 그림을 그렸다. 그 결과 자신만의 독특한 조형 세계를 만들어냈고 지금까지도 많은 현대인에게 정서적 감응력과 세련된 미적 감흥을 불러일으키고 있다.

이처럼 조형예술 작가들은 세상을 보는 자신만의 관점을 확립하기 위해 다양한 원리를 모색하고, 그 원리를 조형화하는 실험들을 많이 하면서 자신만의 개성과 조형 세계를 구축하거나 구축하고 있다. 다시 말해 창조적 미적체험을 통해 자신의

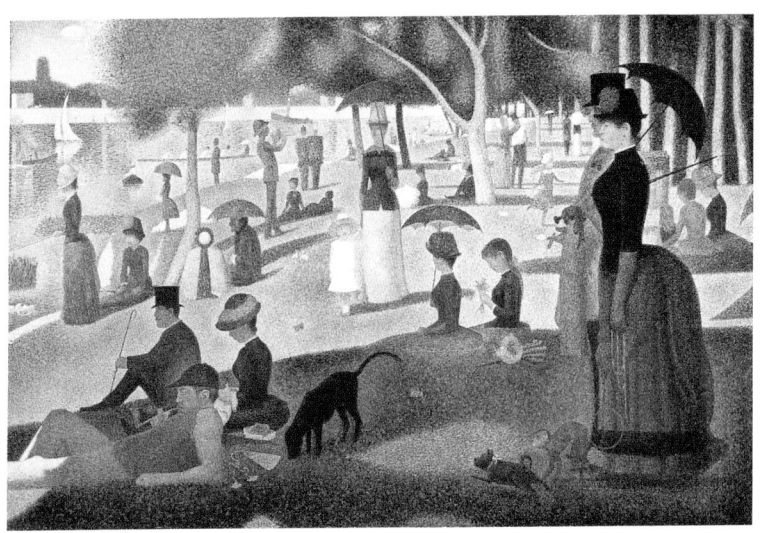

점묘파 화가 쇠라의 그림과 입체파 화가 피카소의 그림과 야수파 화가 마티스의 그림

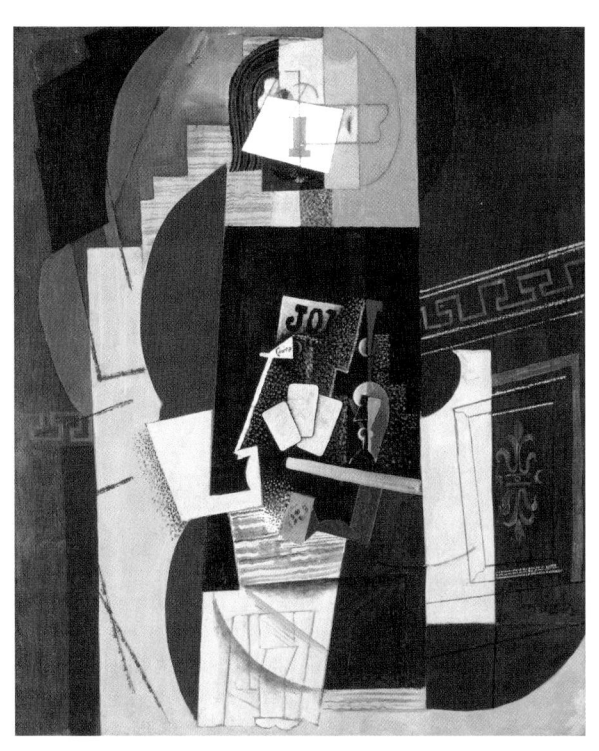

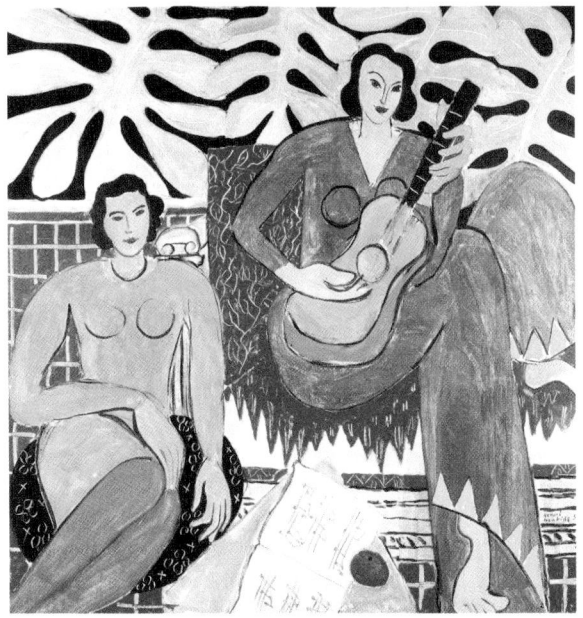

예술 세계를 만들고 있는 것이다. 그렇게 해서 만들어진 작품들은 다양하고 뛰어난 미적가치로 다시 대중을 매료시킨다.

이에 비해 디자이너들은 대체로 클라이언트에게 프로젝트 형식으로 과제를 부여받고, 그에 적합한 솔루션으로 디자인을 만들어낸다. 이 과정은 창조 활동이라기보다는 노동 활동에 더 가깝다. 그래서 많은 디자이너가 자신들은 작가가 아니라 노동자로서 자신들이 하는 일을 노동으로 생각한다. 그러다 보니 디자인이 만들어지는 과정에서 작가의 미적체험은 거의 이루어지지 않는다.

하지만 세계를 이끌고 있는 많은 디자이너가 예술 작가와 마찬가지로 복잡한 미적체험 과정을 통해 자신만의 디자인을 만들고 있다. 현재 세계 최고의 산업디자이너로 활동하고 있는 반더스는 화가나 조각가처럼 일관된 스타일을 가지고 있는데, 다른 어떤 디자이너의 작품에서도 볼 수 없는 것이면서도 매력적이다. 그가 디자인한 KLM네덜란드항공의 기내식 세트 디자인을 보면 고전적인 품격이 가득하면서도 아주 세련되었다. 고전적인 장식이나 액자 같은 구조의 트레이, 유리처럼 보이는 투명한 플라스틱 컵들은 매우 고상하면서도 현대적이다.

이 디자인을 보면 반더스가 고전주의 예술에 대한 교양이 아주 뛰어나다는 것을 알 수 있다. 게다가 세련된 조형 감각도 갖추고 있는 것으로 보인다. 반더스의 디자인들을 보면 일찍부터 그가 고전주의적인 장식이나 이미지를 현대적으로 재해석해 화려하면서도 깔끔한 스타일의 디자인을 만들려 했다는 것을 알 수 있다. 고전주의 문화에 대한 미적체험이나 현대디자인에 대한 감각이 융합되어 독특한 그의 디자인 세계를 구축해온 것이다.

이런 과정을 통해 만들어진 반더스의 독특한 디자인은 그를 세계 최고의 자리에 올려놓았고, 그의 디자인은 요목조목 뜯어보아도 노동의 결과로 보이지 않는다. 그 대신 순수미술

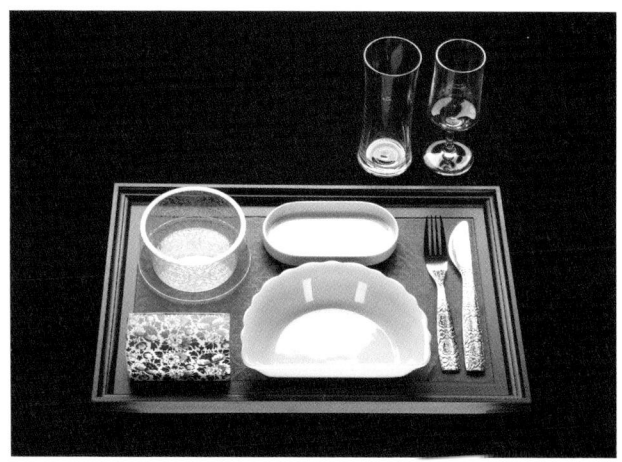

마르셀 반더스가 디자인한 KLM네덜란드항공의 기내식 세트

빰칠 정도로 예술성이 뛰어나 보인다. 그 결과 그의 디자인은 기능에 충실한 물건이 아니라 미적쾌감을 불러일으키는 미적 대상으로 받아들여진다. 그래서 그의 디자인은 예술이라고 해도 전혀 손색이 없는 것이다.

반더스뿐 아니라 이 세상에는 많은 디자이너가 이렇게 다양한 창조적 미적체험 과정을 통한 미적가치 가득한 디자인을 하고 있다. 스페인 출신의 디자이너 아욘은 기능적인 디자인 위에 추상미술을 그려 넣어서 순수미술과 구별이 되지 않는 디자인을 만들고 있다. 또한 피카소, 호안 미로Joan Miró 등 스페인 출신 화가들이나 안토니오 가우디Antonio Gaudí 같은 천재에 대한 깊은 이해를 바탕으로 초현실적이고 추상적이면서도 유머러스한 디자인 세계를 구축하고 있다.

테요 레미Tejo Remy 같은 디자이너는 우리에게 익숙한 사물들을 근본적으로 재성찰하면서 미학을 넘어서서 철학적인 질문을 던지는 디자인을 한다. 소통이 단절된 사람들이 마주 보고 대화를 나눌 수 있게 하려고 펜스로 이런 디자인을 했다는 그의 말을 들어보면 그는 디자인을 통해 우리의 삶을 성찰할 수 있게 해준다. 하나의 디자인을 내놓기 위해서 그가 상당히 많은 사색과 심미적 체험을 했다는 것을 느낄 수 있다.

이처럼 순수미술이나 디자인에서 예술을 창조하는 사람은 막연한 창의력으로 대응하는 것이 아니라 자신만의 독특한

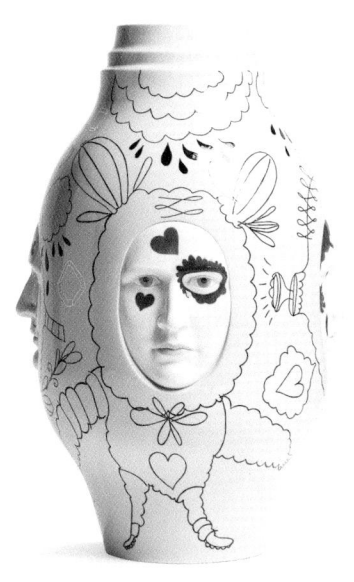

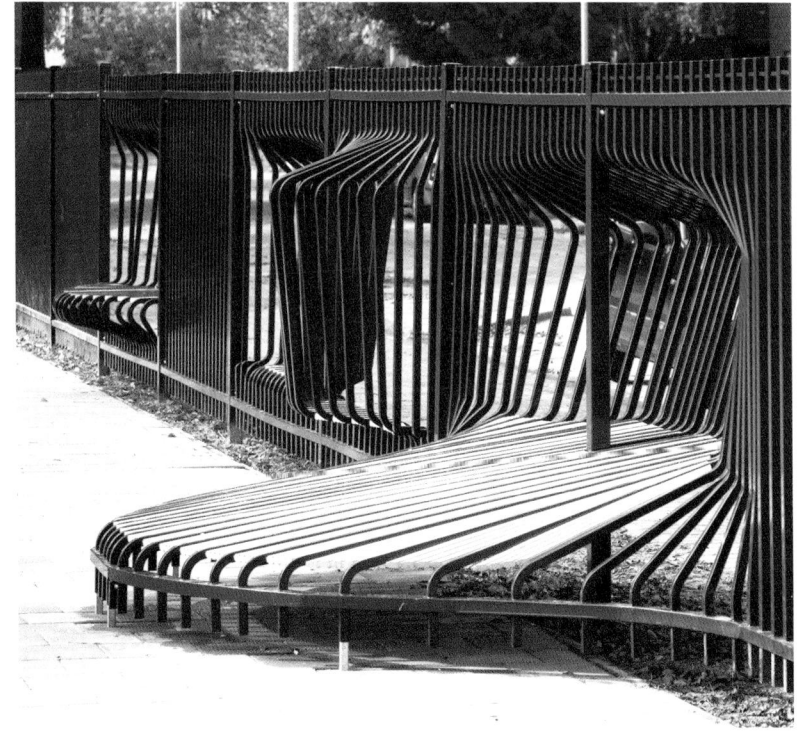

하이메 아욘의 도자기 꽃병과 테오 레미의 펜스 디자인

심미적 체험들을 바탕으로 개성 강하고 미적가치로 충만한 작품을 만들어내고 있다.

미적향수와 디자인

아름다움이 표현된 작품을 감상하는 행위를 '미적향수'라고 한다. 절대적인 미를 추구하던 시절 서양 미학에서는 미적향수를 그다지 중요하게 생각하지 않았다. 굿이나 보고 떡을 먹는 것처럼 보는 사람은 좋은 작품을 보고 즐기기만 하면 되므로 완벽한 미를 가진 작품을 창조하는 일을 무엇보다 중요하게 생각했다.

하지만 하나의 작품은 감상자에 따라 다양하게 받아들여진다. 예컨대 취향이 안 맞거나 미적 수준이 높지 않으면 아무리 좋은 작품이더라도 좋아 보이지 않는다. 게다가 감상자들이 반드시 작가의 의도를 정확하게 파악하고 감동받는 것도 아니다. 자신이 경험한 바에 따라 별것 아닌 작품에서도 큰 가치를 발굴해 깊은 감동을 받기도 한다. 그런데 이때의 감동은 작품에서 비롯된 것이 아니라 감상자와 작품의 화학작용을 통해 만들어진 것이다.

그래서 현대미학에서는 예술의 최종적인 완성은 감상자

를 통해 이루어진다고 보기 때문에 감상자의 미적향수를 작가의 창조 과정 못지않게 집중한다. 아니, 더 중요하게 생각한다. 서양 사회가 몇천 년 동안 절대미만 추구하다가 갑자기 18세기경부터 감상자를 중요하게 생각하게 된 것은 오랜 계급사회를 겪다가 계몽주의가 본격화되고, 근대화가 시작되면서 일반인들, 대중의 존재가 급부상하게 된 것과도 매우 밀접한 관련을 맺고 있다.

그런데 미적향수는 순식간에 일어나는 일이 아니다. 우선 눈으로 보고, 그다음으로 작가 못지않게 작품의 가치를 창조하고, 최종적으로는 즐거움을 느끼는 과정으로 이루어진다. 이 과정은 계몽주의 철학자 칸트의 '인식론'을 통해 더 구체적

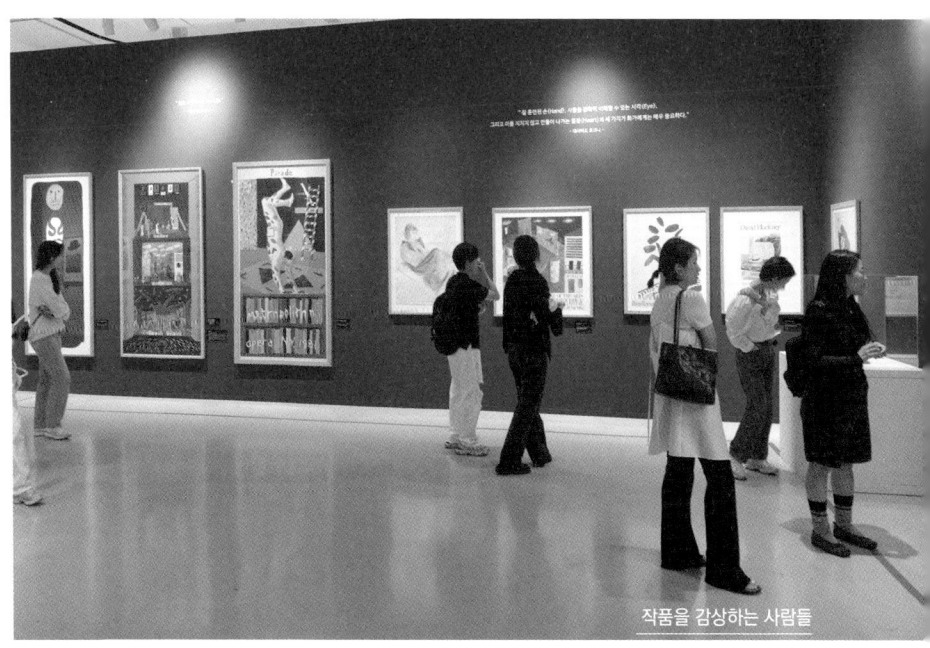

작품을 감상하는 사람들

으로 파악할 수 있는데, 지금은 이 과정이 감상하는 사람의 적극적인 행위라는 것을 먼저 이해할 필요가 있다.

이 과정에서 칸트가 '취미 수준'이라고 말한, 작품을 받아들이는 사람의 미적 역량이 작용한다. 다시 말해 작품은 모든 사람에게 투명하게 보이는 것이 아니라 작품을 감상하는 사람의 수준에 따라 달리 해석되는 것이다. 같은 작품을 보더라도 감상하는 사람에 따라서 전혀 다르게 받아들이게 되는 것은 그 때문이다. 그래서 미학에서는 감상자의 미적향수 과정을 제2의 창조 작업이라 본다. 작품을 접해 그 안에 들어 있는 가치를 재해석해서 즐거움을 얻기 때문에 작가가 작품을 만드는 것 못지않은 창조 작업이라고 보는 것이다.

그래서인지 미적향수는 작가가 작품에 담아놓은 가치를 감상자가 정확하게 해석해내어서 즐기는 것이라 생각하기 쉽

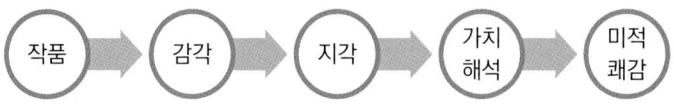

예술을 감상하는 과정

다. 특히 추상미술을 볼 때 많이들 그렇게 생각하는 듯하다. 그러다 보니 작가의 의도를 모르면 작품에 대해서 아무런 말도 해서는 안 될 것 같은 자기검열의 압박이 작동해 자연스러운 미적향수 과정이 많이 방해받는다.

하지만 작가는 자신의 생산적 체험을 통해 작품을 만들 뿐이고, 그것을 감상하는 사람은 자신의 체험을 통해 작품을 주체적으로 받아들인다. 그래서 작가의 의도가 감상자에게 그대로 전달되는 것은 불가능하다. 예컨대 아무것도 모르는 초등학생들은 피카소 그림 앞에서 깔깔거리면서 거리낌 없이 대하는 데 자신은 피카소의 그림을 죽을 때까지 감상할 수 없을 듯한 괴리감을 느끼는 건 바람직한 미적향수가 아니다.

내가 어릴 적 비 오는 날, 관악산이 가장 잘 보이는 어두운 실기실에서 혼자 베토벤의 〈운명〉 교향곡을 들으면서 황홀감에 빠졌던 적이 있다. 그전부터 〈운명〉 교향곡은 알고 있었지만, 시작 부분만 인상적이고 나머지는 지루하기 짝이 없는 소리들로 이루어진 음악 정도로만 이해하고 있었다. 그런데 그날만큼은 그 음악이 귀가 아니라 온몸으로 흡수되는 것 같았다. 음악에 담긴 어떤 비극적 정서가 지극히 어둡고 깊은 카타르시스를 자아내면서 절망과 고뇌의 쾌감을 절실히 느끼게 해주었다. 그 순간 내게 〈운명〉 교향곡은 더 이상 음악이 아니었다. 나약한 한 인간이 바위같이 거대하고 무거운 운명 앞에

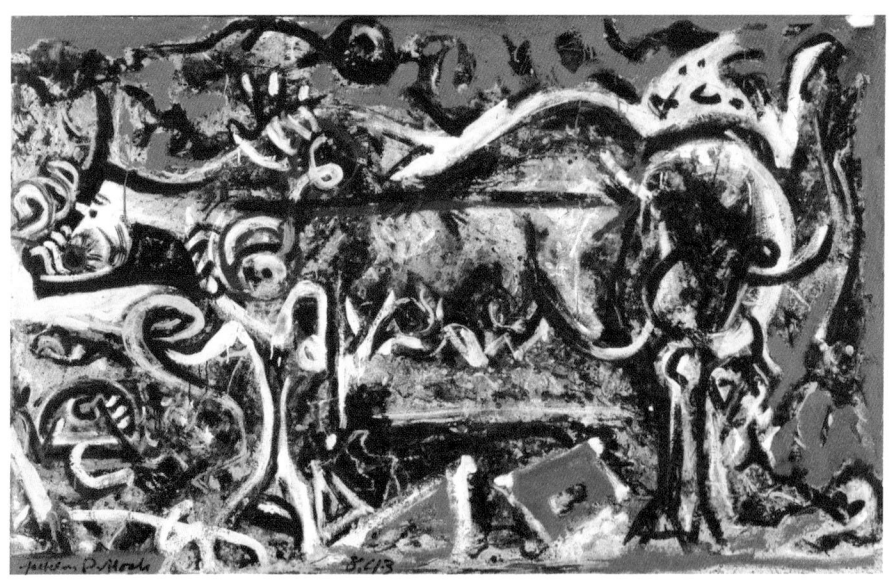

자연스러운 미적향수를 방해하는 추상미술

서 느끼는, 그런 어마어마한 절망 그 자체였다.

그날 이후 지휘자를 골라가며 베토벤의 〈운명〉 교향곡을 듣는 경지에 이르렀다. 한 시간이 넘는 연주에 등장하는 음들을 하나하나 세면서 들을 수도 있었다. 그 과정에서 받은 위안과 즐거움은 말로 설명할 수가 없는데, 그때는 정말 〈운명〉 교향곡과 하나가 되는 것 같았다. 베토벤이 나를 위해서 곡을 만든 듯한 착각까지 들었다. 물론 "운명은 이처럼 문을 두드린다"고 하면서 베토벤이 겨우 실연당한 20대 청년의 마음을 헤아려 작곡했을 리는 없다. 그는 분명 거대한 고통과 절망 속에서 살아가야만 하는 인간의 보편적 운명을 그렸을 것이다. 하지만 그의 숭고한 음악은, 그러나 재미는 없었던 음악은 마음이 고통에 빠져 허우적댈 때 큰 위안과 감동으로 다가왔다. 그런데 그것은 엄밀히 말해 음악이 들어온 것이 아니라 그 안에서 위안이 되는 가치를 발견하고 적극적으로 미적향수를 이끌어낸 것이라고 보는 게 정확할 것이다.

미적향수는 이처럼 감상자가 적극적으로 이끌어내는 것이다. 작품에 들어 있는 가치 그 자체를 드러내는 것이라기보다는 감상자가 주체적으로 그것을 재해석해 거대한 미적 쾌감을 자아내면서 이루어진다. 그래서 마르크 지메네즈Marc Jimenez는 작품은 작가에게 독립되어 받아들이는 사람의 능동적인 해석을 기다리는, 즉 좋은 해석을 요구하는 독립적인 존재라고 했다.

그런데 디자인에서는 지금도 디자인을 받아들이는 사람을 '소비자'라고 정의하고 있다. 소비자는 자신이 물리적으로 필요로 하는 물건을 구매하기만 하는 수동적인 인간이다. 주체적으로 미적향수를 이끌어내고 정서적 만족감을 느끼는 '미학적 인간'과는 전혀 다른 인간형이다. 이런 상황에서 디자인과 소비자는 '구매'라는 형식으로만 관계할 뿐이다.

디자인을 받아들이는 사람을 이렇게 상정해놓고 접근하다 보니, 그저 소비자의 욕구를 합리적인 형식을 가진 지극히 단조롭고 계량적인 리서치 과정을 통해 충분히 파악할 수 있다고 전제하고, 그것에만 대응하면 훌륭한 디자인이 만들어진다고 믿는다. 그래서 대부분의 디자인 활동은 갖은 마케팅적 기법으로 소비자들의 니즈를 정확하게 파악하고 거기에 따른 심플한 디자인만 해내는 것에서 멈춘다.

하지만 이때의 소비자 니즈를 심리학에서 말하는 '매슬로의 욕구단계설Maslow's hierarchy of needs theory'에 비추어보면 낮은 단계의 욕구에 그칠 뿐이다. 애정, 소속의 욕구, 존경의 욕구 등 상위의 욕구에 대해서는 전혀 접근하지 못한다. 왜냐하면 이런 상위의 욕구는 마케팅이나 기계적인 리서치로는 파악이 안 되기 때문이다.

아이러니한 것은 많은 디자이너와 디자인 교육기관에서 경

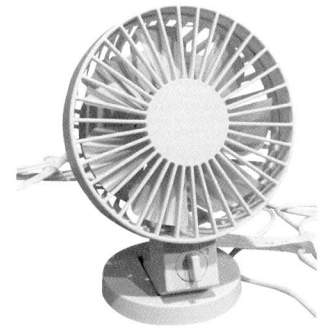

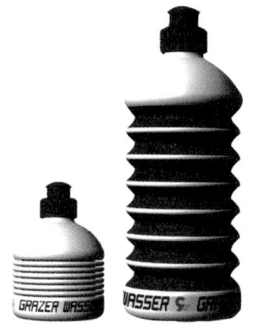

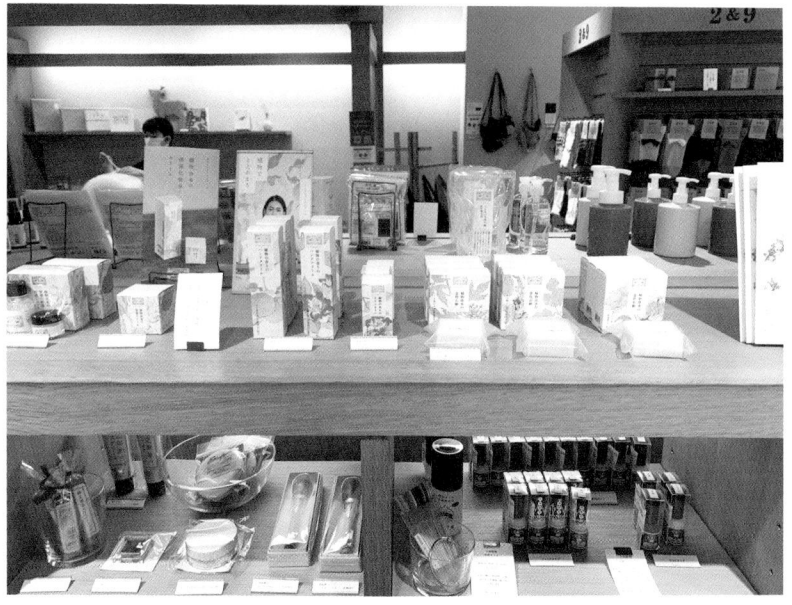

소비자를 전제로 디자인된 상품

영학적이거나 합리적이고 과학적이라고 일컬어지는 관점으로 파악이 되지 않는 사실은 이 세상에 없는 것으로 여긴다는 점이다. 전혀 알려고 하지도 않고, 눈앞에 놓여 있는 계량적 데이터만 절대적으로 신봉한다. 이 같은 사실은 수많은 디자인 학회지의 논문과 학위논문을 살펴보면 금방 확인할 수 있다. 그러면서 높은 차원의 욕구에 관련된 디자인에 대해서는 일탈적인 디자인, 특이해서 정상적인 흐름으로 볼 수 없는 디자인으로 치부해버린다. 대표적인 것이 '감성디자인'이라는 용어다.

감성은 이성의 반대말로, 고대 서양철학에서 사용했던 말이다. 감성은 인간의 정신활동인 이성에 비해 몸이나 본능과 관련된 정서로, 이성에 의해 통제되어야 할 동물적 특징으로 여겨졌다. 감성은 근현대 철학이 등장하기 전까지 이성에 비해 아주 열등한 취급을 받았다. 그래서 지금도 감성이란 단어는 이성에 비해서 합리적이지 않고 주관적인 것 같은, 그다지 긍정적이지 않은 느낌을 준다. 그러다 보니 감성디자인이라는 말은 사람의 감수성이나 살짝 건드리는 디자인이라는 뜻으로 들리고, 이성적인 기능주의 디자인에 비해 다소 떨어지며 소비자의 말초적인 흥미나 자극하는, 정상에서 일탈한 디자인인 것처럼 보인다.

하지만 미학적 관점에서 보았을 때 감성을 건드린다는 것은 미적쾌감을 불러일으키는 미적대상이라는 뜻이다. 그런 대상이라면 앞서 살펴보았던 복잡한 미학적 체계 안에서 작용하고, 복잡한 가치들로 감상자들의 적극적인 미적향수를 불러일으키게 된다. 그러니 이러한 디자인을 '감성디자인'이라는 앙상한 이름이나 붙여놓고 손을 털어서는 안 될 일이다. 그러나 이런 디자인들은 지금도 감성디자인이라는 단어에 갇혀 있다.

이러한 디자인은 앞서 살펴본 매슬로의 욕구단계설에 비추어보면 낮은 수준의 욕구를 충족시키는 기능주의 디자인에 비해 높은 수준의 욕구를 충족시키는 디자인이기도 하다. 그러니 이런 디자인은 미학적 관점에서 충분한 예우를 해주고 충분히 연구할 필요가 있다. 하지만 그럴 조짐이 전혀 없으니 안타까울 뿐이다.

그리고 상업성에 철저히 종속된 디자인은 사회윤리성이나 기능성에 대한 청교도적 태도를 첨가하면서 사회윤리적 의무도 충분히 수행한다고 착각하는 것 같다. 수많은 디자인학교의 졸업 작품을 보면 사회적으로 엄청난 헌신을 하는 것처럼 보인다. 많은 작품이 환경을 고민하고, 생태를 보호하려는 의지로 충만하다. 하지만 한 꺼풀만 벗겨내면 그런 사회윤리적 디자인 접근을 통해 기업의 이익과 상업적 효용성을 극대화하려는 목표가 맨얼굴을 드러낸다.

디자인만 꼭 그런 것은 아니지만 '환경'이나 '생태'라는 윤리적 언술들을 목소리 높여 외치면서도, 재활용한 천막 천으로 만든 가방이 엄청나게 비싼 가격에 팔리고 있는 것에 대해서는 아무런 문제제기도 하지 않는 모습을 보면 이 분야가 얼마나 자기기만적이고 철저히 상업적인지 절감하게 된다.

이런 상황이다 보니 디자인을 받아들이는 사람들이 디자인에 대해서는 아무리 주체적인 미적향수를 추구한다고 해도 의미 있는 대응이 만들어지지 않는다. 디자인은 그저 리서치로 정리된 소비자의 욕구만 끌어안은 채 예술이 아니라는 19세기 말적 믿음을 여전히 부여잡고 있다. 그리고 기능주의 같은 낮은 차원의 욕구에 충실한 것이 사회윤리적 가치를 충실하게 수행하는 것이라는 착각을 하며, 환경을 걱정하고 지구를 걱정한다.

그러는 사이에 많은 사람이 디자인을 통해 위안을 얻고 정서적인 충만함을 즐기고 싶어 한다. 대중은 디자인을 통해 미적향수를 얻으려 하는 것이다. 다행히도 그런 디자인들이 많이 만들어지고 있고 세계 디자인의 흐름을 주도하고 있다. 이를테면 아욘 같은 디자이너의 미학적 디자인은 이미 우리 삶 속에 들어와 있고 많은 사람이 미적향수를 통해 깊은 미적 쾌감을 즐기고 있다. 이제는 이렇게 높은 차원의 욕구를 충족시켜주는, 미적향수를 가져다주는 디자인이 대단히 절실하다.

지금까지 살펴본 바와 같이 미적향수 작용이 다른 여타의 정신작용과 다른 점은 '즐거움' '미적쾌감'을 불러일으킨다는 것이다. 미적쾌감은 욕구, 쾌락 같은 것과 근본적으로 다르다. 인간의 정서가 심미적 가치에 의해 크게 움직이게 되면서 만들어지는 정신적 즐거움이기 때문에 아주 큰 행복감에 젖어들게 한다. 좋은 음악을 들었을 때나 좋은 영화를 보았을 때, 맛있는 음식을 먹었을 때를 떠올려보면 쉽게 알 수 있다. 그렇게 얻어진 정신적 만족감은 삶의 질을 높여주기도 하고, 몸과 마음을 아주 건강하게 만들어주기도 한다. 예술이 필요한 것은 난해한 예술가들과 그들의 작품을 많이 알고 있다고 자랑하기 위해서가 아니라 바로 삶 때문이다. 우리가 많은 예술작품을 감상하는 이유는 정신을, 마음을 순화시키고 쾌적함을 얻을 수 있기 때문이다.

그러니 디자인이 그동안 믿어왔던 것과 달리 좋은 예술품은 예술품을 위해서만 이기적으로 존재하는 것이 아니라 사람들의 삶에 좋은 영향을 미친다. 기능주의 디자인이 미치는 물리적인 편익과는 차원이 다르다. 그렇기 때문에 이제 디자인도 물리적인 기능을 넘어서서 사람들의 정신에, 정서에 기여해야 한다. 우리가 살아가는 데 필요한 모든 것과 관련되어 있는 이상 눈에 뻔히 보이는 기능에만 적당히 충실하고 말기에는 디자인의 잠재력과 영향력이 너무 크다. 그래서인지 이제 기능성의 충족에만 머물러 있는 디자인을 보면 직무유기, 근무태만으로 느껴질 때가 많다.

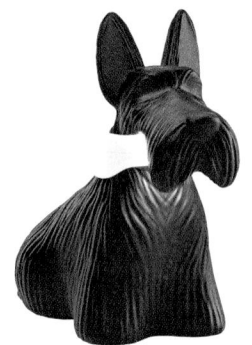

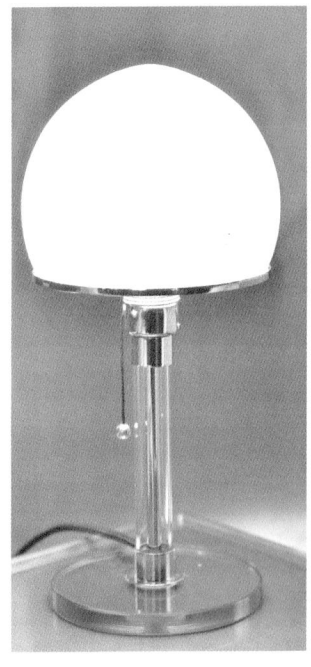

마음을 순화시키는 지오반노니의 조명디자인과
기능에만 멈춘 바우하우스의 램프 디자인

디자이너, 디자인, 수용자로 이루어진
디자인의 미학적 체계

이상에서 살펴본 것처럼 미학의 구조와 체계는 한마디로 표현할 수 없을 정도로 복잡하고 다양하다. 철학만 하더라도 우주의 본질과 원리 그리고 그것을 탐구하는 주체로서의 철학자, 이 두 개의 입장만 있기 때문에 내용이 어렵고 복잡하다고 해도 살펴보는 것이 나은 편이다. 하지만 미학은 작품과 창조자, 대중 등의 주체들이 복잡하게 엉켜 있고, 이들 사이에는 창조나 해석 같은 적극적인 인간 정신작용이 개입한다. 그뿐만 아니라 감각기관이나 중추신경 등의 인체 작용도 이루어지기 때문에 미적 체계는 무척 복잡하다. 그래서 미학 공부가 다른 학문에 비해 아주 힘들다. 그러니 미학 체계는 한번 정리하고 넘어가는 것이 좋다.

각종 미학이론들을 정리하면 미학의 논리와 체계는 크게 아름다움을 창조하는 창조자인 '작가'와 작가에 의해 만들어진 '작품', 그리고 작품을 통해 미적가치를 해석해내고 미적쾌감을 적극적으로 받아들이는 '감상자'라는 세 개의 주체가 중심이 된다. 이런 구조 안에서 작가는 자신의 창조적 체험 과정을 통해 확립된 가치를 작품에 투영한다. 그렇게 해서 만들어진 작품은 만들어지자마자 작가로부터 독립해 감상자의 긍정적인 해석을 기다리는 존재가 된다. 그리고 감상자는 작품을 보고 그 안에 담긴 가치를 해석해 미적쾌감을 얻는다. 미학의 과정은 이렇게 이루어지는데, 각각의 주체들은 매우 독특한 상관관계를 이루며 상호 미학적 화학작용을 하면서 서로 연결된다.

이에 비해 기존의 디자인이 작동하고 있는 체계는 기업을 중심으로 생산 활동이 자리 잡고, 기업에 의해 만들어진 디자인은 상품의 형태로 판매된다. 소비자가 만들어진 상품으로서의 디자인을 구매함으로써 모든 과정은 종료된다. 이런 구조 속에서 디자이너는 창조자이라기보다는 기업 생산 활동에 종속된 존재로 철저히 상품 생산 활동에만 기여한다. 겉으로는 기능주의를 앞세워 사회의 정의를 주도적으로 실현하는 것처

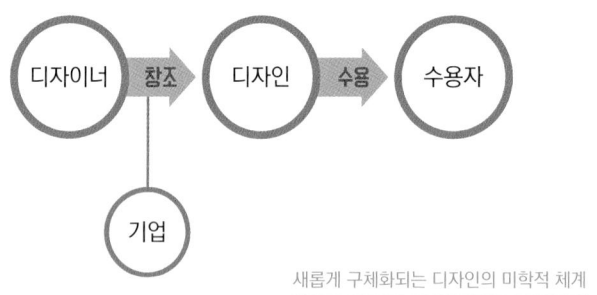

새롭게 구체화되는 디자인의 미학적 체계

럼 말하지만, 실제로 디자이너의 활동은 전혀 주체적이지 않고 소비자들에게 팔릴 상품을 생산하는 일에 국한된다.

그런데 디자인이 미학적 대상으로 존재하면 이러한 관계 체계는 앞서 살펴보았던 미학적 체계로 전환되고, 그 안에서 디자인이 작동하게 된다. 그렇게 되면 디자이너가 먼저 미적가치를 가진 디자인을 창조하는 작가로서 중심에 놓이게 되고, 디자이너가 만든 디자인은 뛰어난 가치로 만들어진 외형, 즉 형식과 뛰어난 미학적 가치를 담은 내용으로 구성된 미적 대상이 된다. 그리고 그동안 디자인을 구매하는 존재로만 규정되었던 소비자는 미적 감흥을 즐기는 미학적 대중, 미학에서 말하는 '수용자'라는 존재가 되어 디자인을 주체적으로 받아들이게 된다. 또한 디자인의 생산을 주도하는 존재로서의

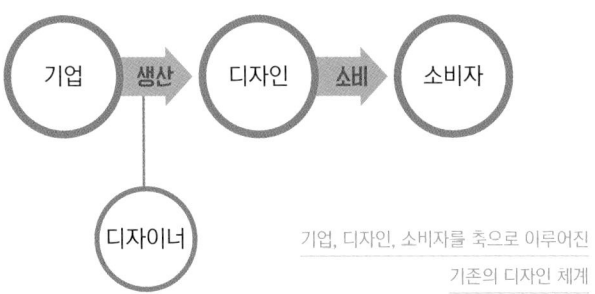

기업, 디자인, 소비자를 축으로 이루어진
기존의 디자인 체계

기업은 디자이너가 디자인을 생산하는 일에 관련된 부수적인 존재에 그친다. 기업이 부수적인 존재가 되었다고 해서 상황이 나빠진 것이 아니라 디자인을 미학적으로 받아들이는 수용자가 늘어남으로써 기업은 오히려 더 큰 이익을 얻을 수 있다. 미적쾌감을 주는 대상에 대해 수용자는 지불해야 할 비용을 아끼지 않기 때문이다.

이것은 영화를 생각하면 이해하기 쉽다. 영화에서 감독과 배우는 영화를 만드는 주체, 즉 작가가 되고, 그렇게 만들어진 영화를 관객이 보는 메커니즘을 따른다. 이는 미학적 체계와 정확하게 일치한다. 여기서 영화기획사나 영화관 소유자는 이러한 메커니즘을 도와주는 보조적 입장에 그친다. 그렇기 때문에 영화사는 오히려 큰 이익을 얻는다. 관객들은 영화를 작가가 만든 작품으로 보기 때문이다.

디자인에서도 이런 현상을 이제는 많이 찾아볼 수 있다. 대표적인 예가 명품 브랜드다. 패션 명품 브랜드는 이름에서부터 창작자, 즉 디자이너를 주체로 앞세운다. 그리고 디자이너가 만든 뛰어난 디자인은 수용자로서의 소비자들이 감동을 받으면서 쓴다. 세계적인 디자이너들과 컬래버레이션을 하는 기업의 제품들도 마찬가지다. 기업이 중심에서 빠지면 오히려 고부가가치를 더 창출할 수 있다.

하지만 무엇보다 이러한 미학적 구조 체계를 알아야 하는

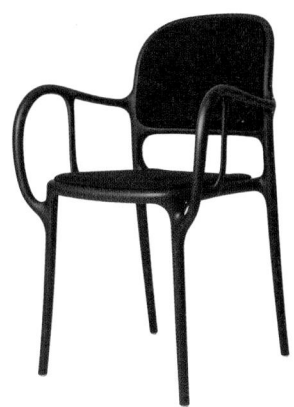

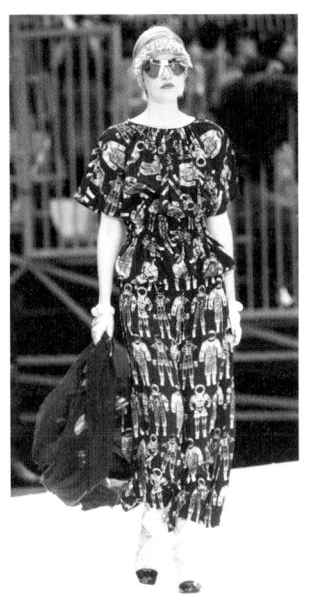

고유한 미학적 가치를 가지고 내숭을 매료시키는

명품 가구 브랜드 마지스의 의자와 명품 패션 브랜드 샤넬의 패션 까닭은 가장 최종 단계의 주체인 수용자가 미학에서 중요하기 때문이다. 미학의 목적이 완벽한 미를 실현하는 것이라면 수용자는 고려 대상이 될 필요가 없다. 작가와 작품만 있으면 된다. 하지만 수용자가 미학에서 중요한 주체로 설정된다는 것은 수용자의 미적쾌감, 미적향수가 대단히 중요해졌다는 뜻이다. 그 결과 미적향수를 불러일으키는 가치의 창조가 미학에서 가장 중요한 문제가 된다. 그런데 이 가치는 단순한 외형의 아름다움을 넘어서서 인문학적 가치에 이른다. 그래서 현대미학은 창조자나 수용자에게 높은 수준의 인문 교양을 요구한다. 이것은 미술이나 디자인의 영역을 훨씬 넘어서는 가치다. 그러다 보니 현대미술이나 디자인에서 창조 작업은 더욱 어려워졌고, 그만큼 미적쾌감을 얻기도 어려워졌다. 그러나 미적 감흥이 주는 감동의 차원은 정신적 만족, 철학적 만족의 수준으로 높아지고 있다.

3장

디자인의 미학적 구조

기업에 종속된 디자인 구조

그동안 디자인은 기업의 생산 활동에 속하는 것으로 여겨졌고, 그러다 보니 디자인은 기업, 상품, 소비자라는 상업적 구조 틀 안에서만 작동하는 일이 되어버렸다. 이러한 구조 안에서 디자인은 기능성, 마케팅, 테크놀로지 등의 문제에만 집중할 수밖에 없었고, 소비자를 위한 상품생산 활동으로만 존재하게 되었다. 이것이 매우 당연하고 현대디자인의 본질인 것처럼 생각되지만, 그로 인해 디자인은 생산과 상업성에 속하지 않는 다른 모든 가치를 디자인 밖으로 내몰아버렸다.

예컨대 문화권마다 독특하게 형성되어온 '문화'의 문제는 지역과 역사에 관계없이 보편타당하게 요청되는 '기능성'에 의해 완전히 없는 것이 되어버린다. 컴퓨터, 자동차, 진공청소기 같은 기능주의 디자인들은 인종과 지역에 상관없이 사용

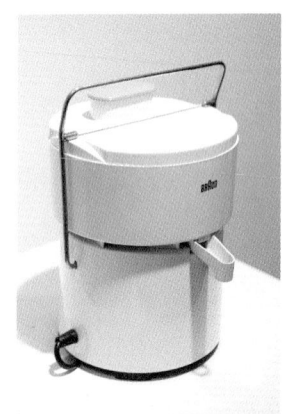

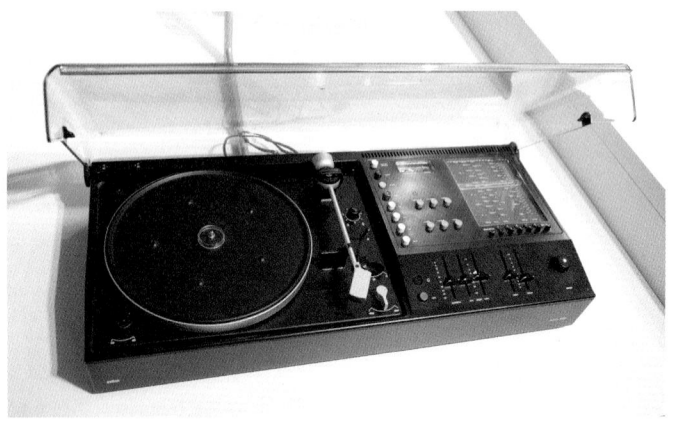

브라운의 기능주의 디자인

하는 사람의 물리적 필요나 편리에 입각해서 만들어진다. 그렇기 때문에 이런 것을 고안하는 디자이너는 지역문화나 정신적 가치 같은 것은 전혀 고려할 필요가 없다.

그래서 현대디자인에서 각 문화권에서 오랫동안 형성된 전통적 가치들은 매우 방해가 되었다. 그 결과 특수한 문화적 가치들을 보편적 디자인에서 배제해야 한다는 생각이 들고일어났다. 현대디자인이 가졌던 가장 큰 문제가 이것이었다. 보편적 기능성을 디자인의 복지처럼 외쳤지만 그것 때문에 전 세계의 지역문화들은 초토화되었다.

산업화가 활발하게 진행되던 1970~1980년대 우리나라에서도 이러한 생각이 팽배했다. 디자인 교육기관을 비롯한 모든 디자인 영역에서 우리의 전통이 적극적으로 배제되었다. 거의 모든 디자인 교육자가 첨단의 현대디자인을 하는 데 촌스러운 우리의 전통은 전혀 도움이 안 된다고 생각했고, 학생들이 전통에 관심을 가지지 못하게 만들었다. 그 영향은 지금까지도 이어지고 있는데, 전통에 대한 관심이 선택으로 여겨지는 것이 그나마 나아진 상황이다.

우리나라와 달리 유럽이나 일본의 디자인 교육기관은 현대디자인의 반反전통적 의식과는 관계없이 문화인류학 관점에서 전통문화를 보존해 자국의 문화적 아이덴티티를 반영한 디자인 문화를 구축했다. 우리나라가 이 나라들과 다른 길을

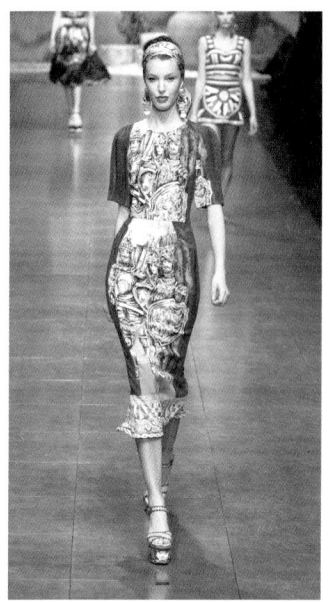

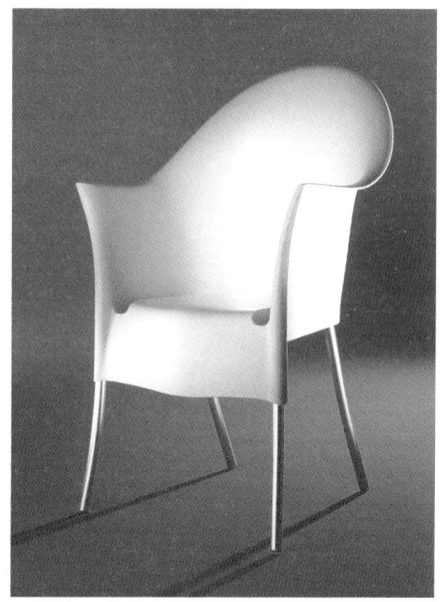

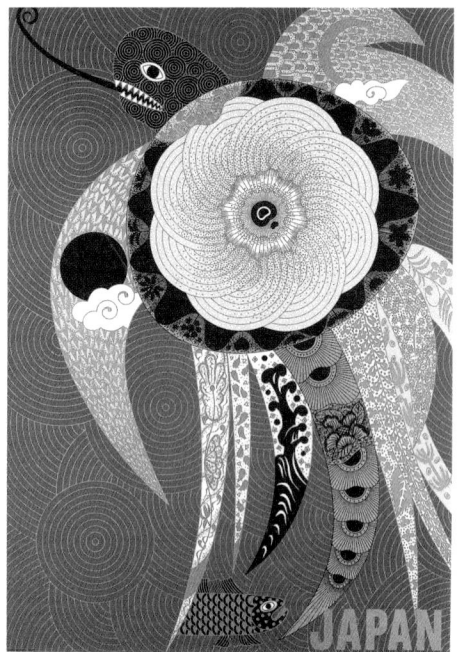

기능주의 디자인의 영향에도
자국의 문화적 특징을 잘 표현한
이탈리아, 프랑스, 일본의 현대디자인들

걷게 된 데에는 철학과 같은 인문학적 가치와 디자인이 연결고리를 전혀 갖지 못한 것도 한몫했다. 디자인이 해결해야 할 문제가 생산의 기술적인 것과 상업적인 이익이 되면서 보편적인 가치를 추구하는 인문학은 완전히 논외가 되어버렸다. 다시 말해, 인문학은 현대디자인을 방해하는 쓸데없는 것으로 여겨졌다.

지금은 인문학에 대한 사회적 인식이 많이 바뀌었음에도 여전히 인문학적 가치들을 디자인에 어떻게 적용할 것인지에 관한 구체적인 연구는 거의 없다고 할 수 있으며, 인문학적 가치에 입각해 디자인을 해석하는 그 어떤 이론도 나오고 있지 않다. 그래서 디자인 교육기관이나 필드 어디에서도 전통문화나 인문학적 가치들을 제대로 교육하지 못하는 실정이다.

그러다 보니 모든 디자인 분야가 여전히 4차 산업혁명 같은 기술적인 테마에만 집중한다. 엄밀히 말해 이것은 인문학적 가치나 문화에 대한 연구를 적극적으로 배제하겠다는 의지의 표명이기도 하다. 관념적 가치가 기술과 같은 현실적 실용성에 비해 무슨 의미가 있느냐는 잠재의식에 따른 행보다. 그런데 문제는 그런 생각 자체가 '관념적'이라는 것이다.

스파게티를 잘 만드는 요리사에게 요리의 주재료인 밀이 중요하지만, 그렇다고 밀농사에 직접 관여하지는 않는다. 그리고 유통과 판매 과정에도 개입하지 않는다. 스파게티 요리사에게 중요한 것은 스파게티를 잘 만드는 것이다. 스파게티를 잘 만들려면 무엇보다 스파게티를 먹을 사람들이 느낄 맛과 영양을 고려해야 한다. 나머지는 보조적인 것일 뿐이다.

디자인은 기술을 개발하는 분야가 아니다. 공과대학에 디자인과가 있는 곳도 있지만 소수에 불과하며 대부분의 디자인과는 미술대학에 속해 있다. 이러한 현실이 말해주는 것은 디자인은 기술을 개발하는 분야가 아니라 기술로 무언가를 만드는 분야라는 것이다. 디자인에서 활용하는 기술은 1차 산업에 속하는 것부터 4차 산업에 속하는 것까지 다양하다. 첨단 기술만 사용하는 것이 아니다. 이탈리아나 프랑스의 명품들은 오히려 중세적 공예 기술만 활용해서 만든다. 게다가 기술이 부족한 상황이라면 디자인이 기술에 목을 매겠지만, 기술이 대단히 발전된 상황이라면 창의적인 디자인에 맞추어서 기술이 개발될 수도 있다. 이럴 때 기술은 예술을 지향하게 된다.

디자인이 생산 활동에 종속되고, 상업주의에 갇히고, 기술에 얽매이게 되는 것이 현대적인 현상 같지만, 그렇게 되면 디자인은 독자적인 존재 방식을 구축하지 못하게 된다. 그리고 그것은 대중과 직접 연결되는 길을 스스로 끊어버리는 결과를 초래한다. 그 길이 대량생산을 바탕으로 탄생한 현대디자인의 운명이라고 생각할 수도 있지만, 대량생산 체계를 영리하게 활용하면서 강력한 독자성과 광대한 대중성을 일구어

온 문학, 음악, 영화 등을 생각하면 얼마나 패배주의적이고 관념적인 생각인지 알 수 있다. 문학, 음악, 영화 등의 현대 문화들은 기업이 생산과 제작을 주도하고 있다. 그리고 그 과정에서 항상 발전된 첨단기술이 개입되며, 무엇보다 그 결과물은 상품으로 판매되고 있다. 그렇다고 해서 문학가, 가수, 영화감독 등을 제작하는 기업에 종속된 존재로 대하지 않는다.

디자인을 생산하고 소비하는 데 디자인이 주도적이지 않았기 때문에 그동안 기업을 중심으로 한 디자인 체계를 절대적이라 여겼고, 이 체계 속에서 디자인이 만들어졌다고 할 수 있다. 좀더 정확하게 말하면 대중이 제품에서 능동적인 입장, 즉 디자인을 감상하고 즐기는 입장이 아니었기 때문에 디자인만의 독자적인 체계가 만들어지지 못했다고 할 수 있다.

그러니 대중의 자의식이 발달하고 대중이 사회의 주도권을 가지게 된 상황에서는 기업이 아닌 디자인이 중심이 되는 독자적인 체계를 형성해야 하고, 영화, 음악, 문학, 미술 분야처럼 소비자가 아닌 대중, 미학적으로는 수용자와 직접 연결되어 교감해야 한다. 그래서 이제는 미학적 논리에 입각한 디자인 체계를 새롭게 구축해야 할 필요가 있는 것이다.

디자인의 미학적 체계에서 가장 중요한 것은 디자인을 받아들이는 사람의 미적쾌감이다. 이것은 디자인이 수행하는 기능적 편리함에서 촉발되는 욕구 충족도 포함되지만, 인간의 좀

더 높은 수준의 욕구를 충족시키는 데에서 일어나는 깊은 정신적 만족감을 말한다. 이러한 높은 수준의 욕구를 만족시키기 위해서는 단순한 기능성을 초월하는 내용적 가치가 디자인에 담겨야 하고 형식미도 뛰어나야 한다. 그런데 내용과 형식이 뛰어난 디자인을 하려면 디자이너의 교양 수준이 상당히 높아야 하고 조형적인 능력도 탁월해야 한다.

이런 점들을 종합해보면 새로이 구축되는 디자인의 미학적 체계는 먼저 가치를 창조하는 디자이너가 있고, 디자이너가 디자인한 작품으로서의 디자인이 그다음으로 나타나고, 그런 디자인을 받아들이는 사람, 미학적으로는 수용자로 되어 있다.

이 체계에서 디자이너는 창조자가 된다. 일반적으로는 주어진 문제—주로 기능적인—를 해결하는 존재로 알려졌지만, 창조자로서의 디자이너는 뛰어난 미적가치를 만드는 주체로서 그것보다는 훨씬 역할이 크다. 그렇다고 윌리엄 모리스가 본 것처럼 자신의 주관을 마음대로 표현하는 대책 없는 존재로 생각하면 안 된다. 디자이너는 수많은 수용자가 미적쾌감을 얻을 수 있게 하려면 자신의 주관성보다는 보편적인 가치를 표현해야 한다. 이런 창조자로서의 디자이너에 대한 논리로는 '작가론' '창조론' 등이 있다.

그렇게 해서 만들어진 디자인은 작품으로 존재하게 된다.

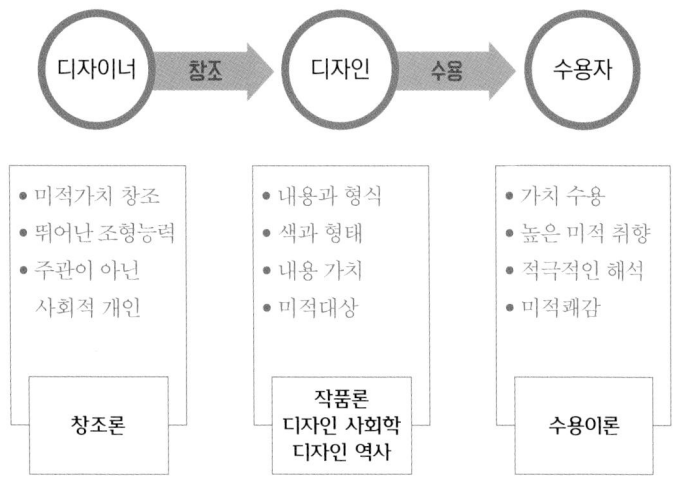

작품이라고 하면 뭔가 위대하고 거창한 예술이라고 생각하기 쉽지만 작품이란 단어에 대한 정서적인 선입견일 뿐이다. 학문적으로 작품은 내용과 형식으로 이루어진 창조물이다. 이 내용과 형식이 수용자에게 미적쾌감을 불러일으키는 단초가 된다. 이 내용과 형식에 감동적인 가치가 있을 때 훌륭한 작품이 되고, 미학적으로 뛰어난 디자인이 된다.

그리고 작품으로서의 디자인은 작품론이나 비평 같은 이

론에 의해 설명되고 평가된다. 작품으로서의 디자인은 디자이너와 수용자 차원에서 멈추지 않고 그 시대의 정신이나 역사적으로 누적된 전통을 반영하기 때문에 '역사적 산물' '정신적 산물' '전통의 산물'이기도 하다. 따라서 이런 관점들에 의해 작품으로서의 디자인은 판단되고 받아들여진다.

이러한 디자인을 받아들이는 사람은 단순한 '소비자'가 아니라 '수용자'로 존재한다. 단지 좋아서 사는 것이 아니라 디자인 안에 들어 있는 가치를 적극적으로 이해해서 받아들이기 때문이다. 그렇기 때문에 수용자는 마케팅으로 설득할 수 있는 대상이 아니다. 오히려 뛰어난 가치로 미적쾌감을 불러일으켜서 매료시켜야 하는 대상이다.

그러니 이러한 수용자에게 접근하기 위해서는 수용자 내면에서 미적쾌감이 일어나는 미적인식 과정을 잘 이해해야 하고, 나아가 인간의 보편적 특징에 대한 인문학적, 과학적 인식이 필요하다. 최근에는 수용자가 작품을 수용하는 과정에 대한 연구도 많이 이루어지고 있다. 이것을 '수용미학'이라고 하는데, 수용미학이 등장했다는 사실은 수용자의 존재감이 예술 전반에 걸쳐 대폭 증대하고 있다는 것을 말해준다.

이상의 주체들을 중심으로 디자인은 창조와 수용의 과정을 형성하면서 독립적인 미학적 체계를 가지게 된다. 각각의 주체들은 복잡하고 다양한 미학적 논리들로 구성되어 기업 중심의 상업적 체계에 비해 오히려 더 합리적이고 논리적으로 접근하고 예측할 수 있다. 그리고 기업은 판매 과정에서 소외되는 것이 아니라 디자인의 미학적 체계를 도와주는 보조적인 역할로 오히려 디자인 과정에 적극적이고 효과적으로 관여할 수 있게 된다.

작품으로서의 디자인

작품을 이루는 내용과 형식

미학에서 작품은 미적대상, 심미적 쾌감을 불러일으키는 대상이다. 미학적인 모든 작용은 이 미적대상에서 시작된다. 그렇기 때문에 디자이너나 수용자보다는 작품으로서의 디자인부터 먼저 살펴보면서 다른 주체들과 연결해나가는 것이 좋다.

그동안 디자인은 기능성과 심미성을 조화시키는 일로 정의되었는데, 이러한 시각에서 미적인 것은 디자인 외형의 아름다움 정도에만 국한되었다. 그런데 미학적인 면에서 디자인의 아름다움에 관한 문제는 그리 간단하지 않다. 수용자의 미적쾌감을 불러일으키는 지점이 꼭 외형에만 국한되지 않기 때문이다. 겉모양이 예쁜 것도 감동을 유발하지만 수용자의 감동을 불러일으키는 디자인의 미적가치는 그 외에도 수없이 많다.

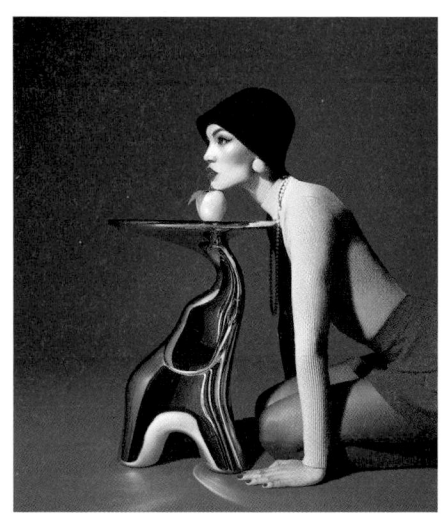

형식
- 금색의 번쩍이는 질감
- 유기적인 형태
- 단순화된 코끼리 이미지

내용
- 테이블을 코끼리 형태로 은유
- 캐릭터적 아이덴티티 부여
- 즐거운 정서 유발

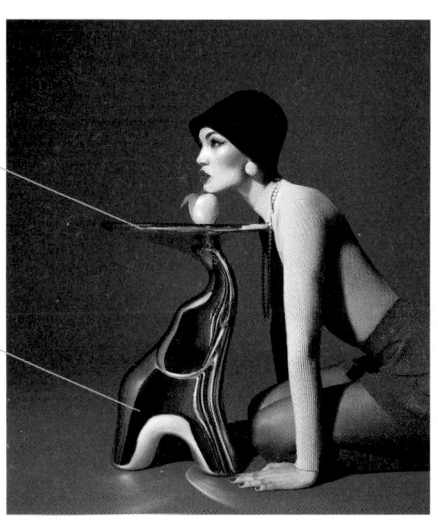

형식과 내용으로 이루어진 디자인

현대미학에서는 작품을 구성하는 요소로 내용과 형식을 꼽는다. 작품이 내용과 그것을 담는 형식으로 이루어진다고 보는 것이다. 아름다움도 이 두 곳에 각각 다른 방식으로 저장된다. 예를 들어 외모가 아름다우며 매력적인 사람과 외모가 아름답지 않더라도 엄청나게 매력적인 사람이 있을 때, 전자가 형식미이고 후자가 내용미다.

한번은 강의 중에 나이 든 여성 분에게 손자가 있는지 물은 적이 있다. 있다고 해서 예쁘냐고 다시 물었다. 그랬더니 너무너무 예쁘다고 했다. 그래서 누가 보더라도 예쁠 정도냐고 재차 물었다. 그러자 자기에게는 너무 예쁜데 다른 사람은 꼭 그렇게 생각하는 것 같지 않다고 했다. 주변에 있던 많은 수강생이 웃음을 터뜨렸다. 그래서 단호하게 제대로 보고 계신 거라고, 편견이 아니라고 말씀드렸다. 손자가 예쁘다고 느끼는 것은 분명 내용미에 해당하기 때문이다.

우리는 일상생활에서 나 자신도 모르게 대상을 두 가지 관점에서 정확하게 보고 평가하며 살고 있다. 미학에서는 내용과 형식, 혹은 실제적 재료와 비실제적 정신적 내포, 전경과 후경 등으로 말한다.

시각적인 아름다움이라고 하면 그동안 표면의 색이나 형태의 아름다움이라고 많이들 생각해왔지만, 눈에 보이는 현상 그 자체보다 눈에 보이지 않는 비실제적인 가치의 아름다움이 더 크고, 깊고, 오래간다. 그래서 회화도 사실적인 모습을 아름답게 그리다가 보이지 않는 정신을 표현하는 추상화로 넘어가게 된 것이다. 추상화가 외형적으로 아름답지 않고 오히려 추하게 표현될 때도 많지만 내용적인 측면에서 가치가 뛰어나면 형식미를 넘어서는 아름다움을 구현할 수 있다.

형식미는 전통적인 조형미, 시각적 아름다움이라고 보면 된다. 그간 디자인에서 지향했던 심미성은 대체로 이 형식미에 해당하는 것이었다. 그에 비해 내용미는 좀 어렵다. 비시각적인 가치를 통해 정신적인 즐거움을 주는 것이기 때문에 형식미만을 심미성이라고 생각했던 그동안의 디자인 논리에서는 이해하기도 어렵고 받아들이기도 어렵다.

내용미란 보편적인 진리, 인문학적 가치라고 생각하면 이해하기 쉬울 것이다. 앞서 예술이 원래는 인문학이었고, 미술이 예술에 속하게 되면서 미술의 목적이 미에서 진리로 바뀌었다고 했는데, 그것이 바로 내용미를 말한다. 내용미는 미술이나 음악 같은 영역을 초월한 인문학적 보편 가치라 할 수 있는데, 이런 가치는 형식미와는 다른 깊은 미적쾌감을 불러일으키며 감상하는 사람의 정신을 고양시킨다.

그간 기능적인 디자인을 통해 소비자의 니즈 충족에만 집중했던 디자인이 이러한 내용미를 감당하기는 쉽지 않다. 하지만 미학적인 관점에서 보면, 디자인이 기능과 미를 추구해

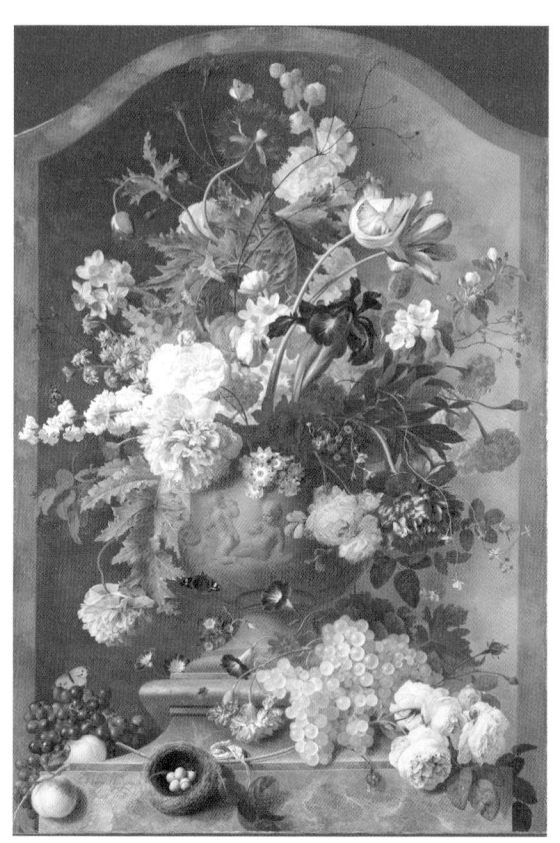

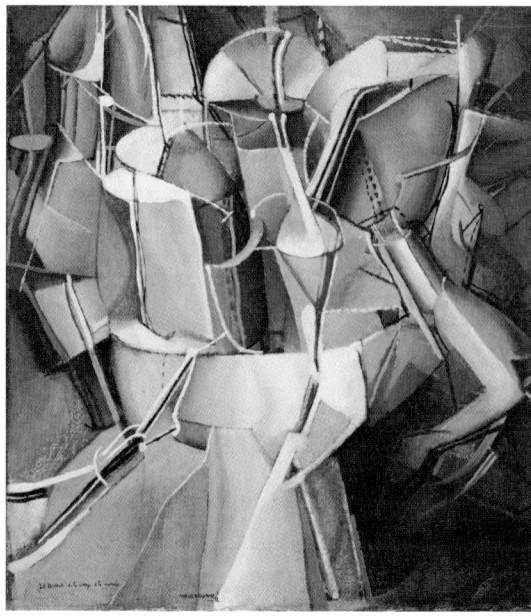

예쁜 정물화와
예쁘지 않은 추상화

야 한다는 것은 이미 지난 이야기이고, 이제는 형식미와 내용미를 통해 디자인을 받아들이는 수용자에게 감각적이고 정신적인 감동을 불러일으켜야 한다. 실제로 그런 디자인들이 많이 만들어지고 있다. 높은 수준의 대중적 욕구를 충족시키며 대중과 하나가 될 때, 디자인은 독자성을 확립하고 진정한 사회적, 윤리적 공헌을 할 수 있게 된다. 현대예술이 미가 아니라 진리의 추구를 하기 위해 안간힘을 썼던 이유가 바로 여기에 있다. 그래서 지금 디자인에 미학이 필요한 것이다.

디자인의 언어, 형식미

일반적으로 작품에서 형식은 내용을 담는 그릇으로 생각한다. 현대미학으로 올수록 형식이 내용을 얼마나 잘 담고 있는지, 얼마나 잘 표현하는지 중요해진다. 거기에 더해 형식은 받아들이는 사람의 감각기관에 대응하면서 작품의 모든 것을 전달하는 역할을 한다. 음악이든 미술이든 영화든 자체의 형식을 통해 감상하는 사람들에게 예술적 가치를 전달하고 미적 감흥으로 이끈다. 그래서 어떤 예술 분야든 형식을 대중과 소통하는 중요한 창구, 언어로 생각한다. 디자인도 마찬가지다. 형식을 통해 대중에게 디자인에 담긴 가치가 전달되고 미적쾌감이 촉발된다. 그러니 디자인 분야도 형식을 잘 연구하고 중요하게 다루어야 한다.

디자인이 수용자에게 어필하기 위해서는 감각기관인 눈을 통해야 한다. 아무리 뛰어난 디자인이라도 눈을 통하지 않고서는 전달될 수 없다. 그래서 순수미술과 더불어 디자인은 눈을 통해 받아들여지기 때문에 조형예술에 속한다.

그런데 인간이 눈으로 감지하는 것은 '형태'와 '색'이다. 엄밀히 말하면 '빛'이다. 그것도 가시광선의 빛이다. 즉 이 빛에서 분석되어 감지되는 것이 형태이고 색인 것이다. 그래서 디자인의 형식이라고 하면 형태와 색을 말하며, 디자인의 형식미는 디자인 외형이 가지고 있는 형태와 색의 아름다움을 말한다. 다시 말해 디자인에서 말하는 심미성이 바로 이 형태와 색의 아름다움인 것이다. 좋은 디자인을 자세히 보면 형태도 아름답고 색도 아름답다.

그러나 형태와 색은 일정한 논리를 가지고 있어야 아름다워 보인다. 이것은 객관주의 미에 속하는 수학적 법칙을 말하는 것이 아니라, 감각기관의 특징 때문에 형성되는 시지각적 법칙을 말한다. 보통 '조형의 원리'를 가리킨다. 물론 현재 보편화된 조형 원리들은 대부분 20세기 초 객관주의 미학의 영향을 받아서 만들어진 기하학 형태 중심의 원리이기 때문에 전면 재검토하고 수정해야 하지만, 조형심리학 연구의 영향을 받은 부분도 있어서 많은 도움이 되기도 한다. 아무튼 이데아

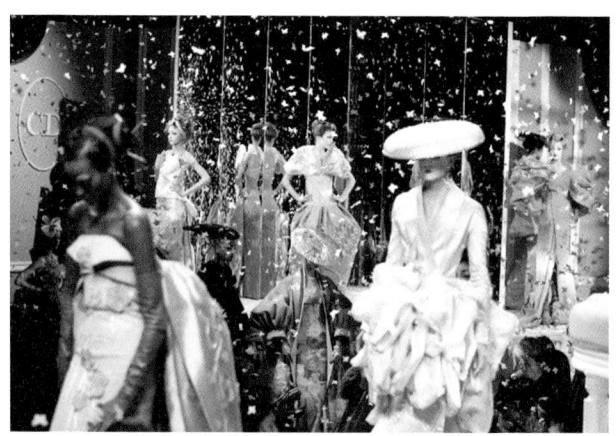

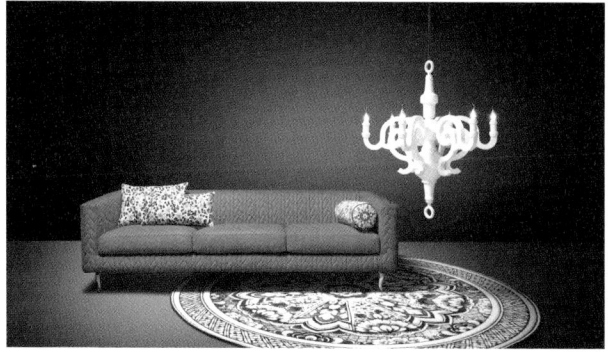

색과 형태가 아름다운 디자인

적인 법칙이 아닌 눈의 작용에 입각한 조형 법칙은 분명히 있고, 눈의 작용을 통해 인간은 아름다운 것과 그렇지 않은 것을 어렵지 않게 구분해낸다. 그러한 과정을 주관적이라고 생각하기 쉽지만, 감각기관의 기계적 작용에 의거하는 것이기 때문에 보편적인 성격을 가진다.

    디자인의 형식미를 이루는 것이 형태와 색이기 때문에 디자인의 형식미를 이해하기 위해서는 각각의 원리들을 바탕으로 다양한 조형미를 가진 디자인들을 살펴보는 것이 좋다. 좋은 노래를 많이 들으면 음악에 대해 높은 수준의 안목을 기를 수 있는 것처럼, 좋은 디자인을 많이 보면 그만큼 안목을 높일 수 있다. 그러다 보면 이미 디자인에서는 대단한 수준의 형식미들이 표현되어왔다는 것을 깨닫게 될 것이다. 그리고 디자인에 담긴 미적가치에 대해서도 좀더 정교하게 파악할 수 있을 것이다. 또한 이런 과정을 통해 판매량이 아닌 순수한 디자인적 가치에 의해 디자인을 더욱 정확하게 평가할 수도 있을 것이다.

기하학적 형태와 비례가 아름다운 디자인

여러 조형 원리 책에서 형태의 아름다움에 관해 나름대로의 논리를 펴는데, 형태의 아름다움에서 가장 중요한 원리는 비례다. 그런데 비례의 아름다움은 복잡하고 장식적인 형태보다는 심플한 형태에서 좀더 선명하게 드러난다. 극도로 심플하게 정제된 뱅앤올룹슨Bang&Olufsen의 디자인들에는 그러한 비례의 아름다움이 잘 표현되어서 좋은 참고가 된다.

오디오 디자인은 심플한 형태 때문에 극도의 기능성을 추구한 것처럼 보이지만 실제로는 비례의 아름다움이 매우 정교하고 복잡하게 구현되어 있다. 자세히 보면 황금비례에 속하는 3 대 4, 4 대 5의 비례가 적절히 중심을 잡고 있고, 그 사이사이에 2 대 8이나 1 대 9에 가까운 대비가 아주 심한 비례를 넣어서 안정된 가운데에 강한 이미지를 양념처럼 만들고 있다.

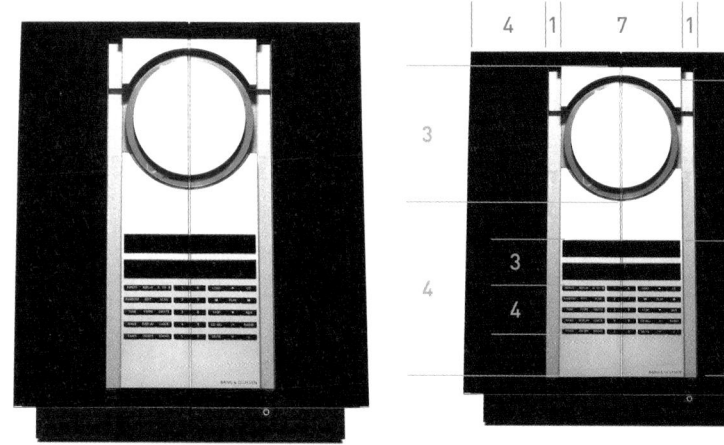

비례미가 뛰어난 뱅앤올룹슨의 오디오 디자인

이론적으로 황금비례를 적용하면 무조건 아름다운 형태가 될 것 같지만 실제로는 그렇지 않다. 모든 비례를 황금비례로 하면 전체적으로 변화가 없는 답답한 형태가 된다. 그래서 좋은 디자인일수록 다양한 비례값을 구현해 안정감과 변화를 표현한다. 안정감을 주려면 대비가 없거나 덜해야 하고, 변화를 주려면 대비를 심하게 해야 한다. 다시 말해 디자인은 안정감과 변화의 비례 체계가 조화를 이루었을 때 아름답게 보인다.

한편 심플한 형태의 디자인의 아름다움을 이야기할 때 '군더더기가 없다'는 표현을 많이 쓰는데, 이 표현은 전체 이미지만을 말하는 것이기 때문에 좋은 표현이라고 할 수 없다. 음악에서도 곡을 분석할 때 박자, 선율 등을 구체적으로 언급하면서 무엇이 좋은지 분명히 말하지 않는가. 디자인도 마찬가지다. 비례를 어떻게 구현했는지 요목조목 따지면서 그 장점을 설명해야 한다. 군더더기 없다고 여겨지는 디자인들 중에는 필요한 요소도 제거되어버린 '앙상한' 것들이 많다는 걸 기억해야 한다.

다시 뱅앤올룹슨의 오디오로 돌아가 비례를 분석해보면 생각보다 복잡하게 되어 있다. 그래서 마치 장중한 기록화를 보는 듯하다. 이미지만 보면 심플한 디자인인 것 같지만, 여느 기능주의 디자인과 달리 매우 복잡한 비례감각을 표현하고 있다. 그래서 전체적으로 아주 아름다운 형태미를 보여준다. 심플한 형태일수록 아름다움은 비례에서 결정이 나기 때문에 웬만한 실력이 없으면 시도하기 어려운 작업이다.

다음 독일의 사인보드는 제대로 분석하지 않으면 너무 평범해 보여서 그냥 지나칠 수 있는 디자인이다. 하지만 보기에 좋다면 반드시 그 뒤에는 매우 치밀한 조형적 노력이 들어가 있다고 보아야 한다. 너무 단순하고 지시하는 글자들만 있기 때문에 탁월한 감각으로 디자인된 것 같아 보이지도 않고 볼거리도 별로 없다고 생각할 수 있다. 그러나 이 디자인에 담긴 비례관계들을 살펴보면 무척이나 복잡한 체계를 가지고 있다는 것을 알 수 있다. 또한 왜 청계천의 공업사에서 만든 물건을 좋

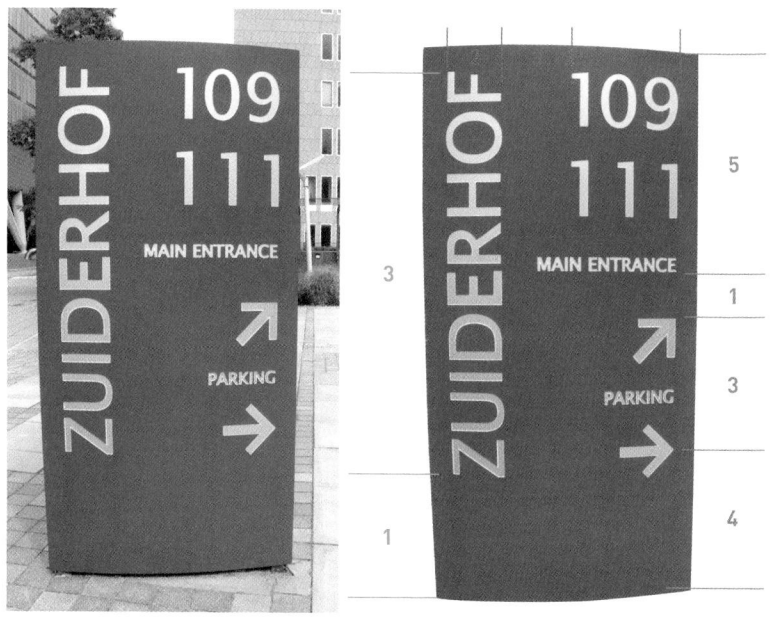

비례미가 뛰어난 사인보드 디자인

은 디자인으로 여기지 않는지도 알 수 있다. 물론 모든 디자인이 이 사인보드처럼 치밀하게 조형적으로 다듬어진 것은 드물다. 청계천 공업사의 물건보다 못한 것도 많다. 그렇기 때문에 그저 심플하다고 해서 군더더기 없는 좋은 형태로 보아서는 곤란하다.

그렇다고 비례가 복잡하고 다이내믹하다고 다 좋은 것도 아니다. 일본의 디자이너 도쿠진 요시오카德仁吉岡가 패션 디자인 브랜드 이세이 미야케Issey Miyake를 위해 디자인한 시계

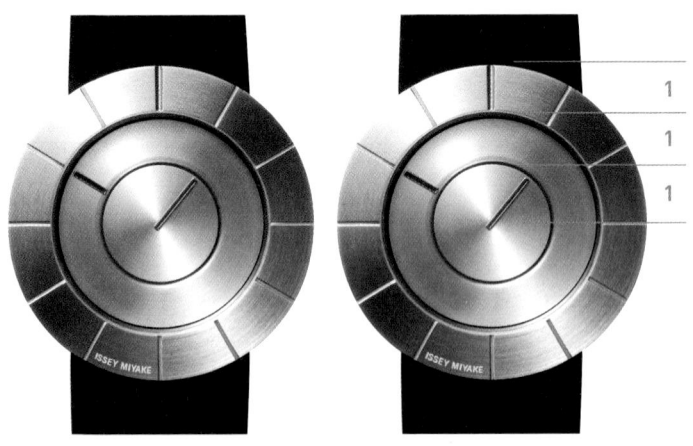

동일한 비례가 반복되어서 인상적인 도쿠진 요시오카의 시계 디자인

는 반지름이 1 대 1의 비례를 이루며 세 개의 동심원이 겹쳐 있는 구조로 되어 있다. 변화가 없는 아주 견고한 인상을 주는 비례인데, 그래서 금속 재질의 이 시계가 더없이 단단해 보인다. 이 시계 디자인은 금속의 질감이 두드러져 견고하고 럭셔리한 기계미학이 잘 표현되었다. 비례의 변화가 심했다면 오히려 조잡해 보이고 피로감을 유발했을 것이다. 시계는 손에 차고 계속 보아야 하는 물건이기 때문에 이렇게 비례의 변화가 없는 것이 시각적으로는 더 적합하다.

이처럼 용도나 상황에 맞게 형태 비례가 조율되었을 때 뛰어난 형태미를 얻을 수 있다. 군더더기 없이 심플하기만 해서는 훌륭한 형태미를 얻을 수 없다. 취미 수준이 높은 수용자가 되기 위해서는 상황에 따라 적합한 형태미, 비례미가 표현되었는지 구분할 수 있어야 한다. 단순한 형태일수록 그런 것을 구분하기가 어렵다. 미세한 비례값에 따라 비례미의 수준이 확연하게 달라지기 때문이다. 그렇다고 이 세상에 심플한 형태만 세련되어 보이는 것은 아니다. 심플하다는 것은 이미지일 뿐이고, 그런 이미지가 적절한 비례로 잘 다듬어졌는지는 다른 문제다. 그럴 때는 매의 눈으로 정확하게 따져보아야 한다. 꼭 심플하고 기하학적인 형태가 아니더라도 아름다운 형태는 얼마든지 많다.

BMW의 콘셉트 카는 다이내믹한 곡선들로만 디자인되어 앞의 기하학적 형태들과는 유형이 완전히 다르다. 일단 다이내믹하게 흐르는 곡선들이 어우러져 자아내는 리듬, 변화, 속도감 등이 대단히 아름답다. 디자인을 하는 입장에서 이런 형태는 기하학적인 형태를 다루는 것보다도 훨씬 어렵다. 어느 방향에서 보아도 아름다워야 하기 때문이다. 이런 형태는 곡면들이 얼마나 어색한 부분 없이 유려하게 연결되는지, 또 그런 어울림에서 만들어지는 운동감이 어떤 개성을 자아내는지에 따라 조형성이 결정된다. 이 자동차 디자인은 강력한 웨이브를 이루는 곡선들이 매우 자연스럽게 연결되고 있고, 여러 가지 곡면들이 어우러져 만들어내는 표정이 아주 세련되며, 동세가 강력하다. 그래서 압도적인 유선형의 아름다움을 잘 보여준다.

서양에서 이러한 유기적인 형태는 20세기에 유선형이 등장하면서부터 처음 만들어지기 시작했는데, 21세기에 들어서면서는 기존의 기하학적인 형태를 대신하고 있다. 유기적인 형태에도 몇 가지 단계가 있는데, 좌우대칭이 분명한 형태는 주로 비행기나 자동차 등 공기 속을 달리는 데에 적합하며, 과학적으로 만들어진 공기역학적 형태에서 시작되었다.

반면에 카림 라시드Karim Rashid가 디자인한 겐조의 향수병

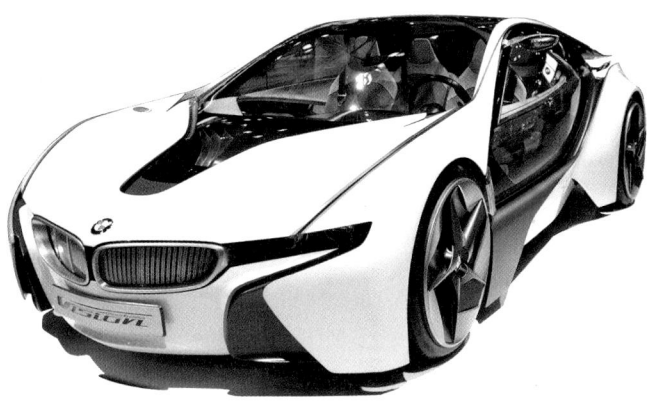

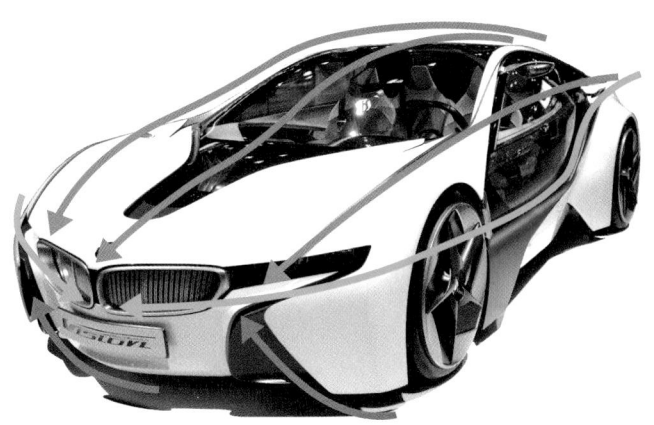

유기적 곡선미가 아름다운 BMW의 콘셉트 카

은 좌우가 비대칭인 유기적인 곡면 형태다. 유선형 중에서도 반기하학적인 형태라고 할 수 있는데, 이렇게 유기적인 곡면이 비대칭으로 되어 있으면 불규칙도가 증가해서 대칭적인 유선형과는 또 다른 조형성을 보여준다. 좀더 자연에 다가간 형태라 할 수 있다. 달항아리가 이와 비슷한 유형에 속한다.

좌우가 다르기 때문에 얼핏 보면 대충 만들어놓은 것처럼 보일 수 있다. 하지만 엇갈리는 곡선을 이루며 세로로 흐르는 겐조 향수병의 곡면은 대칭적인 유선형과는 다른 매력을 보여

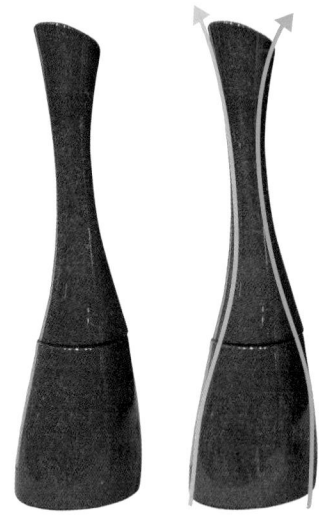

카림 라시드가 디자인한 겐조 향수병

준다. 제각각의 흐름이 어우러져 만들어내는 엇박자의 곡선미는 자유롭고, 우아하고, 인위성이 많이 삭제된 청아한 느낌까지 낸다. 자연스러우면서도 세련된 느낌을 주는 것이 이런 형태의 특징이라고 할 수 있다.

이번에는 알레시 주전자를 살펴보자. 이 주전자는 일단 앙증맞고 귀엽기 짝이 없다. 동글동글한 몸체는 마치 갓 태어난 병아리 같고, 가느다란 원기둥으로 이루어진 주둥이와 뚜껑 손잡이, 몸체 손잡이는 전반적인 귀여운 느낌에 전혀 영향을 주지 않으면서, 병아리의 주둥이나 발처럼 전체적인 형태를 아주 감칠맛 나게 해주고 있다. 유기적인 형태와 기하학적인 형태가 어우러져 매우 독특한 조형성을 보여주는 디자인이다. 이 주전자는 형태 이미지가 심플하다는 것만 있는 게 아니라는 것을 잘 보여준다. 또한 번쩍이는 스테인리스 스틸 재료가 가진 딱딱하고 차갑고 견고해 보이는 이미지에 기하학적이고 유기적인 형태를 더해서 전혀 반대의 인상을 만들어내는 디자이너의 수준 높은 조형 능력이 돋보인다. 쉬워 보이지만

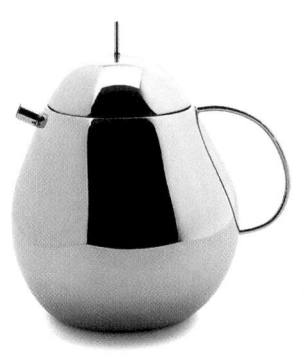

귀엽고 부드러운 인상의 알레시 주전자

만만하지 않은 표현력을 보여주는 디자인이다.

한편 유니버설 디자인이라고 하면 사용자의 신체적 특징을 고려해 사용의 기능성을 극대화한 디자인이라고 할 수 있다. 그러다 보니 조형적 아름다움에서는 아쉬움이 많이 남는다. 실제로 유니버설 디자인을 하는 사람들도 조형성은 그다지 신경 쓰지 않는다. 기능적 편리함이 주된 목표라 생각하기 때문이다.

그런데 루이지 콜라니Luigi Colani의 이 캐넌카메라를 보면 인체공학적일수록 조형적으로 더 뛰어날 수도 있겠다는 생각이 든다. 이 디자인에 구현된 주된 논리는 카메라를 사용할 때 손으로 잡기 편한 형태를 만드는 것인데 그 형태가 조각처럼

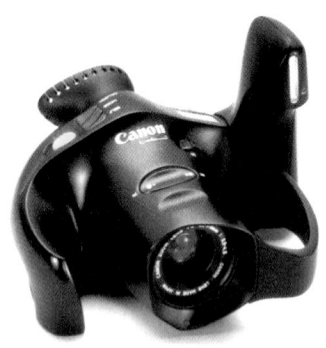

뛰어난 조형성을 보여주는
인체공학적 디자인

아름답다. 과학적인 관점에서 만들어진 형태도 예술적으로 아름다울 수 있다는 것을 이런 디자인을 볼 때마다 다시금 깨닫는다. 캐넌카메라 디자인은 기능성과 심미성이 아주 잘 조화되었다고 할 수 있는데, 기능성만 염두에 둔다고 해서 조각적 아름다움이 저절로 만들어지는 것은 절대 아니다. 오히려 기능성에만 치중하다 보면 조형성이 훼손될 수 있기 때문에 이를 경계해서 조형적 아름다움을 더욱더 강화한 결과라고 보는 것이 맞다. 이런 아름다운 형태는 결코 저절로 만들어지지 않는다.

불규칙한 형태의 생명감이 돋보이는 디자인

형태미를 이야기할 때, 대부분의 조형 이론에서는 질서의 문제를 중심에 놓는다. 질서의 구축이 조형적 아름다움을 만드는 기본이라는 생각이 저변에 깔려 있기 때문이다. 동시에 서양 조형예술의 역사가 오랫동안 완벽한 질서를 지향했기 때문이기도 하다. 그런데 20세기 말 해체주의 디자인에 이르러 이러한 원칙을 완전히 깨면서 오히려 혁신적인 형태를 만들어냈다. 또한 21세기에 들어오면서 일부러 불규칙한 형태를 지향하면서 이전과는 다른 조형성을 만들어가고 있다.

　　20세기 후반에서 21세기 초반에 세계 건축과 세계 디자인의 기조를 완전히 바꾸고 새로운 조형의 흐름을 주도한 사람 중 하나가 자하 하디드Zaha Hadid다. 그의 건축은 서양 조형 예술의 역사 전체를 붕괴시킬 만큼 전복적이었고 근본적인 흐름을 바꾸어놓았다. 그가 디자인한 실내의 바bar에서 그러한 변화를 잘 느낄 수 있다. 바보다는 버스나 자동차처럼 보이는데, 자세히 보면 유기적이면서도 불규칙한 형태가 생체 조직을 연상하게 하는 형태로 되어 있다. 이는 하디드가 무척 선호하는 스타일이기도 하다.

하디드는 건축물에 비대칭적이고 생명감 가득한 형태를 많이 구현했는데, 이는 그간 서양 조형예술에서는 전혀 볼 수 없었던 형태였다. 서양에서는 기본적으로 명료한 질서, 이성적으로 정리된 형태를 선호했기 때문에 불규칙한 형태들은 중심부에서 만들어질 수 없었다. 그런데 21세기에 접어들면서 불규칙한 형태들이 디자인을 주도하기 시작했다.

하디드의 디자인이 불규칙하기만 했다면 세계적인 흐름을 주도할 수 없었을 것이다. 그의 디자인이 두드러져 보이는 것은 불규칙한 형태 아래로 흐르는 강렬한 생명감 때문이다. 그의 디자인은 무척이나 카리스마 넘친다. 그런 느낌을 유발하는 것 자체가 바로 그의 디자인이 그저 불규칙하기만 한 게 아니라는 것을 말해준다. 하디드의 디자인은 서양 조형예술 역사 전체에서 살펴보아야 그 의미가 더 와닿는다. 물론 생명감을 지향한 미학적 관점은 동아시아에서는 이미 오래전부터

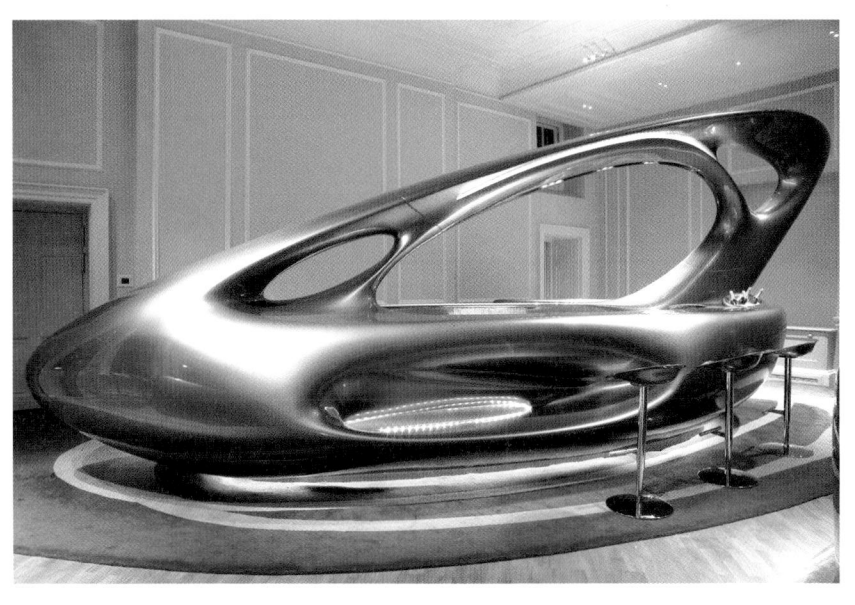

자하 하디드의 유기적인 바

일반화된 것이었다.

불규칙한 조형 질서를 통해 자연성을 표현하려 했던 접근은 일본의 그래픽디자이너 스기우라 고헤이杉浦康平의 디자인에서 명확하게 드러난다. 고헤이는 독일의 울름조형대학교에서 초빙할 정도로 뛰어난 역량을 가진 디자이너다. 그의 그래픽디자인은 서양적인 느낌이 전혀 나지 않고 대단히 일본적이다. 그래서인지 그는 매우 이른 시기부터 비정형적인 불규칙한 형태의 디자인을 했다. 그가 1980년대에 디자인한 잡지 표지에서는 일반적인 타이포그래피 디자인에서 볼 수 있는 수직이나 수평의 가지런한 질서를 찾아볼 수 없다. 모든 조형 요소가 제각각 기울어져서 일단 삐딱한 인상이다. 게다가 여러 가지 폰트가 서로 섞여 있다. 읽으라고 글자들이 배치되어 있다라기보다는 그림의 붓 터치처럼 느껴진다. 중간중간에 들어간 붓글씨도 조형적 추임새 같다. 그리

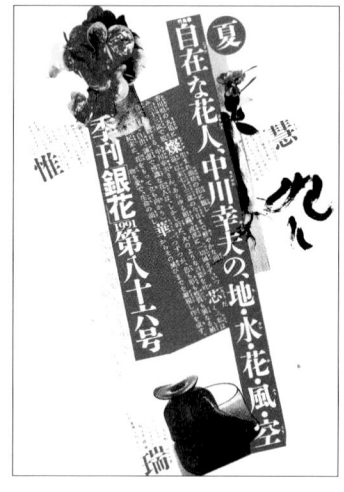

스기우라 고헤이의 잡지 표지 디자인

고 흰 바탕이 혼란스러운 형태들을 여유롭고 우아하게 받쳐주고 있는 것도 특이하다. 또한 하디드의 디자인에서 느껴지는 것과 비슷한 역동적인 생명감이 느껴진다. 일본의 디자이너이기 때문에 이렇게 기운생동하는 디자인을 어렵지 않게 할 수 있었던 것이 아닐까 싶다.

영국의 그래픽디자이너 네빌 브로디Neville Brody도 이미 1980년대에 그래픽디자인에서 기능성에 해당하는 것에만 목을 매는 그런 디자인을 넘어섰다. 그는 비정형적이고 파격적인 조형성을 통해 불규칙하지만 생명감으로 가득한 디자인을 서양의 디자인 흐름 안에 정초시켰다. 나이키 광고가 대표적인데, 사람 얼굴을 배경으로 여러 글자를 읽기 어렵게 배치해 놓았다. 하나하나 따져가며 읽지 않으면 도저히 읽을 수 없을 정도로 크기와 방향이 제각각인데, 그래서 오히려 보는 사람의 시선을 강하게 끈다. 글자들의 역동적인 배치가 혼란스러움을 넘어서서 강력한 운동감, 에너지를 발산하기 때문이다. 그래서인지 사진 속 인물이 고함을 크게 지르는 듯하는 것처럼 보인다. 이런 혁신적인 디자인을 1980년대에 내놓았다는 것은 대단히 선진적이었다고 할 수 있다. 보기에는 그저 아방가르드한 실험적 디자인인 것 같지만, 이는 수천 년 동안 완벽한 규칙성을 지향했던 서양의 조형 역사를 근본적으로 부정하는 시도였다. 이 디자인에 비하면 오히려 이후에 나타난 그래픽디자인들

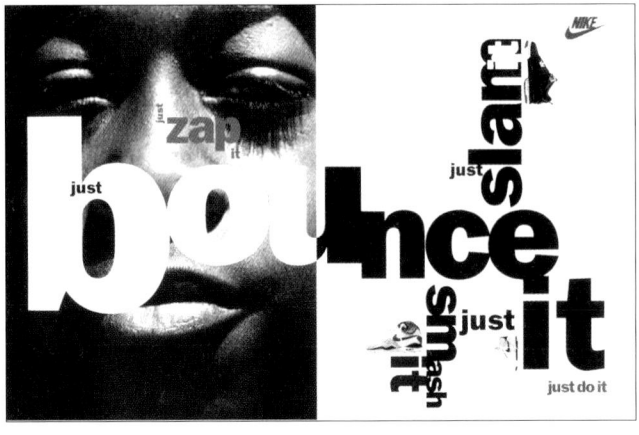

네빌 브로디의 기운생동하는 디자인

이 더 고루해 보인다.

　패트릭 주앙Patrick Jouin이 디자인한 솔리드는 의자 모양이지만 대단히 불규칙하다. 의도적으로 이러한 형태를 만들었다는 것을 알 수 있다. 무질서해 보이기 때문에 매우 손쉽게 대충 만들어낸 것 같지만, 이전의 전통적인 제작 방식으로는 이렇게 복잡하고 무질서한 형태는 만들어낼 수 없다. 디지털프린팅 같은 첨단 제작 기술이 있기 때문에 이런 형태를 만들어낼 수 있게 된 것이다. 기술이 발달해야 이 같은 무질서한 형

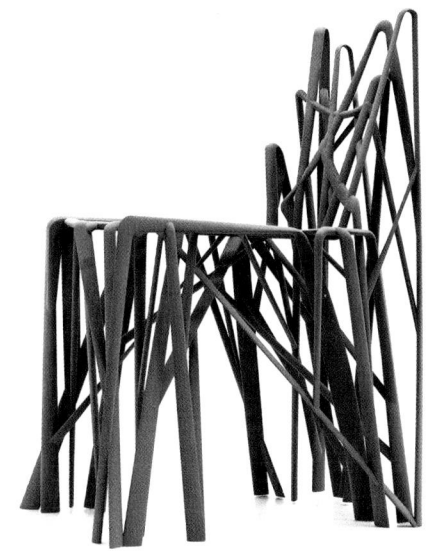

패트릭 주앙의 솔리드 의자

태를 만들어낼 수 있다는 것은 생각해볼 문제다.

사실 이 디자인들은 단순히 형태미만이 아니라 내용미에서도 큰 의미를 가진다. 그렇지만 이 책에서는 이런 불규칙한 형태가 디자인에서 비주류가 아니라 주류로 자리 잡고 있다는 점을 중점적으로 살펴볼 것이다. 몇십 년 전만 해도 이런 종류의 형태는 규칙이 없는 것으로, 하자가 많은 것으로 대접받았다. 학교에서 이런 디자인을 했다면 아주 많이 혼났을 것이고, 기업이라면 바로 잘렸을 것이다. 하지만 지금은 수많은 디자이너가 이런 형태를 추구하고 있다. 왜냐하면 우주관의 변화, 즉 불규칙해 보이지만 생명력으로 가득 찬 자연을 지향하는 우주관으로 변했기 때문이다. 최근 들어 심각하게 다루어지는 환경문제도 이런 형태에 대한 선호와 연결선상에 놓여 있다. 마치 20세기 기계 시대에 건조한 기하학적 형태가 선호되었던 것과 같다. 그런데 이러한 디자인 경향은 오래전부터 우리나라가 추구했던 바였다.

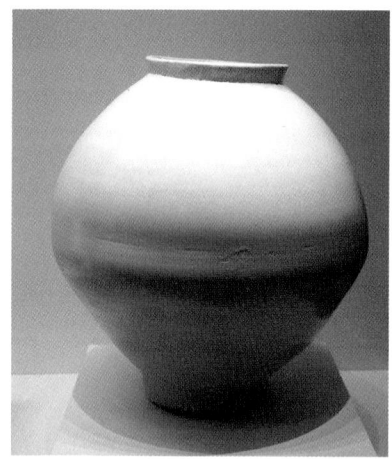

불규칙한 형태를 추구했던 달항아리

조선 후기의 달항아리는 일부러 불규칙한 형태를 추구하는 오늘날의 디자인 경향에 그대로 부합한다. 이런 형태를 소박하다고 하지만 솔리드 의자가 오히려 첨단기술이 아니면 만들기 어려운 것과 같다. 도자기는 좌우를 반듯하게 만드는 것이 더 쉽다. 달항아리는 그런 대칭성을 부러 피하고 자연의 속성인 불규칙함을 추구했던 첨단 미학이 만든 결과였다.

달항아리뿐 아니라 조선 후기 대부분의 문화는 이러한 자연의 속성을 실현화했다. 화엄사 보제루의 초석과 기둥도 불규칙도를 높여서 자연의 속성을 표현하고 있다. 이것들이 소

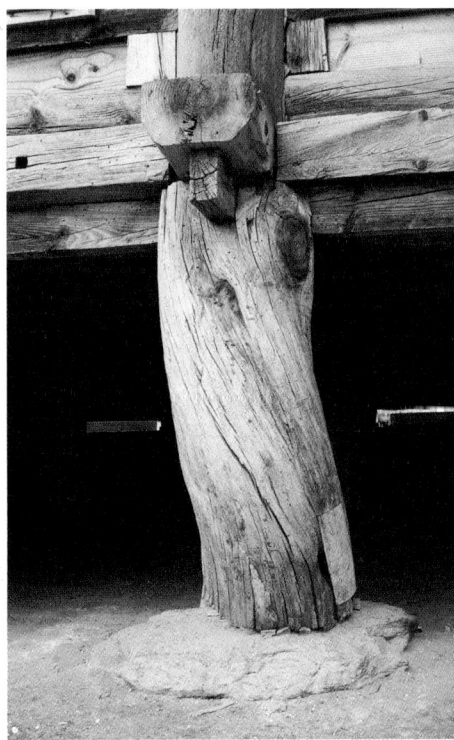

화엄사 보제루의 자연 초석과 휘어진 기둥

박하다고 한다면 앞서 본 불규칙한 디자인들도 전부 소박하다고 해야 한다.

한편 프랭크 게리Frank Gehry가 디자인한 파리의 루이뷔통 재단 건물은 불규칙함을 추구하는 디자인의 최대치를 보여준다. 어느 방향에서도 반듯한 선이나 형태가 보이지 않는다. 불룩불룩한 형태들의 조합에서 그 어떤 질서도 발견할 수 없다. 그렇다고 무조건 혼란스러워 보이는 것도 아니다. 루이뷔통 재단 건물은 거대한 바위산과 같은 압도적인 무게감으로 묵직한 시각적 안정감을 구축하고 있다. 이 건물은 어떻게 보면 운동한 건축물 같기도 하다. 터질 듯 팽창한 형태들에서 강력한 생명감이 느껴진다. 완벽한 비례라는 조잡한 원리를 벗어던져버리고 대자연을 향해 달려가고 있는 듯하다.

지금까지 살펴본 것처럼 형태의 아름다움은 비례가 결정한다고 할 수 있으며, 비례가 잘 구현된 형태는 아름다워 보인다. 그리스시대 이래로 객관주의 미학이 실수한 것은 비례에 절대적이고 표준이 되는 것이 있다고 규정한 것이다. 그러다 보니 비례의 어울림이라는 것을 생각하지 못해서 다양한 아름다움을 끌어안지 못했다. 매우 고지식한 미적태도를 지향했다는 것을 알 수 있다. 비례는 어떤 유형의 형태에도 적용되는 형태미의 핵심 원리라고 할 수 있지만 어떤 형태든 하나의 비례만을 가지지 않는다. 그런 점에서 비례미는 다양한 비례들

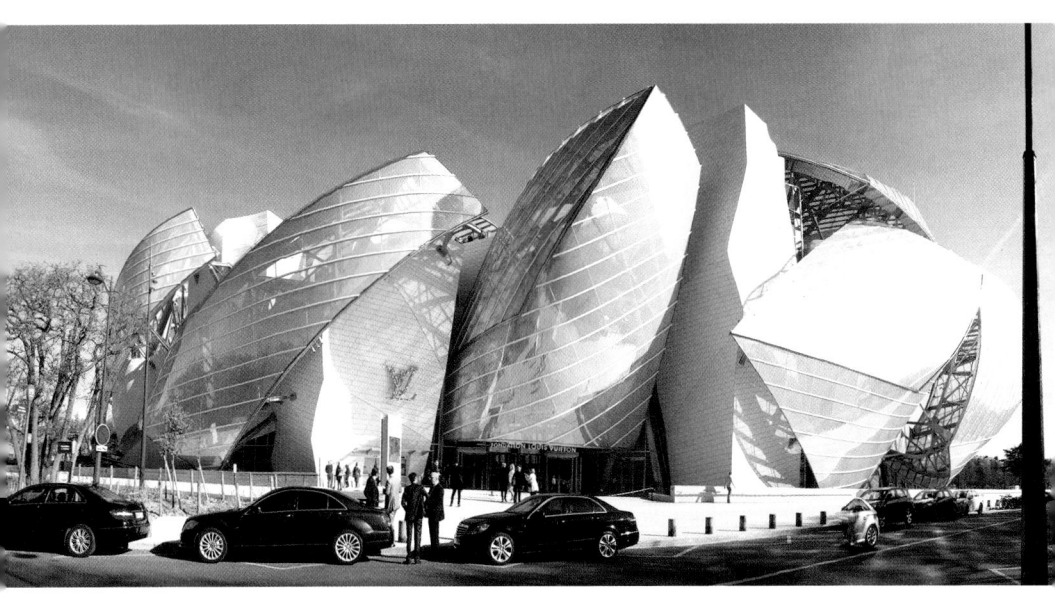

불규칙의 극한을 보여주는 루이뷔통 재단 건물

의 어울림으로 이루어진다고 보아야 한다.

비례뿐 아니라 형태의 유형도 형태의 아름다움에서 매우 중요한 역할을 한다. 대체로 형태의 유형으로는 심플하고 장식이 완전히 배제된 기하학적 형태와 일체의 직선을 배제하고 역동적인 곡선이나 곡면으로 이루어진 유기적 형태가 있다. 이러한 형태의 유형은 시대정신과 연결되는데, 시대정신에 걸맞은 형태의 유형이 대중성을 얻으면서 시대양식을 주도하게 된다. 형태의 유형은 개인적인 취향을 넘어서서 많은 사람의 보편적 취향과 관련되기 때문에 잘 살펴보아야 한다.

또 하나의 형식, 색

형태와 더불어서 형식미를 결정하는 중요한 조형 요소는 색이다. 색은 눈을 풍성하게 채우며 가장 눈에 잘 띄는 특징을 가지고 있다. 눈으로 사물을 볼 때 제일 먼저 인지되는 것이 색이다. 게다가 '같은 값이면 다홍치마'라는 말이 있는 것처럼 어떤 색을 선택하느냐에 따라서 미적 효과가 달라진다. 멋진 형태를 만들려면 많은 비용이 들지만 색은 그렇지 않다. 안목에 따라 얼마든지 적은 비용으로도 아름다운 색을 구현할 수 있다. 물론 그렇다고 해서 어려움이 없는 것은 아니다. 무한정 자유롭게 형태를 만들 수 있는 것에 반해 색은 가시광선 스펙트

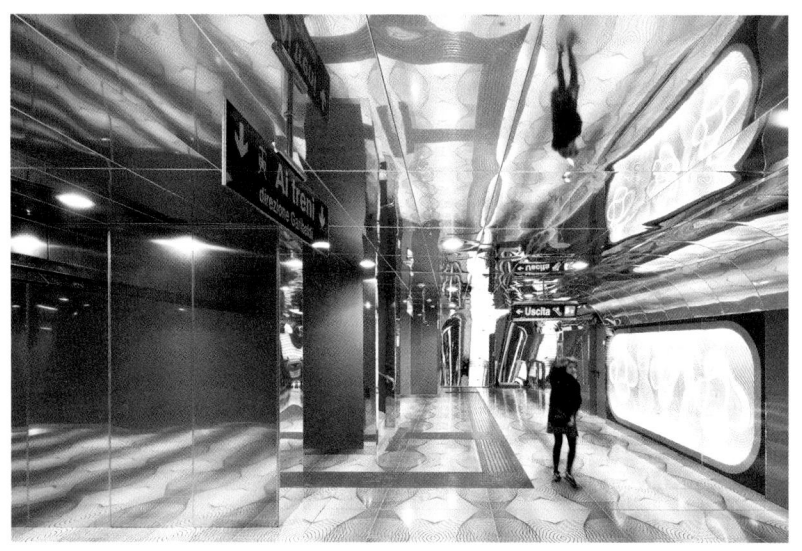

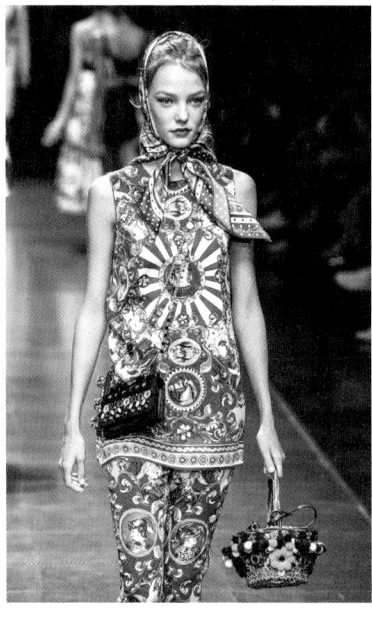

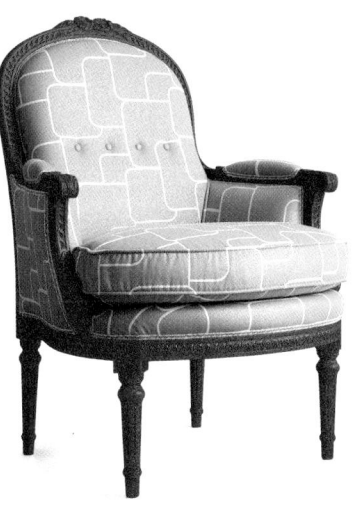

색이 아름다운 디자인

럼 내로 제한된다. 그래서 형태는 창조할 수 있지만 색은 절대 창조할 수 없다. 이 세상에 새로운 색은 없다. 그렇다면 색은 어떻게 해야 아름답고 새로울 수 있을까?

바로 조화로 구현할 수 있다. 이 점이 형태와 근본적으로 다른데, 색을 잘 모르는 사람은 색도 형태처럼 가장 아름다운 색이 있다고 생각한다. 그래서 가시광선 범위 안에 있는 색 중에서 가장 아름다운 색을 고르는 것이 뛰어난 색 감각이라고 생각하기 쉽다. 그런데 이 세상에 어떤 색도 절대적으로 좋은 것도, 절대적으로 안 좋은 것도 없다.

가령 어두운 데다 색을 알아볼 수 없을 정도로 칙칙한 색이 있다고 하면, 이 색은 아주 좋지 않은 색이라고 단정하기 쉽다. 그런데 색은 단독으로 쓰이지 않는다. 단독으로 쓰인다고 해도 분명 주변의 색들과 어울리게 되어 있다. 그래서 색은 여러 색이 어떻게 조화를 이루는지에 따라 느낌이 달라진다. 다시 말해 아름다운 색은, 아름다운 색의 조합이라고 할 수 있다. 그렇다고 이것도 절대적으로 옳지는 않다. 아름다운 색의

칙칙한 색

칙칙한 색에 어울리는 색

조화란 없기 때문이다. 색은 뭐 랄까? 요리를 할 때 맛과 같은 것이다. 좋은 맛은 다양하지, 하나로 획일화되지 않기 때문 이다.

앞의 칙칙한 색에 보색을 붙여주면 색의 느낌이 순식간 에 달라진다. 마술처럼 전체적 으로 색이 화사하게 피어난다. 그래서 색은 조화가 중요하다. 색 조화가 뛰어난 디자인에서 이런 마술 같은 효과들을 많이 볼 수 있다. 그러니 그런 디자인을 많이 살펴보면 색의 조화에 대해서 아주 많은 것을 느끼고 이해할 수 있을 것이다.

색을 감각적으로 잘 쓰는 디자이너로 알레산드로 멘디니 Alessandro Mendini가 있다. 그가 비블로스호텔을 위해 디자인한 소파는 나무 프레임에 고풍스러운 조각으로 꾸며놓아 격조가 느껴진다. 앤티크한 가구인 데도 색깔이 아주 인상적이다. 소 파의 고풍스러운 느낌과 달리 아주 경쾌한 파란색이 칠해져 있고, 쿠션에는 연한 파란색에 노란색의 무늬가 아주 가늘게 들어가서 멀리서 보면 밝은 청록색처럼 보인다. 색상환표를 기준으로 할 때 인접한 색을 선택하면 조화로움을 보여줄 수

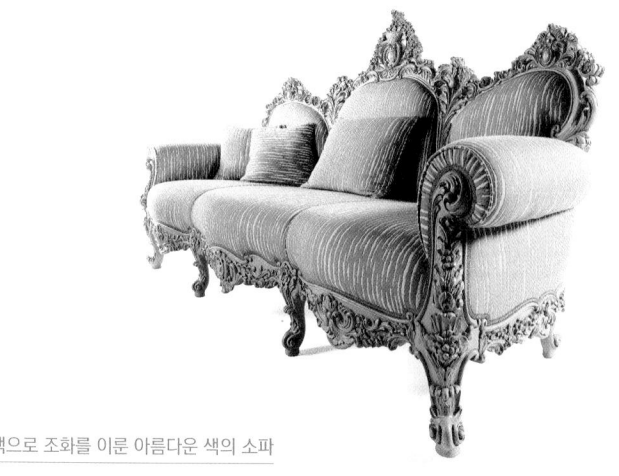

인접색으로 조화를 이룬 아름다운 색의 소파

있지만 자칫 무난해질 수 있다. 하지만 이 소파의 색은 시원한 느낌이 무척 강하다. 무엇보다 시원하고 젊은 느낌의 이 색감이 고전적인 장식과 대비를 이루며 아주 독특한 존재감을 만들어낸다. 요약하면 이 디자인은 오래된 것 같으면서도 현대적인 이중적인 시간에 중첩되어 있는 듯하다. 그래서 이 소파는 2008년에 디자인된 것임에도 언제 보아도 신선하다. 게다가 파란색의 인접색들은 고전적인 형태에 현대적인 이미지를 불어넣어준다. 색의 역할이 참으로 다양하다는 것을 이 소파를 통해 알 수 있다.

여기서 잠시 색의 원리에 대해 살펴보자. 현대의 색채 이론은 이 세상의 모든 색이 삼원색, 즉 빨강, 파랑, 노랑, 이 세 개의 색이 섞여서 만들어지는 것으로 본다. 이 세 개의 색을 기준으로 놓고 그 사이에 섞여서 만들어지는 색들, 즉 오렌지, 녹색, 보라를 넣으면 둥근 색상환이 만들어진다. 가장 중요한 색의 체계다. 이 색상환만 잘 알아도 색에 대해서 반은 이해했다고 할 수 있다.

색상환에서 가까이 있는 색을 인접색이라고 하고, 마주 보고 있는 색을 보색이라고 한다. 인접색은 피를 공유하고 있는 친인척 관계라고 보면 된다. 그래서 대충 붙여만 놓아도 서로 잘 어울린다. 보색은 일단 반색이라고 하지 않는다는 것에 주목해야 한다. 반색이 아니라 보완한다는 뜻의 보색이라고 한 것은 매우 적절한 표현이다. 보색은 서로 반대되는 성질을 안고 있지만 오히려 그렇기 때문에 서로 보완해준다. 보색을

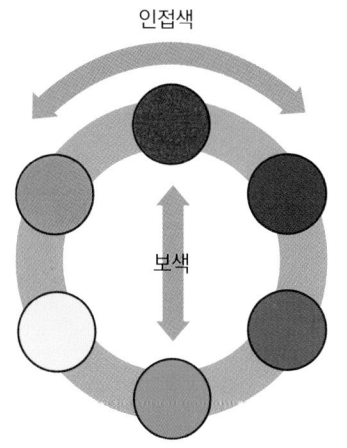

인접색

보색

색상환과 색의 관계

붙여놓으면 그 어떤 색들보다 두드러져 보인다. 따라서 보색의 이런 성질을 제대로 활용하면 대단히 많은 효과를 얻을 수 있다.

반더스가 디자인한 몬드리안호텔의 풀장 영역을 보면 색이 아주 두드러진다. 의자, 파라솔, 쿠션, 카펫이 있는 부분은 주로 빨간색과 흰색으로 되어 있다. 그런데 뒤쪽은 녹색으로 되어 있다. 빨간색과 녹색은 보색관계로, 크리스마스 때 흔히 볼 수 있는 보색대비다. 적녹 보색은 두드러져 보이기도 하지만 안락하고 따뜻한 느낌을 주는 것이 특징이다. 그래서 몬드리안호텔에서 적녹 보색 부분은 내 집 같은 편안한 느낌으로 다가온다. 한편 멀리서 보면 넓은 공간을 가득 채운 보색대비가 장관을 이룬다.

특히 색은 패션 디자인에서 무척 중요한데, 그중 이세이 미

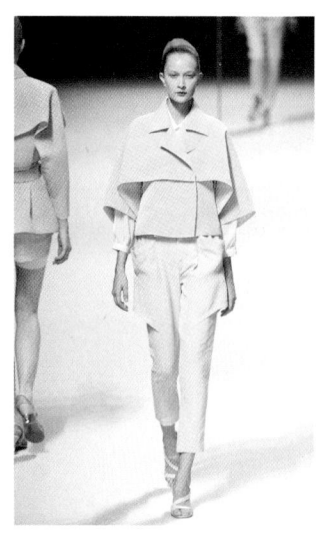

밝기가 비슷한 색들이 신비로운 느낌을 주는
이세이 미야케의 패션 디자인

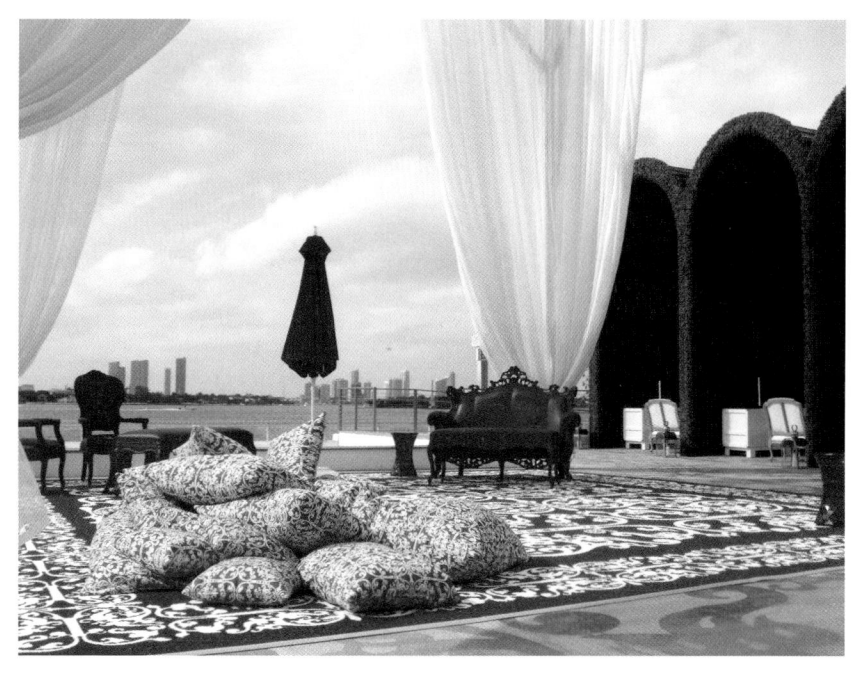

보색대비가 인상적인 마르셀 반더스의 몬드리안호텔

야케의 옷에서 색의 밝기가 두드러진다. 색의 중요한 특징 중 하나는 밝기인데, 이 옷은 밝기가 서로 비슷한 색들로 조화를 이루고 있어서 아주 인상적이다. 색은 다르더라도 밝기가 유사하면 대단히 신비로워 보인다. 그래서 이 옷의 색을 어두운 색으로 바꾸어도 신비로운 느낌은 동일하다.

이번에는 멘디니가 디자인한 수납장을 살펴보자. 이 수납장은 아름답지만 색이 좀 이상하다. 원색이 아니라 색이 탁하게 중화된 듯하다. 이를 색채학에서는 채도가 떨어졌다고 표현한다. 이 수납장은 녹색 계통의 색과 고동색 계통의 색들을 많이 써서 전체적으로 보색에 가까운 대비를 이루는데, 채도가 낮은 색들이어서 차분한 분위기를 유지하면서 돋보인다. 황토색과 오렌지색의 면들은 채도가 다소 높아서 두드러져 보이는데, 전체 색의 이미지에는 영향을 미치지 않고 양념처럼 색의 풍미만 더해주고 있다. 이렇게 차분하면서도 대비가 되는 색감은 고채도 색으로만 이루어진 색에 비해서 깊이가 있고, 오래 보아도 지루하지 않는다는 특징이 있다.

채도가 낮은 색은 원색에 비해 돋보이지는 않지만 그에 못지않게 장점이 많다. 하나의 색에서 여러 색이 느껴지는 신비로운 효과가 있다는 것과 오래 보아도 질리지 않는다는 것이 장점이다. 그래서 많은 럭셔리 브랜드의 시그니처 컬러가 대체로 밝은 저채도 색이다. 플라스틱 의자는 단색으로 제작

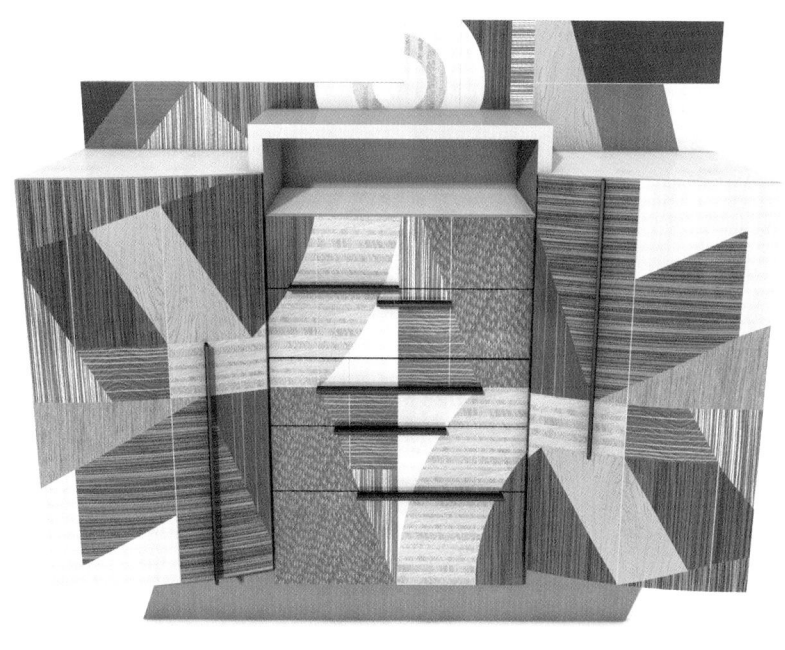

중간 채도의 색들로 이루어진 알레산드로 멘디니의 수납장

하기 때문에 고채도 색을 너무 많이 쓰면 쉽게 질려서 좀더 칙칙한 색, 채도가 낮은 색을 많이 쓴다. 론 아라드Ron Arad의 클로버 의자를 보면 오렌지 계통의 색이기는 하지만 약간 중화된 느낌이 든다. 화사한 오렌지색을 잘못 칠한 것이라고 의심할 수도 있는데, 채도를 살짝 낮추어 오래 보더라도 눈이 덜 자극되는 정도로 맑기를 떨어뜨려놓은 것이다.

멘디니가 디자인한 프루스트 의자는 색감이 아주 화사하고 다채롭다. 수많은 색을 통해 색이 보여줄 수 있는 최고의 표현을 하고 있다. 색이 많으면 하나의 이미지로 조화시키기 상당히 어렵다. 게다가 채도가 높은 색들로만 조화를 이루어야 할 때는 색을 통제하면서 통합된 강한 인상을 만들어내는 것이 어렵다. 그런데 이 의자에서는 그 모든 것이 다 이루어지고 있다. 평면의 화폭이 아닌데도 입체적인 의자에서 이렇게 뛰어난 색면구성을 보인다는 것은 정말 대단한 일이다. 그리고 저마다의 색들을 하나로 조화롭게 꾸민 디자이너의 색 감각이 일품이다. 복잡하고 화려해 보이지만 전체적으로 감도는 파스텔 느낌의 색감이 대단히 매력적이다.

이러한 색의 원리를 잘 모르면 색 감각을 하늘이 내려주는 선물인 것처럼 생각하기 쉬운데, 사실 디자이너들은 이러한 색 감각을 갖추기 위해서 어마어마한 노력을 기울인다. 특히 색은 대단히 논리적으로 구현되기 때문에 감각만으로 대응

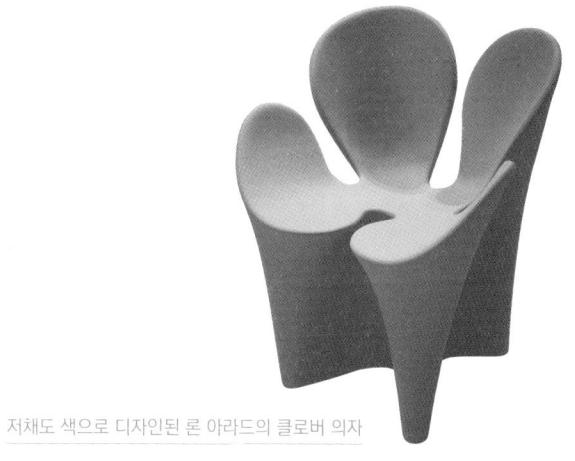

저채도 색으로 디자인된 론 아라드의 클로버 의자

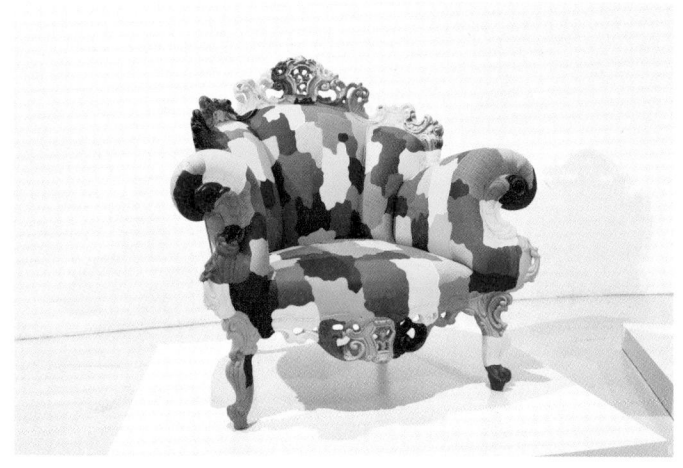

화려한 색깔의 프루스트 의자

할 수 없다. 그래서 색을 선택할 때도 많은 노력을 기울인다. 수많은 색 중에서 적합한 색을 골라내야 하기 때문이다. 하지만 수많은 시행착오와 훈련을 거듭해야 키울 수 있는 능력이어서 생각처럼 쉽지 않다.

형식미는 비평의 중요한 기준

지금껏 살펴본 바와 같이 디자인의 형식을 이루는 요소들인 형태와 색은 막연히 감각적으로 구현하는 것이 아니라 엄밀한 논리적 근거를 가지고 표현한다. 형태는 비례를 통해 아름다움을 구현하고, 유형을 이루며 시대를 장악한다. 색은 인접색, 보색과 같은 색채의 이론과 밝기, 채도의 원리에 따라 표현한다. 이는 형태와 색에 대한 디자이너의 뛰어난 조형능력을 바탕으로 이루어진다. 작품으로서의 디자인은 이러한 형식미를 통해 미적쾌감을 불러일으킨다.

이는 한편으로 디자인의 형식미가 비평의 대상이 될 수 있다는 것을 의미하기도 한다. 미적대상으로서의 작품은 그 가치가 비평의 과정을 통해 선명히 규명되어야 하는 운명을 안고 있다. 음악, 영화, 미술 등은 판매량이 아니라 그 안에 내재된 가치로 평가된다. 디자인이 작품으로서 대중에게 받아들여진다면 지금까지의 판매량이 평가 기준이 되는 것이 아니라, 디자인에 담긴 형식미에 대한 정확한 분석과 이해가 평가 기준이 되는 것이다. 이런 과정을 거쳐야 디자인도 음악이나 영화처럼 대중에게 그 가치가 널리 알려지고 제대로 감상될 수 있다. 그럼으로써 디자인은 대중에게 더 깊이 친밀하게 다가갈 수 있게 된다.

미학에서 형식은 내용을 담는 그릇이기 때문에 내용이 잘 파악되려면 형식이 구체적으로, 논리적으로 세밀하게 분석되어야 한다. 그래야 그 안에 들어 있는 가치가 제대로 드러나기 때문이다. 이를 미학에서는 '형식 분석'이라고 하는데, 예술적 가치를 측정하고 예술에 담긴 가치를 제대로 드러내는 가장 기초적인 활동에 속한다. 모리스가 보았던 것처럼 예술을 위한 예술이고, 예술이 작가의 주관이 마음대로 표현되는 영역이었다면 비평 과정은 없어도 된다. 하지만 작품은 비평 과정이 있기 때문에 작가에게만 머물지 않고 수용자에게 가닿아 비로소 완성될 수 있는 것이다.

디자인의 꽃, 내용미

디자인이 미적대상이 될 때, 디자인은 크게 형식과 내용으로 구성된다. 그간 기능주의 디자인에서 강조되었던 심미성은 주로 형식미에 국한된 것이었다고 할 수 있는데, 디자인을 작품으로 대하게 되면서 새롭게 등장한 것이 내용미다. 간단하게 말하면 디자이너들에게 형식미를 넘어서서 내용미도 창조해야 하는 의무가 생긴 것이다.

기능주의 디자인에서는 내용이 물리적 기능성에 국한되었지만 작품에서의 내용은 범위나 방법이 따로 없다. 디자이너의 관심, 생각, 교양 수준 등이 총동원되어서 내용미가 형성되는데, 흔히 작가라고 하는 사람들이 이겨내야 하는 고초다. 내용미는 작가가 아니라 수용자가 감동받을 만한 내용적 가치를 만들어야 하기 때문에 어렵다.

그런 의미에서 테요 레미가 디자인한 래그 체어는 기능주의적 관점에서 볼 때 다소 혼란스러운 디자인이다. 재활용한 재료로 대충 만든 듯한데, 마치 아마추어가 만든 것처럼 완성도가 떨어지며 기능성 면에서도 뛰어나 보이지 않는다. 대량생산한 공산품에 익숙한 눈에는 이런 물건도 디자인이라고 해야 할지 의문이 갈 것이다.

이 의자는 집 안에 방치되어 있던 담요나 각종 이불류를 모아 밴드로 묶어 만든 것이다. 이런 제작 배경을 알면 한 가족의 삶과 손때가 묻은 정겨운 디자인으로 다가온다. 형식미는 우수하다고 할 수 없지만 대충 만들어놓은 듯한 모양이 이 의자에 담긴 가족의 역사를 더 잘 표현하고 있는 것처럼 느껴진다. 제아무리 기능주의 디자인의 열렬한 추종자라도 이 의

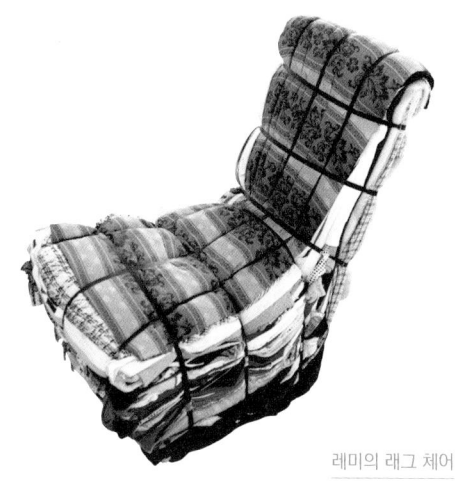

레미의 래그 체어

자 앞에서는 이것이 디자인이 아니라고 함부로 말하지 못할 것이다. 오히려 이 디자인은 그런 것보다는 기능주의가 무엇이며, 인간의 욕구가 무엇인지에 대해서 근본적으로 생각하게 해준다. 이 실험적인 디자인의 의자는 제품화되어서 팔리고 있는데 내용미가 충만한 디자인도 상업적으로 성공할 수 있다는 것을 잘 보여준다.

또 다른 예로 게리가 디자인한 댄싱하우스를 살펴보자. 이 건축물은 이름 그대로 빌딩이 춤을 추는 것 같다. 건물이라면

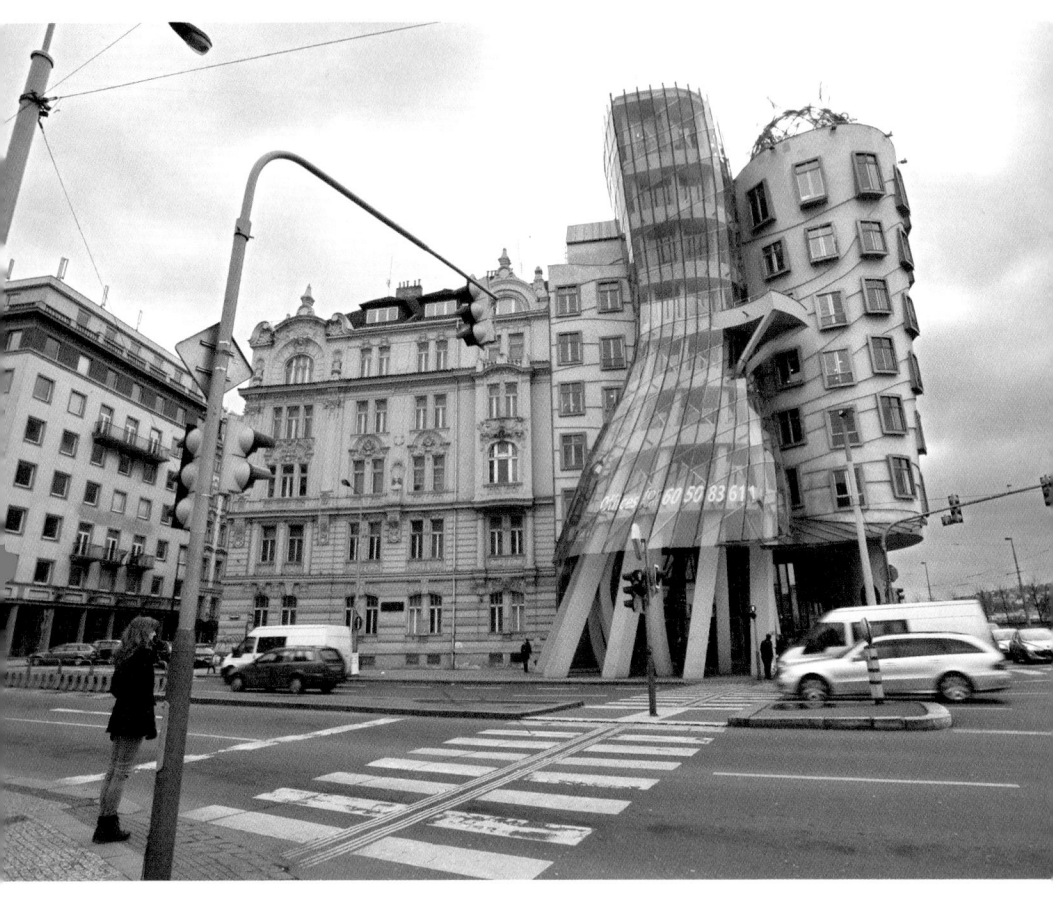

프랭크 게리가 디자인한 체코의 댄싱하우스

튼튼해서 무너지지 않을 것이란 믿음을 시각적으로 드러내야 할 텐데, 이 건물은 어떤 충격을 받아 찌그러져서 붕괴되고 있는 듯한 불안감을 준다. 보험회사 건물이라는 사실이 더 아이러니한데, 건축물이 가져야 할 가장 기본적인 태도가 결여된 것으로 치부하기에는 너무나 자연스럽고 뻔뻔하다. 이 건축물은 안전성이 결핍된 것이라기보다는 건축에 대한 선입견에 대해 은유적으로 문제 제기한 것이라고 보는 것이 타당할 듯하다.

건물은 견고한 형태와 수직 방향으로 세워져야 한다는 믿음이 오랫동안 지속되었다. 사용할 수 있는 공간만 많이 공급하면 된다는 생각이 일반적이었기 때문이다. 그러다 보니 건축의 표정이나 아름다운 장식, 공간의 미학적 감동과 같은 것들은 부차적인 것으로 건축의 바깥으로 밀려나 있었다. 게리는 그러한 획일적인 건축관에 심각하게 문제 제기를 했던 건축가였다. 댄싱하우스에도 그런 비판적 정신이 짙게 깔려 있는데, 댄싱하우스는 건축이 액체처럼 유연하게 만들어질 수도 있다는 것을 보여준다. 그리고 건축은 공간만이 전부가 아니라 은유적인 가치도 표현해야 하며, 그것을 통해 공간을 사유해야 한다는 것을 보여주고 있다.

사실 서양에서 건축은 그리스시대 때부터 견고함, 엄격한 질서를 구현하는 선봉장 역할을 했다. 특히 20세기 현대건축은 단순한 입방체 모양으로 건물을 곧게 세우는 것이 건축의 본질이자 표본이라는 믿음이 너무나도 강했다. 그래서 획일화된 건축들이 무너지지만 않으면 된다는 듯이 견고함과 무표정함으로 일관했다. 하지만 게리의 무너질 듯한 댄싱하우스는 이러한 강고한 선입견에 입각한 건축들에 금이 가게 했고, 재래적 의미의 건축 법칙을 해체시켰다. 게다가 게리의 건축물은 위태로운 형태 때문에 오히려 내용미가 충실하게 드러나고 있다.

  건축계에 게리가 있다면 패션 디자인계에는 마르틴 마르지엘라Martin Margiela가 있다. 그런데 아무리 그래도 그렇지 패션 디자인이 이럴 수가 있을까. 마르지엘라가 선보였던 이것은 패션 디자인이라고 하기보다는 귀신의 집에 납품했던 소품처럼 보인다. 모델의 얼굴은 안 보이게 가리고 몸에 걸친 옷도 발까지 하나의 타이즈로 덮어버려 패션 디자인이라고 보기 어렵다. 게다가 어깨에 걸친 가발을 보면 오싹해진다. 사물이 원래 있어야 할 곳에 없고 엉뚱한 곳에 있을 때 이렇게 공포스러울 수 있다는 것이 놀랍다. 마르지엘라는 이 패션 디자인을 통해 기존의 전통적이고 우아한 패션들이 추구했던 권위와 럭셔리함에 대해 근본적으로 비판하고 있다. 나아가 옷에 대해서도 많은 생각을 하게 해준다. 이 패션 디자인은 형식의 아름다움을 해체시키고 극적인 내용미를 구축해 오히려 많은 사람이 디자인에 집중하게 하는 효과를 가져온다.

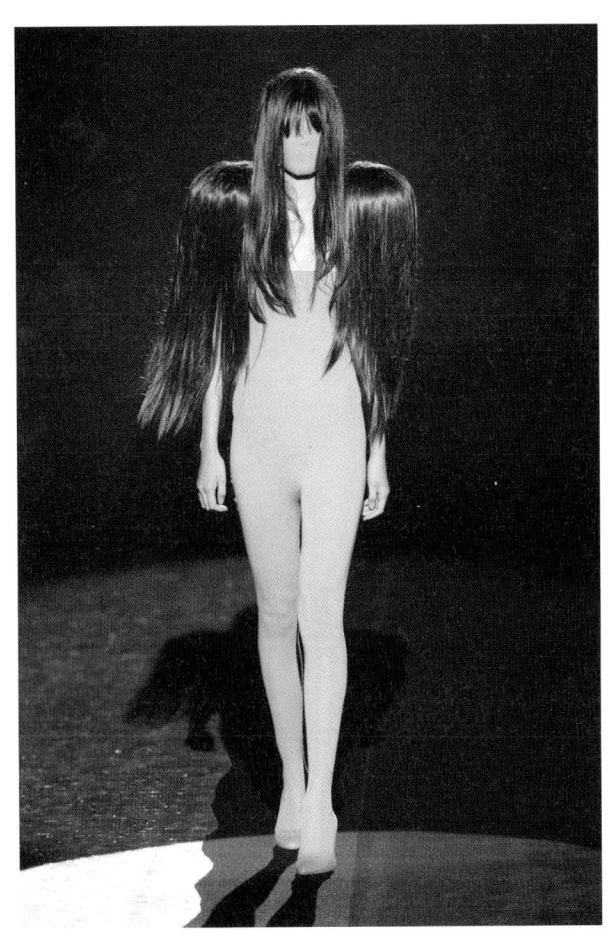

마르틴 마르지엘라의 화려한 패션 디자인

현대건축의 3대 천재 중 단연 첫손가락에 꼽히는 건축가 르코르뷔지에Le Corbusier가 디자인한 롱샹성당은 최고의 감동을 선사한다. 처음 보았을 때 시멘트 덩어리에 불과한 이 건축물이 유럽의 그 어떤 화려하고 거대한 성당보다도 감동으로 다가오는 것에 몹시 혼란을 느꼈다. 외형이 특이한 건축물들은 많지만 눈을 자극하고, 눈을 만족시키는 형식미를 갖춘 건축물은 찾아보기 어렵다. 게다가 오늘날 게리나 하디드의 건축에서 일반적으로 볼 수 있는 유기적인 형태를 1950년대에 구현했다는 사실이 놀라울 따름이다. 롱샹성당은 형태적으로는 입체파적인 조형성을 갖춘 건물인데, 건축물을 현대조각적인 형태로 만들었다는 것이 대단하다. 비슷한 시기에 독일의 건축가들이 건조한 입방체의 건축만을 고수하면서 '인터내셔널 디자인International Design'이라고 잘난 척하고 있었던 것을 보면 르코르뷔지에가 시대를 앞서간 것만은 분명하다.

롱샹성당의 진면목은 안으로 들어갔을 때 드러난다. 건물 안으로 들어가면 바깥과는 완전히 다른 공간이 나타난다. 실내가 무척 어두운데 일정하지 않은 크기의 사각형 창으로 빛이 스며들 듯이 들어온다. 거친 창문 벽 위로 빛이 사방으로 스멀스멀 기어들어오는 것 같아 보이는데 그 과정에서 실내의 어두운 공간과 만나 강한 대비감을 이룬다. 바로 그 순간 엄청난 감동이 일어난다.

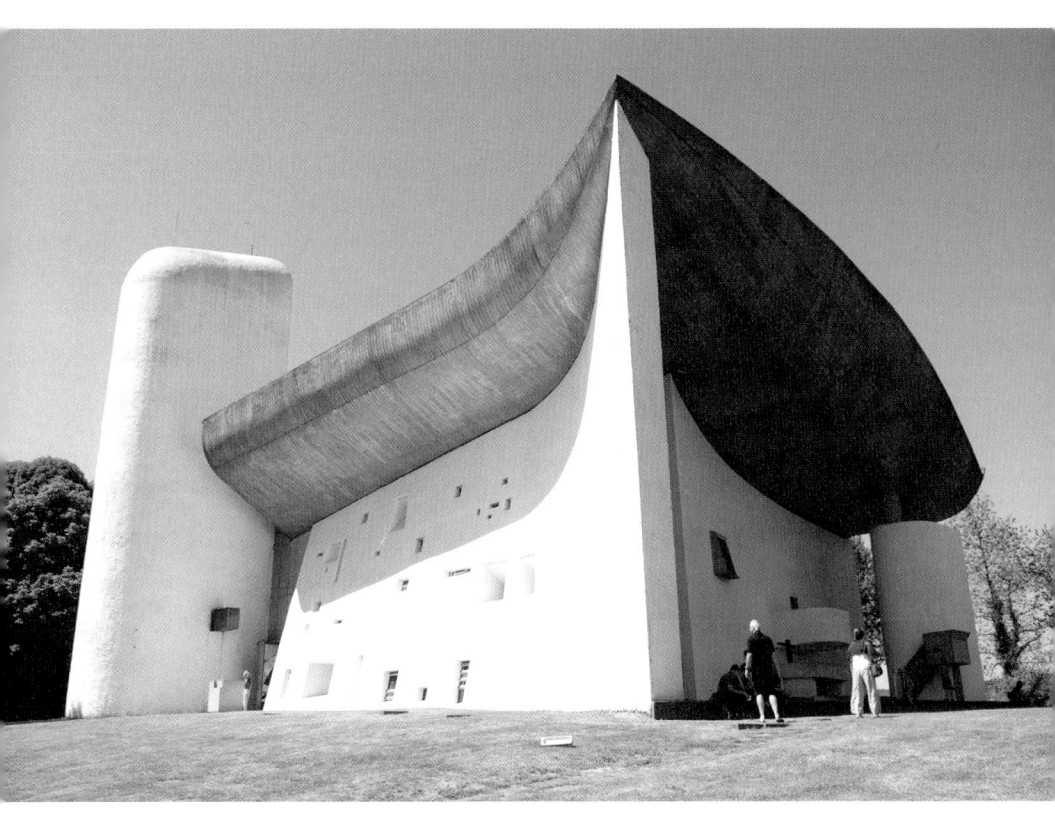

독특한 형태의 롱샹성당

이는 유럽의 그 어떤 성당에서도 볼 수 없는 근본적인 장식이고, 동시에 궁극적인 감동이다. 롱샹성당은 빛과 어둠이라는 자연의 본질이 서로 어우러져 건물을, 디자인을 초월하는 아름다움을 보여준다. 형식적으로는 온통 투박하고 거친 질감밖에는 없는데, 그래서 오히려 내용적으로는 더 감동적이고, 아무리 보아도 질리지 않는 아름다움으로 다가온다. 롱샹성당은 디자인에서 내용미가 얼마나 중요한지를 다시 한번 잘 보여준다.

이처럼 눈에 보이는 형식미를 넘어서서 뛰어난 내용미를 통해 보는 사람에게 정신적으로 큰 충격이나 감동을 주는 디자인들이 있다. 이런 디자인은 형식미가 발달한 디자인에 비해 감동의 폭과 깊이의 차원이 다르다. 물론 그렇다고 해서 형식미가 덜 중요하다는 것은 아니다. 게다가 내용미는 형식 분석을 통해 감지되기 때문에 형식미와 단절해서 볼 수도 없다.

아무튼 작품으로서의 디자인은 형식미와 내용미가 굳건하게 자리 잡고 있어서 기능성과는 차원이 다른 독자적인 가치를 형성한다. 그리고 많은 디자인이 이런 가치를 통해 소비자가 아닌 수용자들을 만나 감동을 주고 있다. 디자인을 둘러싼 미학적인 체계는 이미 오래전부터 구축되고 있었던 것이다.

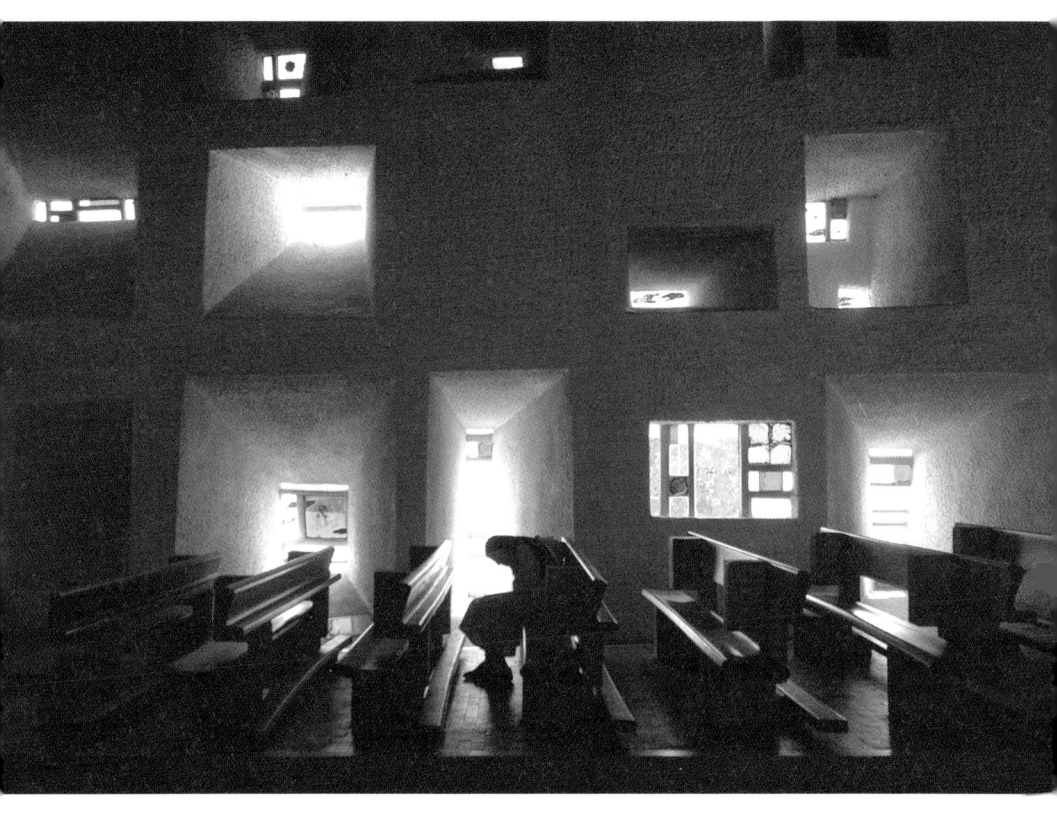

롱샹성당 내부의 감동적인 공간

역사적 주체로서의 디자인 작품

디자인은 디자이너가 창조한 작품인 동시에 수용자에 의해 그 가치가 해석되고 받아들여지면서 완성되는 미적대상이다. 그런데 미적대상으로서의 디자인은 역사 속에서 작동한 사회적 산물로서도 큰 의미를 가지고 있다. 이럴 때 디자인은 개인적 차원을 넘어서서 사회적 자원으로서 존재하고 역사의 흐름에 큰 족적을 남긴다.

　디자인 역사에서 아르누보 스타일은 장식이 많다는 이유로 비난받았다. 그러나 인류가 만든 대부분의 문화재가 장식

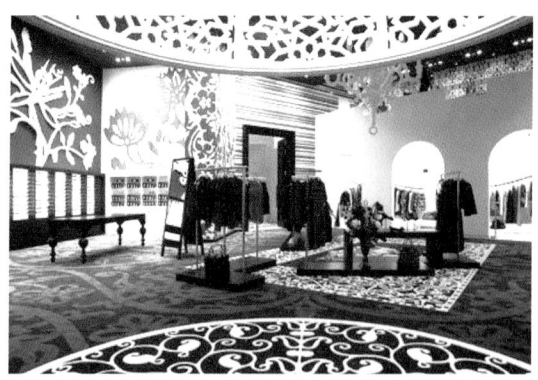

장식성이 뛰어난 마르셀 반더스의 디자인

으로 가득 차 있는 것을 보면 장식의 가치를 무시하는 것은 옳지 않다. 하지만 아르누보 이후로 장식을 많이 하는 디자인은 현대성에 의해 제거되었고, 많은 사람이 지금은 장식을 일체 배제한 미니멀한 디자인이 대세라고 생각한다. 이러한 생각은 인간의 보편성을 무시하는 편협하기 짝이 없는 생각이다.

현재 세계 최고의 산업디자이너로 꼽히는 반더스는 '뉴 아르누보'라 불릴 정도로 장식을 많이 활용하며, 이 외에도 장식적인 디자인을 하는 현대 디자이너들은 수없이 많다. 오히려 기계미학이 쇠퇴한 요즈음은 세계적으로 미니멀한 디자인이 줄어드는 추세다. 그러다 보니 아르누보 스타일과 같은 장식적인 디자인에 대한 관심이 높아지고 있다.

아르누보를 대표하는 작품으로는 지금도 파리 시내에서 볼 수 있는 지하철역 입구 장식이 있다. 엑토르 기마르Hector Guimard의 디자인으로 화려하면서도 이국적인 곡면들이 이루는 장식은 오늘날 시각으로도 고답적이지 않고 세련되어 보인다. 메트로폴리탄이라는 글자도 아르누보를 대표하는 폰트로 되어 있는데 아주 개성 있고 아름답다. 이 같은 아르누보 스타일을 역사적으로 무시할 수 없는 까닭은 이 모든 것이 공화국 프랑스의 대중을 위한 것이었기 때문이다. 유럽에서 최초로 계급사회를 무너뜨리고 평등한 공화국을 세운 나라가 프랑스였으며, 19세기 후반 프랑스는 엄청난 식민지와 자국의 국가

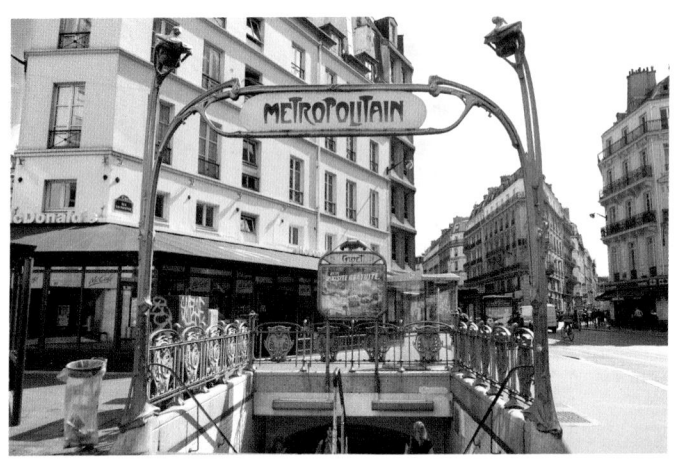

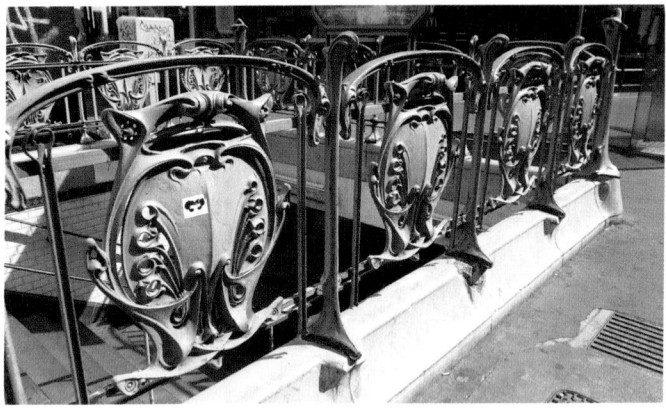

아르누보를 대표하는 파리 지하철역 입구의 장식들

경제력과 산업화와 대중을 중심으로 한 자본주의체제 등으로 막강한 나라가 되었다. 특히 스스로의 힘으로 계급사회를 무너뜨렸기 때문에 19세기 장식 문화는 상류층을 위한 것이 아니라 새롭게 등장한 대중을 위한 것이었다. 모리스가 말했던 '예술의 민주화'는 19세기 프랑스에서 구현되고 있었다. 다시 말해 대중 장식 시대를 대표했던 것이 아르누보 스타일이었고, 그 중심에 파리 지하철역 입구 장식이 있었다. 대중의 공간인 지하철역을 가장 화려하고 아름답게 장식했던 것은 민중의 혁명을 기념하고 고급문화를 대중화하려 했던 의도에서였다.

한편 아르누보 스타일을 장식이라고 공격한 쪽은 주로 독일 출신의 디자인이론가들이었다. 19세기 말까지 문화적으로 낙후되었고, 제2차 세계대전까지 군국주의를 겪었던 그들이 과연 프랑스의 고급문화 대중화 현상을 폄하할 자격이 있었는지는 따져보아야 한다.

19세기 말 독일은 최초로 통일에 성공하고 군국주의를 통해 산업화까지 이루어냈다. 이러한 흐름의 결과는 알게마이네 전기회사AEG의 탄생으로 이어졌다. 이 회사는 지금의 삼성이나 엘지, 그전에는 소니와 브라운 등의 전자제품 회사들의 조상이라고 할 수 있는데, 군사문화로 발전된 기술과 생산체계를 민간으로 돌려 각종 생활용품을 제조했다.

알게마이네가 더욱더 유명해질 수 있었던 것은 페터 베렌스Peter Behrens 덕분이었다. 원래 그는 화가 지망생이었는데, 우연히 알게마이네와 관계를 맺으며 여러 가지 프로젝트를 진행했다. 그는 최초의 산업디자이너였다고 할 수 있는데 이 회사를 위한 각종 제품들을 디자인하기도 하고, 로고나 마크 등도 만들었다. 그가 만든 벌집 문양 로고는 CI의 시초이기도 하다. 그러다가 급기야 그는 공장까지 디자인했는데, 이 공

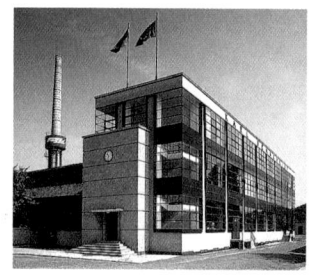

페터 베렌스가 디자인한
알게마이네 전기회사의 모던한 공장

장은 지금 보아도 크게 위화감이 없다. 시멘트는 물론이고 철골과 유리를 사용해서 만들었기 때문에 지금과 별반 다르지 않은 현대식 공장 모습을 하고 있다. 그런데 이 공장이 지어진 것은 19세기 말로, 시멘트와 철골을 중심으로 하는 현대건축이 본격화되기 전이었다. 그래서 이 공장은 현대건축의 예고편으로서 상징성을 띠고 있다.

한편 베렌스와 동시대를 호흡했던 헤릿 릿펠트Gerrit Rietveld는 네덜란드 신조형주의를 대표하는 디자이너 중 한 명으로, 몬드리안의 평면 세계를 가구나 건축으로 표현하는 것으로 유명했다. 그중에서도 레드 블루 체어는 상징성이 아주 강한데,

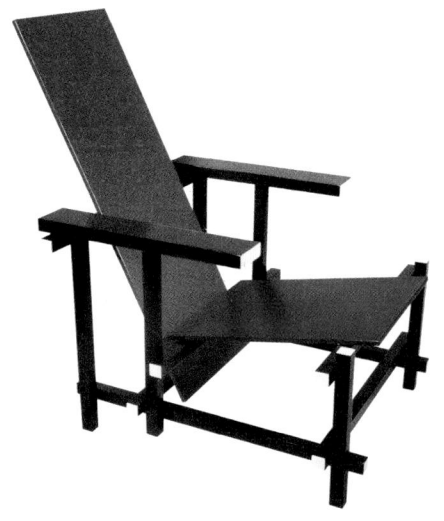

레드 블루 체어

몬드리안의 조형 세계를 그대로 반영한 심플한 이 디자인은 디자인계에서 몬드리안의 그림보다 유명하다. 물론 앉기에는 불편하지만, 검은색 각목을 뼈대로 해 빨간색의 긴 판과 파란색의 짧은 판이 어우러져 몬드리안적 조형 감각이 매력적으로 구현되어 있다.

또 다른 예로 코코 샤넬Coco Chanel이 있다. 샤넬이 새롭게 디자인한 현대 패션은 단순히 하나의 옷을 만들어낸 것이 아

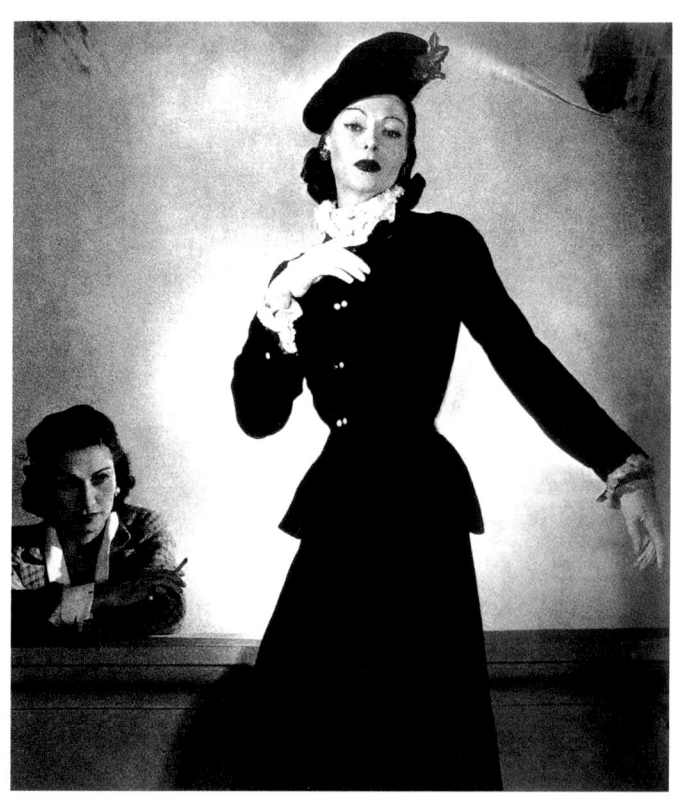

샤넬의 현대 패션

니라 20세기 이후의 시대를 결정했다. 샤넬은 입고 다니기에 편하도록 허리를 중심으로 상의와 하의를 나누어서 원피스, 투피스, 스리피스 개념을 만들어냈다. 그리고 그는 심플한 아름다움을 지향했는데, 그래서 토털 패션 개념, 즉 옷은 심플하고 장식은 가방이나 신발, 액세서리들로 보완해야 한다고 생각했다. 그 외에도 남성복이었던 재킷을 여성복에 도입해 남녀평등의 개념을 패션에서 구체화했으며, 검은색을 가장 섹시한 색으로 재해석하기도 했다. 이 같은 샤넬의 현대 패션 개념은 그 어떤 디자이너의 업적보다 뛰어난 것이었고 영향력 또한 막강했다. 전 세계의 패션 트렌드를 바꾸어버렸으니 그의 영향력은 단지 샤넬에만 한정된 것이 아니었다.

앞서 기능주의 디자인에 대해서 많은 언급을 했는데, 20세기 상당 기간을 이 기능주의 디자인이 장악했다고 해도 과언이 아니다. 시그램빌딩은 기능주의 디자인의 이정표 같은 역할을 하고 있는 건물이다. 바우하우스의 4대 교장이었던 루트비히 미스 반데어로에Ludwig Mies Van Der Rohe는 제2차 세계대전 발발 직전에 미국으로 건너가서 바우하우스의 디자인 전통을 미국에 전파했으며, 전쟁이 끝난 뒤에는 국가 재건 사업에 동참했다. 그 과정에서 세워진 것이 시그램빌딩인데 이 건물은 뉴욕에 세워진 대표적인 기능주의 건축이자 뉴욕을 대표하는 건축이 되었다. 이 건물의 스타일은 전 세계로 퍼져나갔고, 우

리나라에도 영향을 미쳐 청계천에 삼일빌딩이 세워졌다. 그래
서 시그램빌딩은 기능주의의 상징이 되었고, 이내 '국제양식
International Style'의 대표작이 되었다. 나중에 많은 비판을 듣기
도 했지만 한 시대를 장악했던 스타일의 대표로서 여전히 그
위상이 대단하다. 여하튼 20세기 기능주의를 말할 때 빼놓을
수 없는 디자인이다.

　20세기에 등장한 가장 중요한 재료는 플라스틱이었다.
플라스틱은 형태를 마음대로 만들 수도 있고, 물성을 자유자
재로 바꿀 수도 있어서 그야말로 도깨비방망이 같은 재료다.
게다가 가격도 저렴해 현대인의 일상생활에 널리 쓰이면서 많
은 편익을 제공해주었고, 지금도 그렇다. 그래서 우리는 철기
시대가 아니라 플라스틱 시대를 관통하고 있다고 해도 과장이
아니라고 생각한다. 플라스틱은 현대디자인에서도 중심이 되
는 재료로 자리 잡았고, 다양한 디자인으로 재탄생되고 있다.
그렇다면 플라스틱으로 만든 것 중에서 가장 대표적인 디자인
제품은 무엇일까?

　바로 의자다. 본래 의자는 여러 가지 재료로 다양한 가공
과정을 거쳐서 만들었다. 그런데 팬톤의 플라스틱 의자부터는
플라스틱이라는 단일한 재료로 사출이라는 단 한 번의 가공
과정으로 의자를 완성했다. 팬톤의 플라스틱 의자는 플라스틱
이 가져다준 가히 혁명이라 할 수 있다. 하나의 재료가 다리도

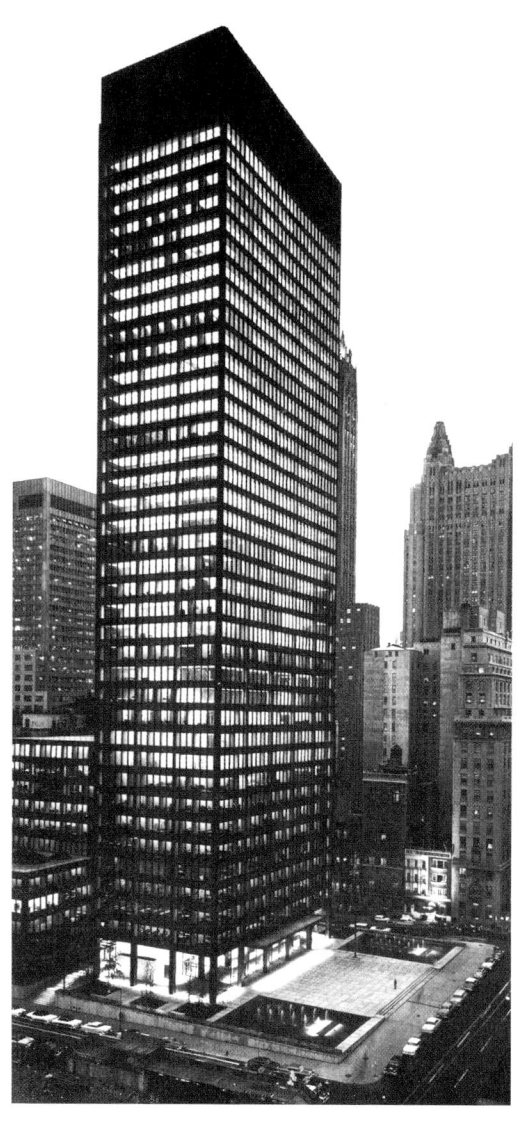

기능주의 디자인의 아이콘인 시그램빌딩

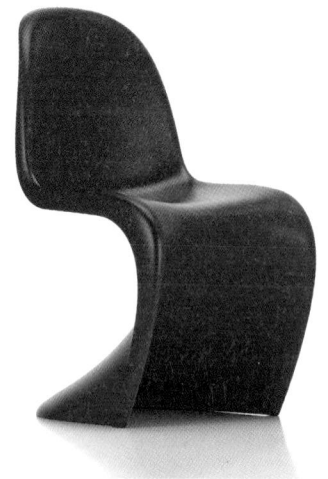

완벽한 플라스틱 의자 팬톤 체어

되고, 등받이도 되고, 앉는 바닥도 되니 그간 복잡한 가공 과정을 거쳐 의자를 만들었던 것과는 비교할 수 없을 정도로 제작 시간이 단축되었다. 게다가 튼튼하고, 가볍고, 편했다. 그리고 무엇보다 청결했다. 표면이 더러워져도 닦아내기만 하면 금세 깨끗해졌다. 더군다나 여러 개의 의자를 적층할 수도 있어서 사용하지 않을 때는 공간을 많이 차지하지도 않았다. 또한 아름다운 곡면은 조각품이라고 해도 이상하지 않을 정도였다.

이상의 특징들을 모아 보면 플라스틱이 줄 수 있는 거의 모든 이익이 이 의자에 담겨 있다는 것을 알 수 있다. 그래서 이 팬톤 의자는 플라스틱을 가장 잘 활용한 사례로 꼽히며, 이 의자 이후로 다양한 분야에서 플라스틱으로 수많은 디자인 제품이 만들어졌다. 팬톤 의자는 바로 그 중심점, 시작점에 있었던 디자인이다.

앞서 살펴보았던 에토레 소트사스의 책장은 모더니즘 디자인의 재미없고 건조함을 대신해서 새로운 디자인의 비전을 보여주었다. 책장이라고는 하지만 책장으로서의 기능에는 관심이 전혀 없어 보이는 형태는 오히려 기능주의에 지루함을 느끼고 있던 사람들에게 새로운 활력을 불어넣었다. 그래서 이 책장이 전시되자마자 새로운 포스트모더니즘 경향이 본격적으로 세계화되었다. 오랜 세월 동안 무소불위의 권력을 가지고 있었던 기능주의 디자인의 굳건한 체계는 이 재미있는 형태의 디자인에 의해서 금이 갔고 완전히 새로운 디자인 세계가 점차 대세가 되었다. 그런 점에서 이 책장 디자인은 단지 책장이 아니라 새로운 시대를 비추는 등대였다고 할 만하다.

이 책장을 디자인했던 소트사스는 이후 포스트모더니즘 디자인을 최전선에서 이끌며 세상을 떠날 때까지 자유롭고 충만한 정서로 디자인을 했다. 그 덕분에 세계 디자인은 기능주의 디자인으로 되돌아가지 않게 되었다.

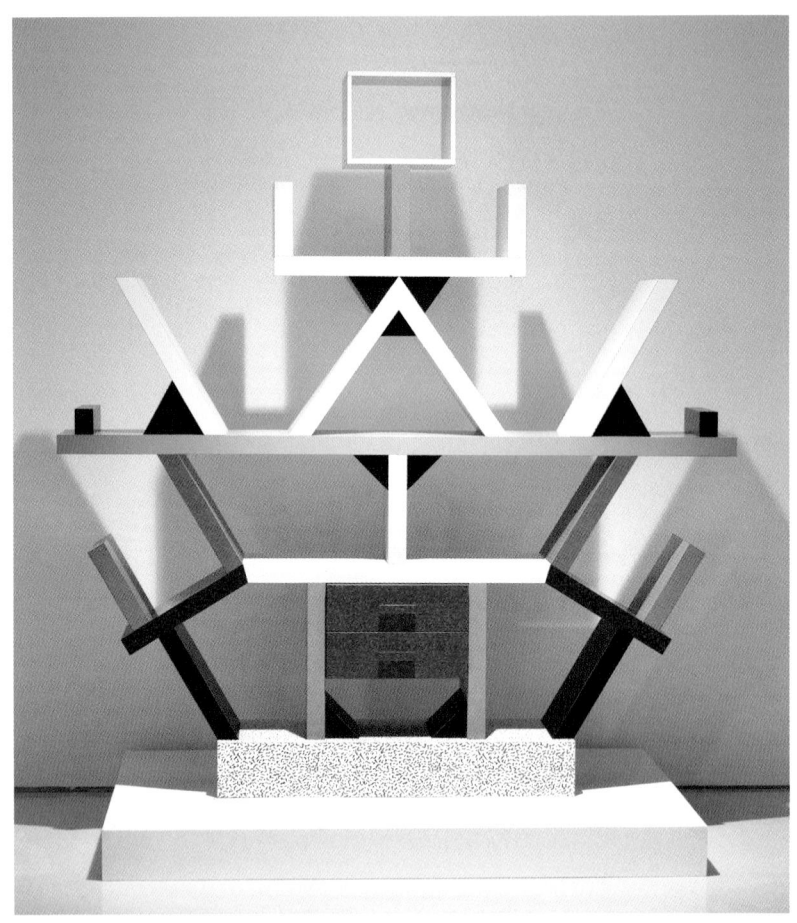

에토레 소트사스의 책장

또한 필립스탁이 없었다면 세계 디자인의 흐름은 다시 기능주의로 되돌아갔을 것이다. 역사적인 관점에서 필립스탁의 주시 살리프는 포스트모던 디자인이 절정에 이르다가 갑자기 내리막을 걷고 세계가 새로운 디자인 경향을 원했던 1990년대에 세계 디자인의 흐름을 거의 홀로 이끌었던 디자인이었다. 이 디자인에 녹아들어 있는 유머러스함과 프랑스적 귀족문화가 압축된 듯한 스타일은 당시 세계를 거의 휩쓸다시피 했다. 필립스탁의 디자인들로 인해 포스트모던 이후로 새로운 세계를 열어갔던 디자인의 흐름은 인간의 감수성과 예술적 가치를 더 깊고 다양하게 지향해가게 되었다.

그리고 그러한 시대적인 조류에 부응한 디자인이 구겐하임미술관이다. 구겐하임미술관은 디자인 역사에 한 획을 그은

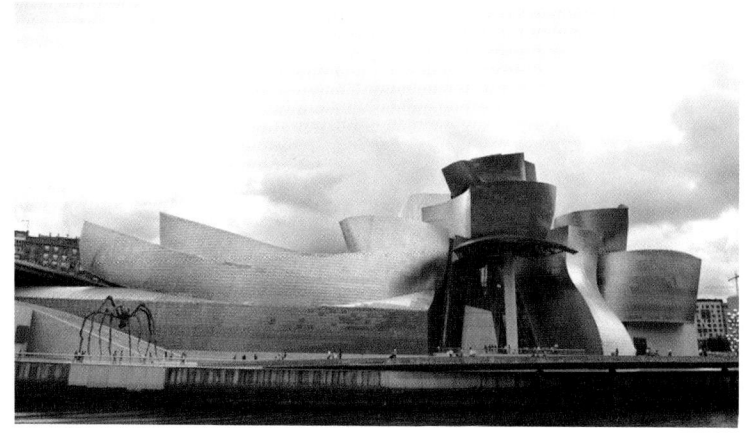

프랭크 게리의 작품인 구겐하임미술관

건축물이다. 게리가 20세기에서 21세기로 넘어가던 1999년에 이 건축을 내놓았던 것은 대단한 역사적 암시였던 것으로 보인다. 1980년대의 포스트모던 디자인을 철없는 것으로 만들 정도로 해체주의 디자인은 심각하기 짝이 없는 세계로 나아갔다. 하지만 그렇다고 해서 해결할 수 있는 것은 아무것도 없었는데, 그즈음 해체주의를 맨 앞에서 이끌던 게리가 구겐하임미술관을 내놓으면서 심각한 해체주의를 유기적인 자연으로 방향을 바꾸어놓았다.

세속적으로는 구겐하임미술관 덕분에 스페인의 도시 빌바오가 급속도로 재건되었다는 말이 있는데, 문화적으로 볼 때 이 건축은 기계미학에서 자연이라는 새로운 가치로 전환하게 만들어주었다. 이 건축 이후로 세계 디자인은 부정적이었던 해체주의를 넘어서서 긍정적인 자연의 세계를 향하기 시작했다. 그리고 지금까지도 세계 디자인의 흐름은 자연을 향해 다양한 길을 열어가고 있다. 그런 점에서 구겐하임미술관은 세계 디자인의 패러다임을 바꾸어놓았다고 할 수 있다.

이처럼 역사적 산물로서의 디자인을 살펴보면 단지 하나의 기능적인 대상, 프로젝트 산물에 그치지 않고 시대의 변화를 이끌어가면서 문화적 이정표로서의 역할을 충실하게 해냈다. 이러한 디자인은 지금도 한 시대를 대표하는 걸작으로서 굳건하게 자리 잡으면서 역사적 성과를 입증하고 있다. 그래

서 디자인을 단순히 디자이너가 창조한 개인적 작품이나 수용
자 개인의 심미적 쾌감을 자아내는 오브제 정도로만 볼 수 없
으며, 좀더 거시적이고 문화적인 시각으로 살펴볼 필요가 있
는 것이다.

시대의 철학이 반영된 디자인

작품으로서의 디자인을 보게 되면 자칫 디자이너 주관적 개성
만이 표현된 것으로 보기가 쉽다. 그런데 디자인을 만든 디자
이너나 디자인을 받아들이는 수용자나 모두 고립된 개인이 아
니라 사회화된 개인이다. 모두가 사회적 산물인 것이다. 따라
서 이들을 중재하는 디자인에는 당연히 당대의 세계관과 철학
이 담겨 있으며, 시대정신을 대변하면서 사회적 산물로 존재
한다.

18세기부터 현재까지를 관통하는 철학은 '계몽주의', 즉
합리적 이성을 가진 '개인'을 중심으로 하는 철학이다. 이를
바탕으로 현대사회, 경제체제, 산업화 등이 이루어졌다. 모더
니즘이라는 문화적 현상도 계몽주의를 바탕으로 해서 만들어
진 것이고, 기능주의를 바탕으로 성립된 현대디자인도 근본적
으로는 계몽주의 철학을 바탕으로 만들어진 것이다.

그런데 계몽주의 철학은 아이작 뉴턴Isaac Newton이 발견한

물리학적 우주관을 기반으로 탄생했다. 보통 철학을 학문의 학문이라고 하면서 정신성에서 가장 바탕이 된다고 생각하지만 사실 그 뒤에는 과학이 자리 잡고 있다.

뉴턴의 물리학에 의하면 우주는 '입자'와 '운동'이라는 딱 두 단어로 요약할 수 있다. 말하자면 이 세상은 수많은 입자로 이루어졌고, 이 입자들은 움직인다는 것이다. 그리고 이 입자와 운동은 철저히 수학적 원리에 의거한다는 것이 뉴턴 물리학의 핵심이다. 즉 입자는 기하학적인 형태로 이루어져 있고, 이 입자들은 서로 인력으로 결합되어 수학적인 질서에 의해 한 치의 빈틈도 없이 움직인다.

그런데 기하학적 형태의 입자와 끊임없이 수학적으로 운동하는 우주의 모습은 정확하게 기계와 일치한다. 기계 또한 수많은 기하학적 부품으로 이루어졌고, 한 치의 오차도 없이 수학적으로 움직인다. 그래서 서양에서 기계는 금속으로 만들어진 구조물이 아니라 바로 자연의 모습이었다. 우주가 기계 장치처럼 움직인다면 인간은 합리적인 이성을 발휘해 우주의 움직임을 완벽히 예측할 수 있고 대응할 수 있게 된다. 실제로 뉴턴의 물리학이 확립된 이후로 인간은 과학을 통해 자연을 통제했고, 각종 기계장치로 자원을 가공해 막강한 문명을 이루었다. 그리고 이러한 우주관은 과학이나 철학의 발전을 넘어서서 예술의 발전에까지 영향을 미쳤다. 그렇게 해서 만들

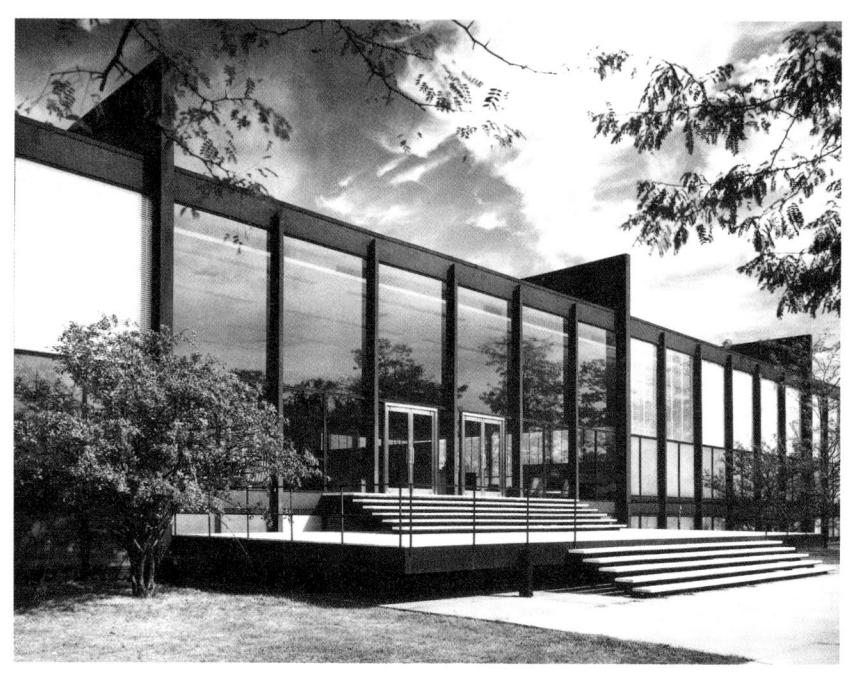

뉴턴의 기계주의적 세계관을 반영한 미스 반데어로에의 일리노이 공대 건물

어진 것이 모더니즘 디자인 등이었고, 사람들은 당연하게도 뉴턴이 생각했던 자연의 모습, 즉 기계미학을 지향했다.

모더니즘 디자인에 속하는 기능주의 디자인이 기계적인 외형을 지향했던 것은 재료를 절약하고 만들기 편한 형태를 선택한 결과이기도 했지만, 한편으로는 뉴턴의 자연관에 따른 미학적 취향이 절대적으로 작용한 결과이기도 했다. 일체의 장식이 제거된 기하학적 형태의 금속성 기계장치는 당시 최고로 아름다운 자연의 모습이었던 것이다. 디자인에서 기하학적인 외형에 대한 믿음이 아직까지도 확고한 것은 바로 이 때문이다. 그러니까 기능주의 디자인의 엄격한 기하학적 스타일은 뉴턴의 물리학적 자연관과 계몽주의적 철학이 그대로 시각화된 결과였다.

또한 기능주의 디자인이 현대사회에서 큰 힘을 가질 수 있었던 데에는 뉴턴 물리학의 영향이 아주 컸다. 합리성과 과학성을 독점했던 기능주의 디자인은 현대사회에서 그만큼 막강한 권력을 얻을 수 있었던 것이다. 합리적 이성이 절대적인 권위를 가질 수 있었던 데에는 뉴턴의 과학이 가져다준 기계문명이라는 선물이 있었기 때문이다. 그런데 이 기계문명은 제2차 세계대전 이후로 큰 벽에 부딪혔다. 언제나 밝은 미래만을 가져다줄 것만 같았던 과학이 제2차 세계대전을 통해 전 세계에 참혹한 비극을 가져다주었기 때문이다. 제2차 세계대전은 인류 역사상 가장 큰 피해를 낳은 전쟁으로, 대부분의 피해는 기관총, 탱크, 전투기 등 과학문명이 초래한 것이었다. 더군다나 전쟁의 종지부를 찍은 것은 첨단과학과 첨단기술의 산물인 원자폭탄이었다.

이 같은 사실은 전쟁이 끝난 뒤 서양의 많은 철학자에게 충격을 안겨주었고, 과학과 이성으로 만들어진 서양 문명 전체를 다시 생각하게 만들었다. 온갖 권위주의에 항거하는 프랑스의 '68혁명'을 계기로 미셸 푸코Michel Foucault와 자크 데리다Jacques Derrida 같은 프랑스 철학자들이 기존의 서양 문명에 대해 본격적으로 비판하기 시작했다.

푸코는 『이성의 광기』를 통해 계몽주의의 핵심 가치인 이성이 과학적으로, 객관적으로 움직이는 것이 아니라 사실은 권력을 위한 도구로 활용되었다고 지적하면서 서양의 이성 중심주의적 철학을 근본적으로 부정했다. 데리다는 기표와 기의의 일대일관계를 부정하면서 기표와 기의는 임의적이고 다중적으로 작동한다고 설명하며 하나의 단어에 다양한 의미가 있을 수 있다고 했다. 이는 플라톤의 이데아론을 정면으로 반박하는 논리였으며, 그리스시대 때부터 형성된 서양철학을 근본적으로 와해시키는 주장이었다. 이 외에도 수많은 철학자가 제2차 세계대전 이후로 서양의 현대문명, 기계문명 자체를 의심했는데, 궁극적으로는 서양 문명 전체에 대해 의심하고 부정하기 시작했다.

그리고 이러한 철학적 경향은 1990년대에 들어서면서 건축이나 디자인 영역 전반에 적용되어 '해체주의'라는 이름으로 나타났다. 오랫동안 디자인의 본질을 추구한다는 명분으로 디자인을 획일화해온 모더니즘적 디자인 스타일을 완전히 거부하고 파괴하는 디자인들이 봇물 터지듯이 탄생했다.

예를 들어 피터 아이젠먼Peter Eisenman의 홀로코스트추모관은 한눈에 보아도 기존의 모더니즘 건축을 완전히 분해하고 파괴한 모습의 새로운 건축이었고, 장 폴 고티에Jean Paul Gaultier의 패션은 옷감으로 사용하지 않는 비닐 소재로 만들어서 기존의 완벽한 재단의 기능적인 옷을 파괴했다. 속옷과 겉옷을 바꾸어놓은 비비언 웨스트우드Vivienne Westwood의 패션은 옷에 대한 근본적인 질서를 와해시켰다. 그리고 데이비드 카슨David Carson의 해체적 그래픽디자인은 가독성 위주의 기존의 그래픽디자인 원리를 비웃듯이 파괴시켰다.

겉으로 볼 때 이러한 디자인들은 매우 실험적이고 예술적이었지만, 그 안에 담긴 메시지나 철학은 고립된 개인의 예술성에 그치는 것이 아니었다. 모두가 모더니즘적 합리성에 입각한 획일적인 원칙과 질서를 거부하는 문화적 저항이었고, 나아가 서양 문화의 근본을 비판하는 철학적 디자인 경향이었다.

그런데 모더니즘 디자인이 뉴턴의 물리학과 계몽주의 철

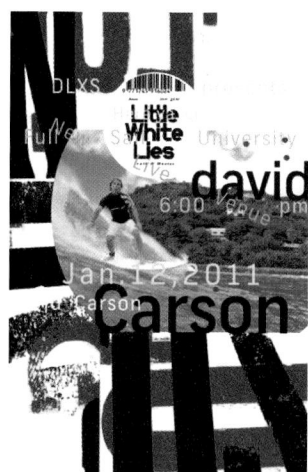

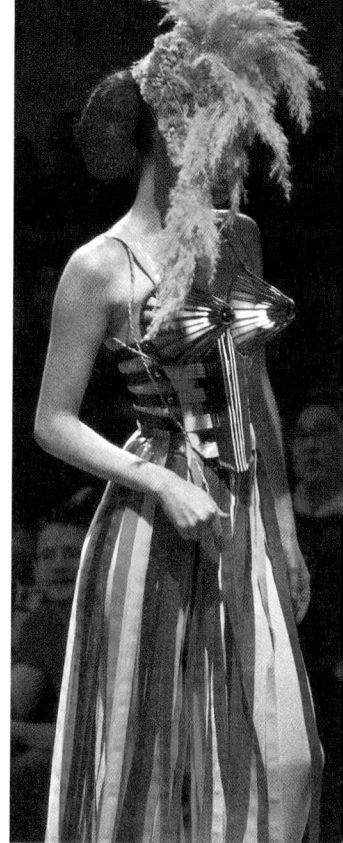

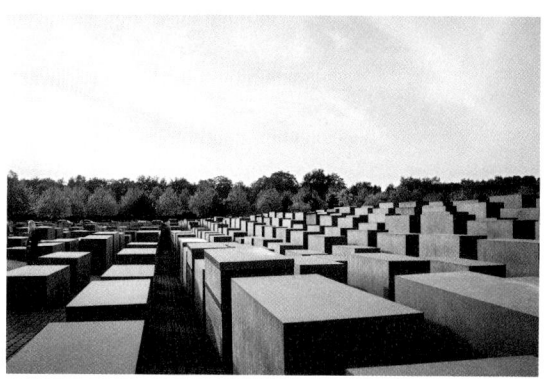

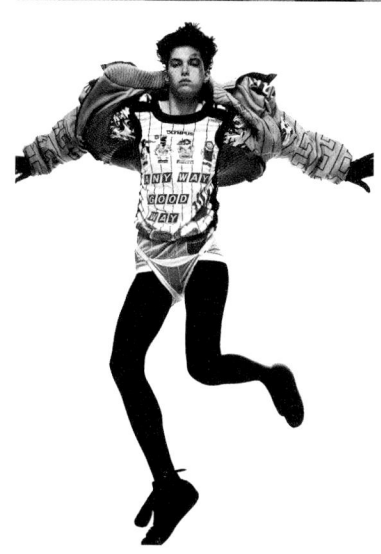

기존의 모더니즘적 디자인 경향을
부정하고 파괴하는 해체주의적 디자인들.
시계 방향으로 데이비드 카슨, 장 폴 고티에,
피터 아이젠먼, 비비언 웨스트우드의 디자인

학이 등장한지 150년~200년가량 지난 후에 나타났던 것에 비하면, 해체주의적 디자인은 후기구조주의 철학과 거의 수십 년의 시간적 차이만을 두고 등장했다. 그래서 해체주의적 디자인은 철학과 같은 인문학적 가치관의 변화와 거의 동시에 움직였다고 해도 과언이 아닐 정도로 빨랐고, 그 수준 또한 철학에 견줄 수 있을 만큼 뛰어났고 창조적이었다.

20세기 후반의 디자인이 사회변화를 이끌 정도였다는 것은 그만큼 디자인이 생산 활동에 종속되지 않고 독자적인 활동으로 발전했다는 것을 말해주며, 디자인에서 정신적 가치가 생산적 가치에 비해 매우 중요해졌다는 것을 의미한다.

아무튼 1990년대에 전 세계적으로 나타났던 해체주의적 디자인은 디자인 역사에 길이 남을 만한 작품성을 낳았고, 매우 수준 높은 정신성을 보여주었다. 비록 해체주의라는 부정적인 경향성 때문에 결국 해체되고 말았지만, 21세기의 디자인이 모더니즘에서 벗어나 다양한 정신성을 추구하게 만들었고, 디자인만의 독자적인 가치를 지향하면서 상업성에 일방적으로 지배당하지 않게 하는 데에 큰 역할을 했다.

한편 20세기 후반 전 세계적으로 나타났던 격변의 하나는 뉴턴 물리학의 붕괴와 새로운 과학적 관점의 발견이었다. 자연이 변하지 않는 견고한 입자로 이루어졌다는 뉴턴의 가설은 사실 20세기 초반 알베르트 아인슈타인Albert Einstein의 물리학

이론에서부터 붕괴되고 있었는데, 1927년 독일의 물리학자 베르너 하이젠베르크Werner Heisenberg가 '불확정성의 원리'를 발표하면서 뉴턴의 입자론은 완전히 힘을 잃게 되었다.

불확정성의 원리란 간단히 말해 입자는 일정한 질량을 가진 물질로서만 존재하는 것이 아니라 파동 형태의 에너지 상태로 왔다 갔다 하기 때문에 뉴턴의 원리가 확고부동하게 작용할 수 없다는 물리적 이론이었다. 그래서 이 세상은 수학적 법칙에 의해 완벽하게 움직이지도 않고, 완벽하게 예측할 수도 없다는 것이 과학적으로 밝혀지게 되었다. 그러니까 17세기 중반 이후로 현대문명을 탄생하게 만들었던 과학 원리가 완전히 부정된 것이었다.

이는 과학뿐 아니라 현대문명과 관련된 모든 분야에 충격을 가져다주었고, 이후 자원문제나 환경문제 등과 겹치면서 현대문명 자체를 부정적으로 보게 만들었으며, 그간 세계를 지배해왔던 기계론적 우주론을 전면 개편하게 만들었다. 그래서 과학 분야에서는 새로운 과학관을 모색하는 다양한 접근들이 이루어졌는데, 프랙털 이론과 카오스 이론 등이 그 과정에서 만들어졌다. 그런데 이 이론적 흐름들은 대체로 우주를 기계장치가 아닌 생명체로 보는 시각으로 정리되었다.

그 결과 우주는 더 이상 엄밀한 수학적 법칙에 의해 움직이는 물질이 아니라 살아 숨 쉬는 유기체로 바뀌어갔으며, 우주는 물리적 법칙보다 생명의 법칙을 따르는 것으로 이해되었다. 이러한 우주관은 환경문제와 맞물리면서 날로 신뢰와 타당성을 확보해가고 있으며, 대표적으로 영국의 물리학자 제임스 러브록James Lovelock이 주장한 '가이아 이론'이 있다.

이 이론은 지구에 사는 모든 생명체를 끌어안고 있는 지구를 가이아에 빗댄 것으로, 가이아는 그리스신화에 나오는 대지의 여신의 이름이다. 러브록에 의하면 태양계의 거의 모든 행성이 평형 상태, 즉 변화가 없는 무생물적 상태로 존재하는 것과 달리 지구에는 40억 년 동안 수많은 생명체가 살아가고 있다. 러브록은 그 이유를 '항상성homeostasis'에서 찾았다. 그가 연구한 바에 의하면 대기, 해양, 토양 등으로 이루어진 지구는 생명체가 살기에 가장 적합한 물리적 상태를 유지하려는 피드백 시스템을 가지고 있다. 이를 '호메오스타시스'라고 하는데, 이러한 기능을 할 수 있는 것만 생명체로 정의한다. 그런 점에서 지구도 하나의 거대한 생명체라 할 수 있다.

이런 논리에 의해 지구는 정교한 기계 덩어리가 아니라 거대한 하나의 생명체로 규정되었다. 그래서 환경문제에 관한 모든 관점도 물질적 이상 상태를 교정하는 것에서 생명공학적으로 옮겨가고 있다. 그리고 이러한 자연관의 변화는 디자인에도 그대로 적용되어 서양사에서 전혀 찾아볼 수 없는 독특한 유기적 조형성이 만들어졌다.

이란 출신의 하디드는 원래 해체주의적 경향의 건축가였는데, 21세기에 들어서부터는 마치 살아 있는 듯한 유기적인 형태의 건축들을 많이 디자인하고 있다. 이를테면 두바이의 한 섬에 건설된 오페라하우스와 공연장은 섬의 유기적인 모양과 하나의 조화로운 통일체를 이루고 있어서 자연과 인공물의 경계가 없다. 이는 서양 건축 역사에서 전혀 찾아볼 수 없는 스타일이며, 지구 전체를 하나의 생명체로 보는 가이아 이론을 그대로 표현한 듯하다.

그리고 일본의 산업디자이너 요시오카는 아예 벤치의 모양을 물결을 이루고 있는 물처럼 만들어서 자연물인지 인공물인지 구분이 안 가게 만들었다. 엄밀히 말하면 이는 가이아 이론보다는 자연 지형에 맞게 인공의 건축물을 세워 마치 처음부터 자연의 일부였던 것처럼 보이게 하는 동아시아의 미학에 가까운 디자인인데, 물론 궁극적으로 대자연을 하나의 생명체로 보는 관점은 가이아 이론이나 동아시아의 사상들이 모두 같기 때문에 어느 쪽을 지향했다 하더라도 달라지는 것은 없다.

아무튼 이 디자인들에서 알 수 있는 사실은 지금 급격하게 변화하는 우주관을 디자인이 매우 빠르게, 혹은 한발 앞서서 실현하고 있다는 점이다. 첨단의 디자인일수록 기업, 첨단 기술, 상업성 같은 것에 얽매이지 않고 수준 높은 철학적 변화를 앞서 실현하고 있다는 것이 참으로 놀랍다. 디자인이 시대

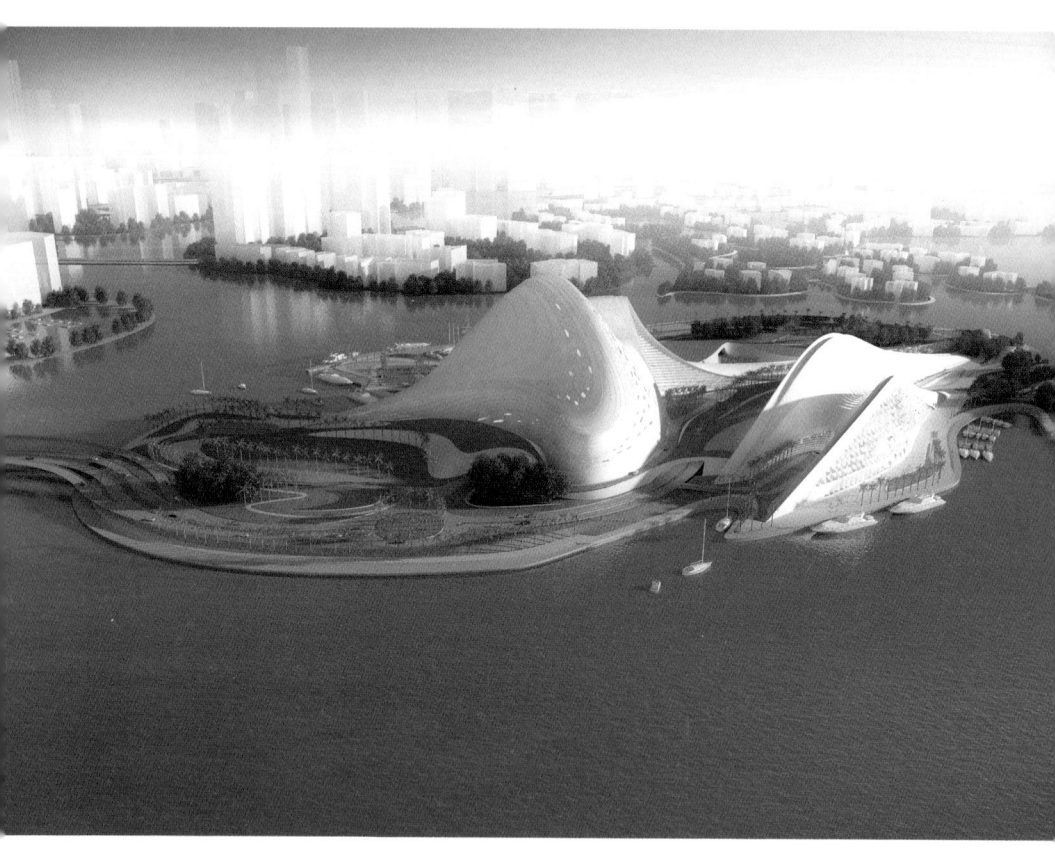

유기적 자연관을 조형적으로 표현하고 있는 두바이의 오페라하우스와 공연장

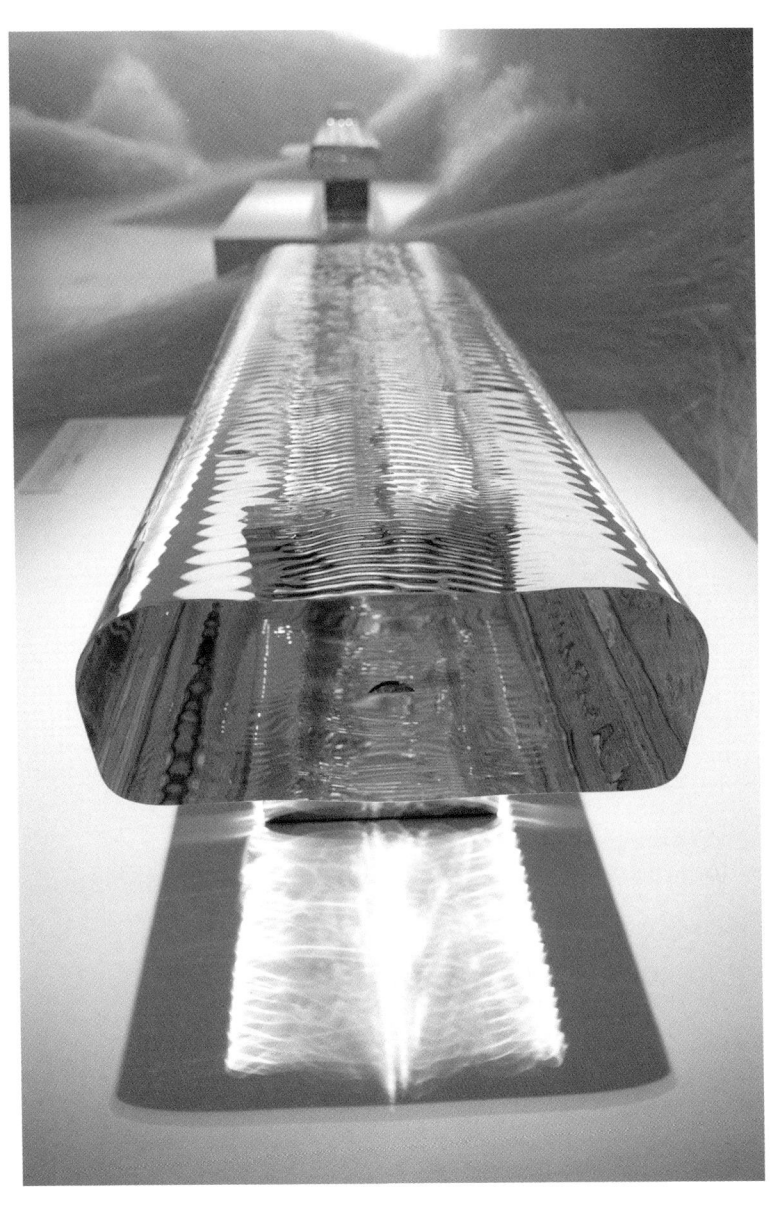

도쿠진 요시오카의 벤치 디자인

정신을 반영하고 있는 것은 물론이거니와 어떤 면에서는 철학이 관념적인 틀 안에 갇혀 할 수 없는 부분을 현실 속에서 오히려 더 적극적으로 실천하고 있다. 그런 점에서 디자인은 이미 순수미술과 같은 예술보다도 더 예술적 가치를 잘 표현하고 있는 것이 아닌가 싶다.

한편 조선시대의 집들을 답사하다 보면 디자인이 산업화 이후에 만들어졌다는 논리가 얼마나 엉터리인지, 디자인의 가능성을 얼마나 왜곡시키고 축소시켰는지를 절감한다. 디자인의 중심에 놓여야 할 것은 생산방식이 아니라 사람의 삶이지 않나?

독락당 계정 마루에 오르는 과정을 보면 집 안에서 대자연으로 가는 공간이 서서히 열리면서 매우 큰 미적 감흥에 빠지게 된다. 이 광경을 보면 자연과 하나가 되지 말라고 해도 하나가 되고 싶어진다. 동시에 자연은 보호해야 할 대상이 아니라 하나가 되어야 할 대상이라는 것을 직감적으로 느끼게 된다. 서양건축에서는 결코 얻을 수 없는 가치이며 감동이다. 우리의 건축물은 절대 주인공으로 눈앞에 나타나지 않는다. 항상 프레임으로, 자연 공간을 인간 공간에 접속시키고 하나로 만드는 중개자 역할에만 충실하다. 사람을 뒤로하고 주인공으로 앞에 나서는 서양의 건축과는 완전히 다른 방식으로 존재한다.

조선시대 건축양식은 성리학적 세계관에 기반한 것이다. 그런데 많은 사람이 성리학을 지배 이데올로기나 통치 수단으로만 생각하는 것 같다. 아니면 지극히 타율적인 윤리 체계로 오해하는 것 같다. 하지만 성리학은 우주의 본성性이 가진 원리理를 탐구하는 학문이다. 궁극적인 목적은 우주와, 자연과 하나가 되는 것이다. 그런 철학을 삶의 공간인 주택에까지 성공적으로 구현했다는 것이 놀라울 따름이다. 이것이 조선 문화의 위대함이다. 예술적 가치가 뜬구름처럼 머리 꼭대기 한참 위에 존재하는 것이 아니라 피부에 와닿아 있는 것이다. 독락당의 계정은 그러한 사실을 잘 보여준다. 그런 점에서 독락당은 마루와 지붕, 기둥으로 쓰인 철학책이다. 이런 문화를 옛것은 고리타분하다며 현대디자인 바깥으로 몰아내버렸던 것이다. 그런 디자인 논리라면 이제는 폐기처분해도 될 것 같다.

이처럼 하나의 디자인 작품은 단지 하나의 오브제에서 그치지 않고 시대를 담고, 정신을 담는 그릇으로서도 존재한다. 지금 박물관에 진열된 유물들도 모두 같은 가치를 품고 있는 문화적 산물들이다. 기능이나 상품성을 지향하면서 만들어진 모든 디자인도 알게 모르게 시대정신을 반영하고 있는 문화적 산물이다. 그렇기 때문에 디자이너든 디자인을 받아들이는 사람이든 모두 디자인을 미적쾌감을 주는 오브제를 넘어서서 시대정신을 담고 있는 중요한 문화적 대상으로 대할 필요가 있다.

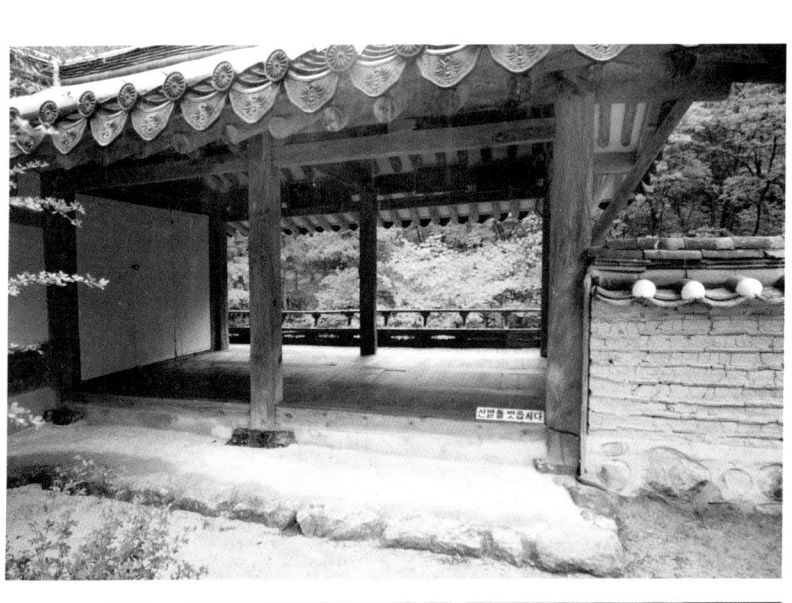

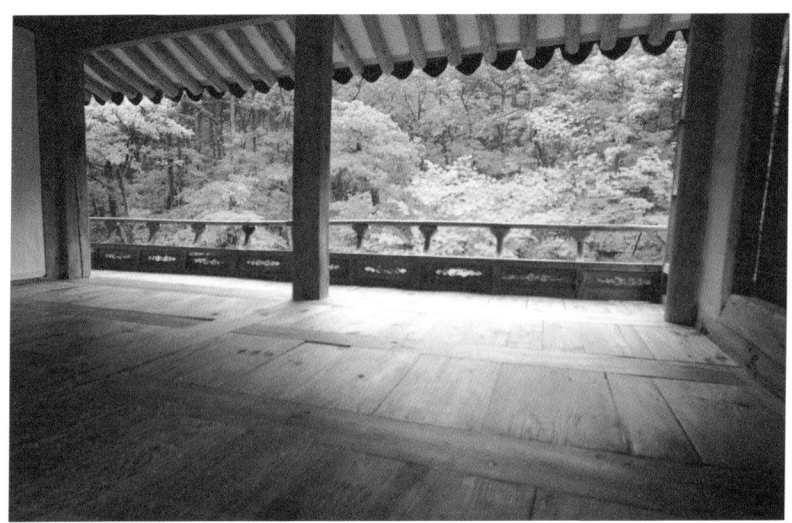

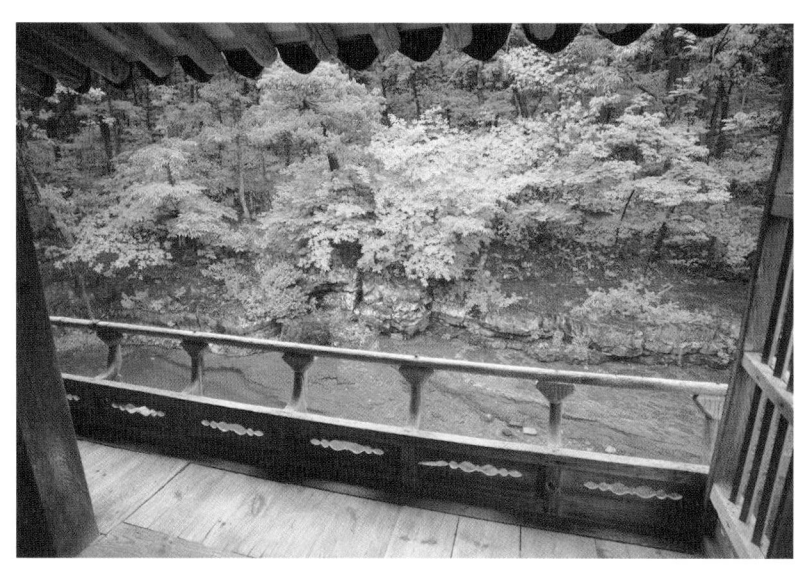

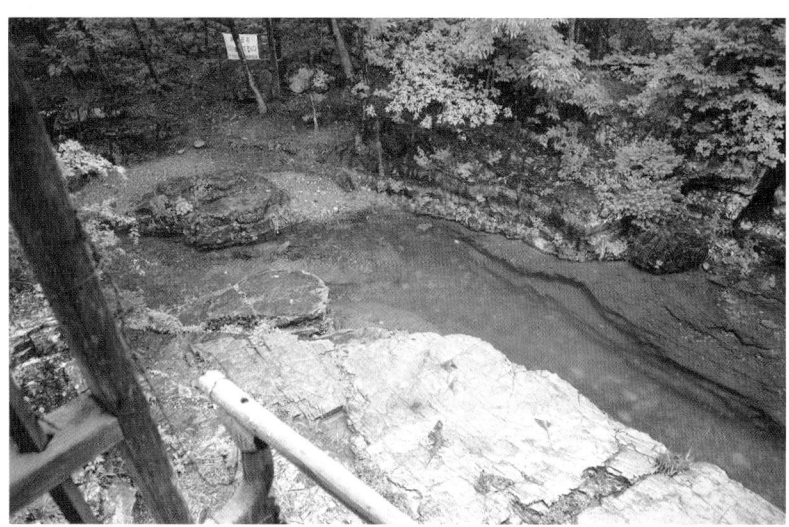

집 안에 사는 사람을 집 밖의 자연과 하나가 되게 만들어주는 독락당의 계정

디자인에 담기는 가치 중에서 빼놓을 수 없는 것이 전통이다.
전통은 특정한 문화권에서 오랜 시간 누적되어 내려온 문화적
성취인데, 설사 기능적인 목적으로 만들어진 디자인이라고 하
더라도 그 안에는 문화권마다 형성된 독특한 문화적 전통이
담겨 있다. 그런데 문화적 전통이 깊은 나라의 디자이너일수
록 자국의 문화적 전통을 적극적으로 디자인에 표현한다. 즉
전통을 국제적인 디자인 경쟁력을 높이는 수단으로 현명하게
활용하고 있는 것이다.

이탈리아의 산업디자이너 파비오 노벰브레Fabio Novembre
의 의자 디자인을 보면 이 같은 사실을 잘 알 수 있다. 플라스
틱 의자 뒤쪽은 각각 남자와 여자의 누드를 사실적으로 형상
화해놓았는데, 분명 의자에 적합한 형태는 아니다. 게다가 그
형상은 주로 하얀색으로 되어 있고, 얼굴과 팔 부분은 의자의
모양 때문에 없으며, 거의 등과 하체 부분만 조각되어 있다.
불완전한 인체의 모양이다. 그런데 이 모습이 어딘가 낯설지
않다.

이 형상은 그리스나 로마, 르네상스 시대에 만들어진 고
전주의 조각을 연상하게 한다. 그리고 불완전한 인체 모양은
루브르에 있는 비너스상처럼 고대 조각들에서 볼 수 있는 익
숙한 모양이다. 예컨대 사모트라케섬에서 발견된 니케상은 머

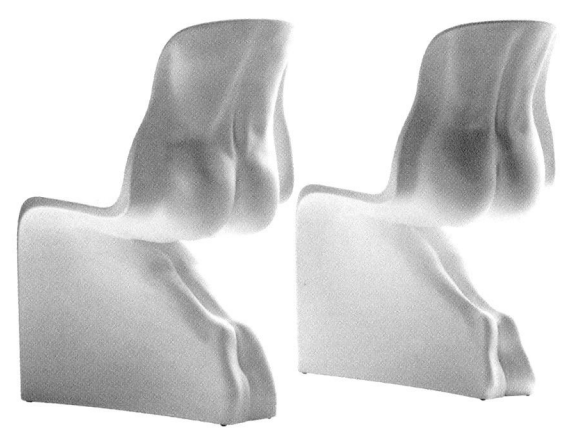

이탈리아의 조각적 전통이 현대디자인에 영리하게 반영된
파비오 노벰브레의 Him&Her 의자

리 부분도 소실되고 날개도 한쪽밖에 없다. 이런 불완전한 인
체 상像들에 대한 기억 때문에 노벰브레의 의자에 조각된 불
완전한 인체 모양이 오히려 더 고전주의적 조각처럼 보인다.

아무 생각 없이 보면 아이디어가 재미있는 의자로 볼 수
있겠지만, 노벰브레는 작은 플라스틱 의자에 자국의 문화적
전통을 구현해냈다. 첨단기술을 반영해도 모자랄 판국에 그는
고대의 낡은 전통을 소환해서 디자인에 표현해놓은 것이다.

그런데 플라스틱을 이렇게 사실적인 조각 형태로 사출하려면 정교한 금형 기술이 필요하다. 하지만 이 의자에 사용된 첨단 기술은 고전주의 조각을 떠올리게 하는 인체 형태에 모두 가려진다. 이 의자의 주인공은 인체 조각 형태이지 금형 기술이 아니기 때문이다.

이 의자에 이탈리아의 고전주의 조각 전통이 구현되어 있다고 해서 결코 낡아 보이거나, 시대에 뒤처져 보이지 않는다. 오히려 그렇기 때문에 많은 사람의 호기심을 자극하고 재미를 느끼게 해준다. 나아가 한낱(?) 플라스틱 의자임에도 그리스나 르네상스 시대 조각을 떠올리게 하는 문화적 상징성을 지녔기 때문에 이 의자를 구입하는 사람은 의자가 아니라 이탈리아의 고전주의 조각을 가지게 되는 셈이다. 그런 의미에서 노벰브레의 의자는 사물에 얼마나 높은 문화적 상징 가치가 담길 수 있는지를 잘 보여준다. 이런 디자인은 시간이 아무리 지나더라도 매번 신선한 충격을 던져준다. 이탈리아처럼 문화적 전통이 견고한 나라일수록 문화적 전통을 활용해 기능주의 디자인으로는 얻을 수 없는 문화적 가치를 실현하고 있다.

또 다른 사례를 살펴보자. 네덜란드의 산업디자이너 반 더스가 디자인한 샹들리에는 투명한 플라스틱을 재료로 해서 거대한 구형을 이루고 있다. 멀리서 보면 대단히 화려하고 세련되어 보인다. 이 샹들리에에는 고전주의적인 탁상 조명등들

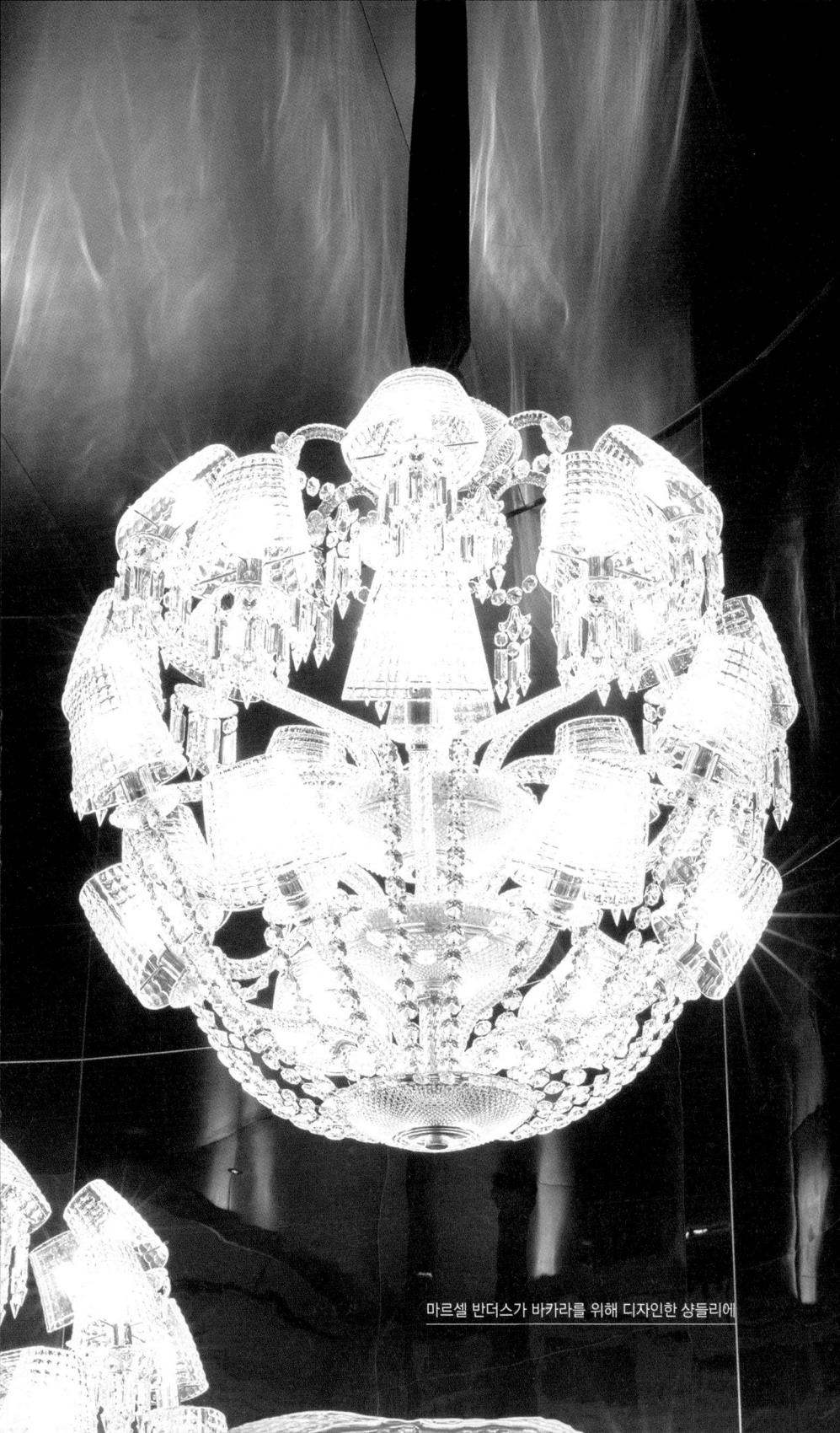

마르셀 반더스가 바카라를 위해 디자인한 샹들리에

을 위아래 좌우로 연결해 전체를 이루고 있다. 아주 초현실적인 형태인데, 각각의 조명들이 불을 밝히면서 전체 샹들리에의 화려한 빛이 만들어진다. 그래서 샹들리에를 넘어서 대단히 수준 높은 설치미술처럼 보인다. 그리고 각각의 작은 조명들은 표면에 복잡한 굴곡 있는 투명한 플라스틱으로 만들어져 있어서 램프에 불이 들어오면 빛이 조명 몸체에 난반사되어 고전주의적 화려함이 강렬하게 번쩍거린다.

그런데 이 샹들리에 그 어디에서도 첨단기술이나 현대적인 형태는 찾아볼 수 없다. 오히려 바로크나 로코코 시대에 갖다놓아도 전혀 손색이 없다. 하지만 고전주의적인 형태들을 다루어내는 방식이나 초현실적인 형태 아이디어는 최첨단의 예술성을 보여준다.

반더스는 이 샹들리에뿐 아니라 자신의 모든 디자인에 전통성을 적극적으로 표현해놓았다. 디자인에 고전주의적 품격과 역사적 가치를 불어넣어 그 어떤 첨단기술을 가진 디자인도 넘볼 수 없는 예술적, 문화적 디자인을 만들어냈다. 그의 디자인을 보면 전통이 디자인의 가치와 격을 높여주는 자산임을 절감하게 된다.

일본 건축을 대표하는 거장 단게 겐조丹下健三가 설계한 요요기 국립경기장은 1960년대에 디자인된 것으로, 일본의 문화적 전통이 아주 잘 반영된 현대건축으로서로서 지금도 깊은

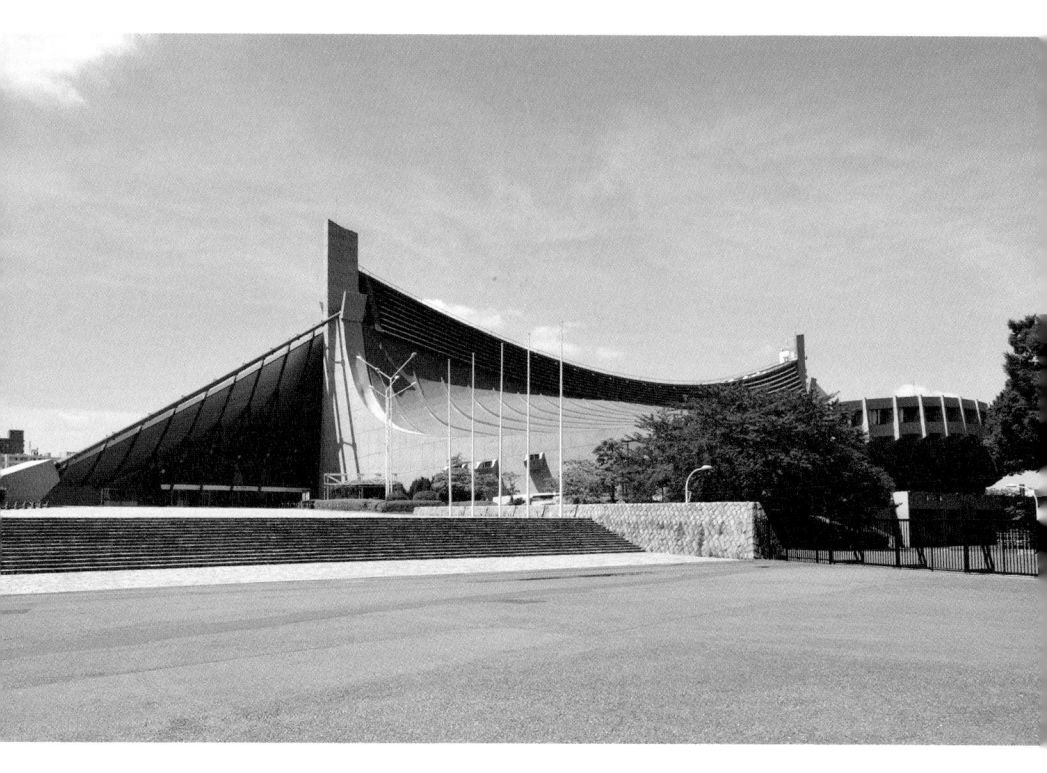

일본 고건축의 이미지가 반영된 요요기 국립경기장

감동을 자아내고 있다. 이 건축물은 전통적인 일본의 건축양식에 서양의 현대 건축양식을 가미한 것으로, 일본 고건축의 지붕 모양을 응용해 디자인되었다. 수많은 기와로 만드는 일본 고건축의 지붕은 아주 유려한 3차원 곡면 형태를 이룬다. 이러한 형태가 일본적인 인상을 매우 강력하게 표현하고 있어서 겐조는 이 모양에 철골과 시멘트를 재료로 하는 현대 건축양식을 결합해 우아한 곡면을 가진 경기장을 디자인했다. 요요기 국립경기장은 완성된 후 독특하고 세련된 디자인으로 많은 사람을 사로잡았으며, 지금도 당대에 위용을 자랑하며 그 자리를 지키고 있다. 기능주의 건축, 국제양식의 태두였던 미스 반데어로에가 이 경기장을 보고 격찬을 했다고 하는데, 그 덕분에 겐조는 단박에 세계적인 건축가로 부상했다.

겐조의 이 건물 디자인을 통해 문화적 전통이 옛것으로 머무는 것이 아니라 현대디자인에서 얼마나 중요한 자원이 되는지 다시 한번 확인할 수 있다. 요요기 국립경기장 외에도 겐조는 자신의 건축에 일본의 전통을 끊임없이 적용했고, 이후 후배 건축가들도 그의 발걸음을 따라 일본의 전통문화를 현대적으로 표현하는 데 많은 노력을 펴부었다. 그 덕분 지금 일본의 현대건축은 세계 건축계에서도 독보적인 아이덴티티를 형성하고 있고, 서양건축에 모자람이 없는 독자적인 건축 세계를 이루고 있다.

지금도 그렇지만 한때 이탈리아 패션 명가 돌체앤가바나는 이탈리아의 전통문화가 가득한 패션 디자인으로 전 세계 패션계를 주도했다. 그중 가장 인상 깊었던 것은 이탈리아가 자랑하는 로마나 르네상스의 문화가 아니라 중세의 전통을 주제로 매력적인 패션 디자인을 선보였을 때였다. 그중에서도 모자이크 그림을 원피스 전체에 넣은 디자인이 인상적이었다.

사실 이탈리아 문화 가운데 중세 문화는 손꼽히지 않는 편이고, 모자이크 그림도 다른 이탈리아 문화적 성취에 비해서 떨어진다. 물론 베네치아 성마르코성당의 모자이크 그림은 규모도 크고 화려해서 대단히 인상적이다. 하지만 피렌체의 그림들이나 조각들에 비하면 모자람이 있는 것이 사실이다. 그런데 돌체앤가바나 원피스에 그려진 모자이크 그림과 화려한 장식 디자인을 보고 있으면 피렌체가 전혀 생각나지 않는다.

사실 모자이크 그림의 표현 방식이나 색깔은 다소 고리타분한 경향이 있는데, 돌체앤가바나 원피스에 그려진 모자이크 그림의 색깔은 주변의 화려한 장식과 너무나 잘 어울리며, 수수한 표현은 오히려 화려하기만 했을 장식성을 시각적으로 누그러뜨리는 역할을 하고 있어서 조형적으로 아주 적합하다. 원피스 윗부분을 보면 비잔틴, 즉 동로마풍의 왕관과 십자가 모양의 귀걸이가 눈에 띄는데, 모두 전통적인 형태에 가까이 다가간 디자인으로서 너무나 아름답다. 그래서 이 원피스를

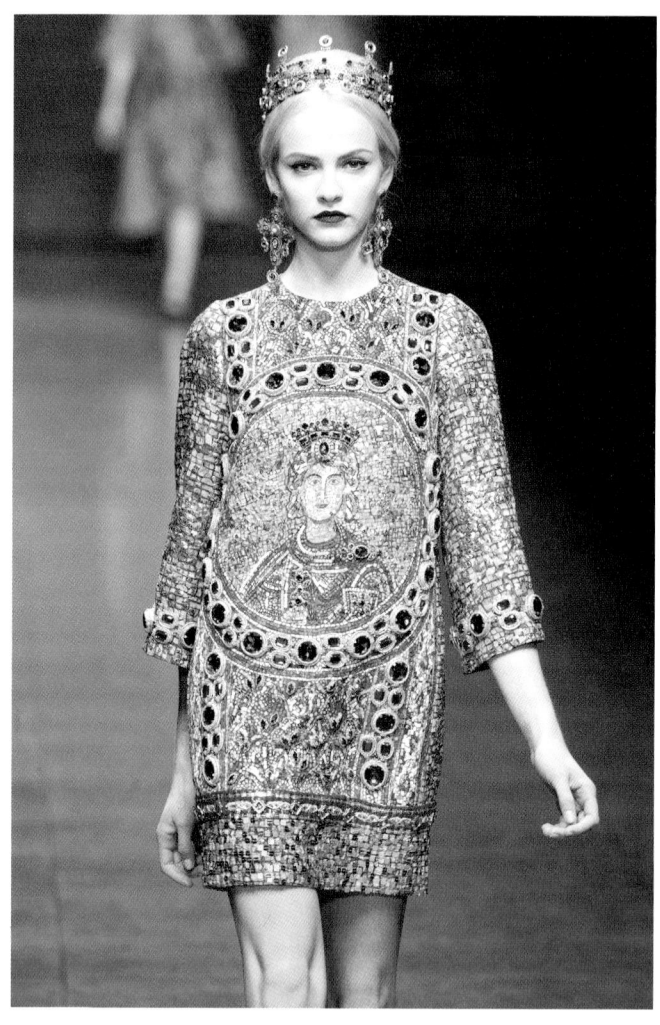

중세 이탈리아의 모자이크 이미지로 디자인된 돌체앤가바나의 패션

보고 있으면 중세 이탈리아 문화에 흠뻑 빠지게 된다.

그런데 한 걸음 뒤로 물러서서 생각해보면 이 패션 디자인에서 현대적인 것은 전혀 없다. 돌체앤가바나는 현대적이거나 기술적인 것은 모두 빼고 순전히 고전적인 문화로만 이 원피스를 디자인했다. 현대적인 부분이라고는 중세의 문화적 이미지들을 배치하고 조화시킨 구조뿐이다. 그럼에도 이 디자인이 세상에 처음 선보였을 때 대단한 각광을 받았다는 것은 그만큼 이 원피스에 담긴 전통의 힘이 대단하다는 것을 말해준다. 아무튼 13세기의 문화가 21세기 사람들을 감동시킨다는 것은 참으로 대단한 일이다.

중국의 그래픽디자이너 칸타이 쿵靳埭强의 포스터를 보면 두말할 필요 없이 중국적인 이미지가 아주 강하게 눈을 파고 들어온다. 우선 하얀 여백 가운데에 붓으로 쓴 듯한 형태의 산山이라는 글자가 가느다란 직선으로 이루어진 산이라는 상형문자와 어우러져 아주 새롭고 독특한 이미지로 다가온다.

특히 붓글씨로 쓴 듯한 한자의 이미지에서 기존의 서양 그래픽디자인에서는 전혀 볼 수 없는 동아시아의 전통적인 스타일을 강렬하게 느낄 수 있다. 그런데 이 글자를 자세히 보면 붓글씨가 아니라 산 그림이라서 더욱 놀라게 된다. 하나의 형태가 이중적인 이미지를 가지고 있는데, 표현 방식은 중국의 고전주의적 경향을 따르고 있지만 구성 방식은 대단히 현대적이다. 먹으로 그려진 회화적인 요소와 가느다란 직선으로 이루어진 글자 형태가 중첩되어 대비를 이루는 부분에서는 동아시아적 이미지와 현대적이고 서양적인 이미지가 강렬하게 대비된다. 그래서 중국적인 고전주의와 함께 현대적인 세련됨이 동시에 느껴진다.

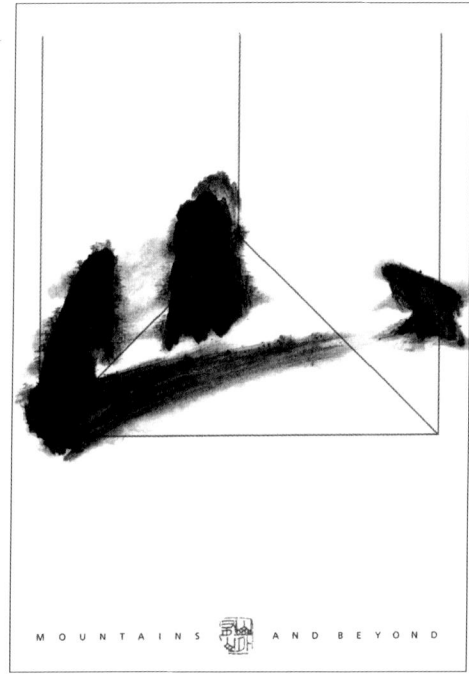

MOUNTAINS AND BEYOND

중국의 이미지가 강렬하게 느껴지는
칸타이 쿵의 포스터 디자인

그리고 하얀색의 빈 공간은 중국적인 이미지를 더욱 강하게 만들어주고 있다. 이 여백은 현대 타이포그래피에서 말하는 '화이트 스페이스white space'와 같은데, 사실 화이트 스페이스는 중국 그림의 여백에서 유래되었다. 그런데 이 포스터에서 비워진 면은 중국 그림의 여백미에 가깝다. 비워진 면이 깔끔하게 비워진 것처럼 보이는 것이 아니라 보이지 않는 산의 형태를 품고 있는 공간으로 느껴지기 때문이다. 이처럼 중국의 현대 포스터 디자인에서도 전통이 매우 강력한 존재감을 가지고 의도적으로 표현되어 있는 것을 보면 디자인에서 전통이라는 것이 대단히 효과적인 자원이라는 것을 다시금 깨닫게 된다.

지금껏 살펴보았듯이 어느 문화권에서든지 자신의 문화적 전통을 매우 자연스럽게 녹여내고 표현하고 있다. 그런 점에서 디자인 작품은 단지 효용성을 위해서만 존재하는 것이 아니라 문화적 전통을 이어나가고 보존하는 역할도 크다는 것을 알 수 있다. 그러니 아직까지도 전통을 적극적으로 끌어안지 못하고 이용하지도 못하는 우리의 디자인은 참고할 점이 많아 보인다.

작가로서의 디자이너

디자인이 작품으로서 존재한다면 디자이너는 이제 기업이 의뢰한 프로젝트를 진행하는 사람이 아니라 디자인 작품을 만드는 '작가'가 된다. 그렇다면 작가로서의 디자이너는 어떤 사람일까?

보통 작가라고 하면 윌리엄 모리스적 작가관, 즉 작가는 자신의 주관을 자유롭게 표현한다는 생각이 여전히 있는 듯하다. 그런데 이것은 예술의 자율성이 많이 침해되었던 19세기 이전의 서유럽 사회에서나 의미가 있지, 예술의 자율성이 완전히 자리 잡은 오늘날에는 대단히 시대착오적인 생각이다.

현대미학에서 작가라는 위치가 어려운 것은 작품만 만들면 끝나는 것이 아니기 때문이다. 작가로서의 디자이너라면 뛰어난 미학적 가치를 창조해 수용자들에게 미적쾌감을 불러일으켜야 한다. 즉 자신의 디자인으로 사람들에게 감동을 주어야 하는 것이다. 이를 위해서는 디자인을 이루는 형식과 내용을 창조하는 능력이 뛰어나야 한다.

작가라고 한다면 우선 자신만의 스타일을 구축해야 한다. 그러니까 일관된 자기만의 양식을 가지고 있어야 작가라고 할 수 있다. 문학에 '문체를 갖지 않는 작가란 졸렬한 작가'라는 말이 있는데, 디자인도 마찬가지다. 그 일관됨을 통해 디자이너는 디자인을 받아들이는 사람에게 신뢰를 얻고, 매력적으로 다가갈 수 있게 된다. 고유한 스타일이 없으면 일단 디자인 수용자와 연결될 수 없다. 문제 해결로서 디자인을 오래하다 보면 바로 이 지점에서 치명적인 약점을 가지게 된다. 수많은 프로젝트를 했음에도 분명하고 일관된 자기 스타일을 구축하지 못하는 것이다. 그결과 자의든 타의든 작가로서의 디자이너가 되지 못한다.

또 하나 작가는 비평을 피해서는 안 된다. 종종 비평은 외면하고 작가라는 타이틀만 가지려고 하는 엉터리들을 많이 본다. 영화, 드라마, 음악 등의 분야를 보면 알 수 있지만 '진짜' 작가들은 혹독하고, 날카롭고, 냉정하게 세상으로부터 평가된다. 비평이 부당하다면 작가는 이에 맞서 싸워 자신의 스타일을 대중에게 제대로 알릴 줄도 알아야 한다. 그렇게 작가는 비평을 통해 대중, 수용자늘과 만나고 세상에 대한 영향력을 높인다.

그런데 이 세상에는 이미 이러한 작가적 활약을 하는 디자이너들이 수없이 많이 있다. 이들의 디자인을 살펴보면 작가로서의 디자이너들이 어떤 개성을 구축하고 있는지 알 수 있고, 다양한 가치들로 어떻게 수용자들을 매료시키는지 알 수 있다. 그리고 이런 디자이너들을 알면 알수록 우리의 삶이 소중하게 느껴지고, 그 안에서 많은 즐거움을 얻을 수 있다. 또한 디자이너를 보는 안목, 디자인을 보는 안목도 높아진다.

모더니즘에서 포스트모더니즘으로 디자인의 흐름을 바꾼 알레산드로 멘디니

세계적으로 활동하는 작가적 디자이너들이 많지만 그중에서도 알레산드로 멘디니가 가장 많은 업적을 이루어냈다. 그의 최대 업적이라고 한다면 제2차 세계대전 이후로 굳건했던 기능주의 디자인의 흐름을 포스트모더니즘 디자인으로 바꾸어 놓은 것이다. 그의 활약으로 미학과 같은 인문학적 가치들이 디자인에서 본격적으로 논의되기 시작했으며, 그 시발점이 된 것이 바로 프루스트 의자였다.

1970년대 전반까지 독일식 기능주의에 적개심까지 가지고 있었던 멘디니는 디자인 그룹 '알키미아Alchimia'를 창설해

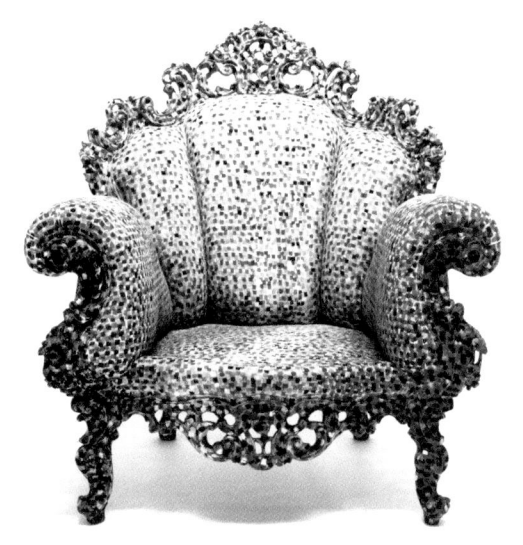

프루스트 의자

본격적으로 기능주의 디자인을 비판하고 대안을 모색했다. 프루스트 의자는 1978년 알키미아 전시에 출품되었던 문제작이었다. 그는 일부러 오래된 골동품 의자를 산 뒤 그 위에 후기 인상파 화가 쇠라의 점묘파 기법을 적용해 색 점만 찍어서 전시에 내놓았다. 딱히 필요도 없는 기능을 부가해서 신제품을 마구 만들어내던 당시 기능주의 디자인을 비판하기 위해서 일부러 그렇게 했던 것이나. 그저 한 번 해본 것에 불과했지만 이 작품은 아주 큰 센세이션을 불러일으켰다. 이 의자를 기점으로 전 세계적으로 딱딱하고 고지식한 기능주의 디자인이 뒤로 물러나고 산뜻한 스타일의 포스트모더니즘 디자인이 급부상했다. 그 덕분에 프루스트 의자는 멘디니의 대표작 중 하나이자 기능주의 디자인의 한계를 지적하고 새로운 디자인의 길을 연 작품으로 디자인 역사에 이름을 남기게 되었다.

그런데 멘디니가 프루스트 의자를 발표할 당시 그는 디자이너가 아니라 한 건축잡지의 편집장이었다. 그는 편집장으로 활동하면서도 기능주의 디자인을 격파하는 디자인 작업까지 직접 하면서 새로운 디자인 조류를 만드는 데 온 힘을 쏟았다. 그리고 1980년대 이후로 포스트모던 디자인이 주류가 되자 멘디니는 프루스트 의자에서 얻은 가능성들을 발전시켜 자신만의 매력적인 디자인 세계를 구축했다.

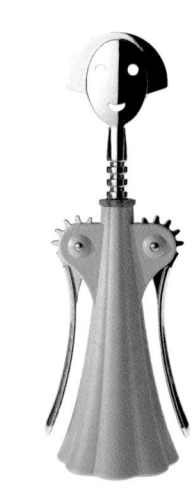

그러한 그의 디자인 스타일을 잘 보여주는 디자인이 바로 와인 오프너 안나 G다. 와인 오프너라는 단순한

멘디니의 대표작 중 하나인 안나 G

도구에 사람의 인격을 투사시킨 시도는 멘디니의 풍성한 인문학적 교양을 고스란히 보여준다. 심리학적으로 이런 오브제를 보면 사람은 반려동물과 같은 감정을 느낀다고 한다. 멘디니는 자신의 디자인이 단지 하나의 오브제에 그치는 것이 아니라 인격체로 느끼게 하고 싶었던 것이다. 그래서인지 이 안나 G는 지금까지도 엄청난 인기를 얻으며 많은 사람의 마음을 사로잡고 있다.

안나 G의 수수하고 유머러스한 이미지는 멘디니의 거의 모든 디자인에서 나타나는 특징이다. 앵무새를 닮은 패롯 와인 오프너나 후쿠이 공룡박물관의 공룡 조각물들은 모두 안나 G와 유사한 개념으로 디자인되었다. 모두 편안하고 재미있게 다가오는데, 그 안에는 오브제에 인격을 부여하는 멘디니의 디자인 기법과, 수수하면서도 유머러스한 이미지로 보는 사람들의 눈과 마음을 무장해제하는 멘디니 특유의 개성이 담겨 있다.

또한 안나 G의 캐릭터를 적용한 디저트 디시 안나 공은 별것 아닌 대상을 대단히 매력적으로 보이게 하는 멘디니의 뛰어난 디자인 솜씨가 잘 구현되어 있다. 그저 안나 G의 얼굴로만 보이는데, 양쪽 얼굴을 열고 안에 들어 있는 타원형 접시를 수평으로 돌려 고정하면 파티용 디저트 접시가 된다. 정말 별것 아니지만 캐릭터 같은 얼굴을 한 장식품이 로봇처럼 척

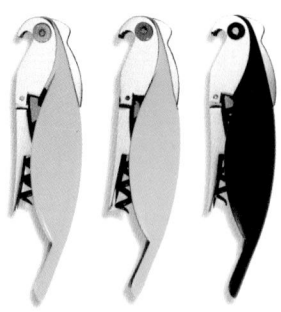

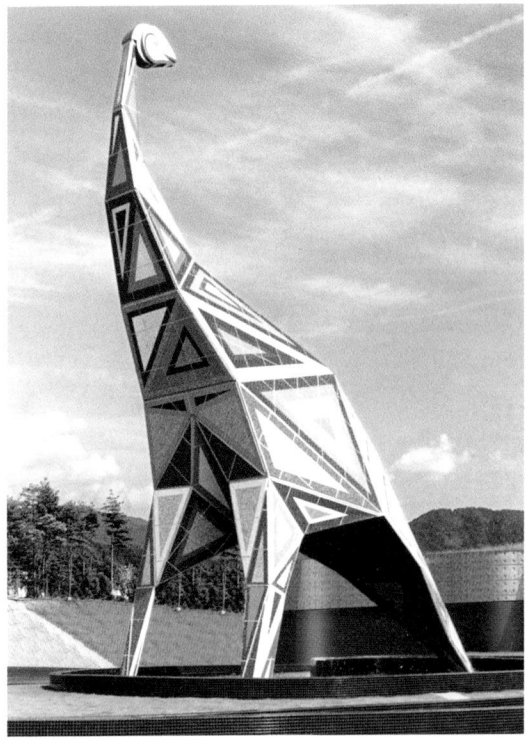

유머러스하고 캐릭터적 존재감이 두드러진
패롯 와인 오프너와 후쿠이 공룡박물관의 공룡 모뉴먼트

척 펼쳐지면서 세 개의 접시로 변신하는 것을 보면 마음이 몹시 흔들린다. 특별한 기능도 아니고 새로운 구조도 아니다. 단지 사람의 얼굴을 한 장식품이 접시가 되는 그 은유성이 묘하게 마음을 사로잡는다. 멘디니의 디자인에서 이런 문화적 체험을 하는 것은 흔한 일이다. 그가 일류 디자이너라고 평가받는 까닭은 이렇게 별것 아닌 것처럼 보이는 디자인들이 사람들의 무의식을 파고들면서 마음을 사로잡기 때문이다.

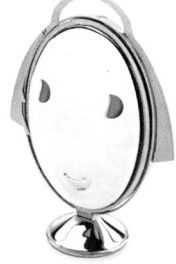

안나 G의 캐릭터를 적용한 디저트 디시 안나 공

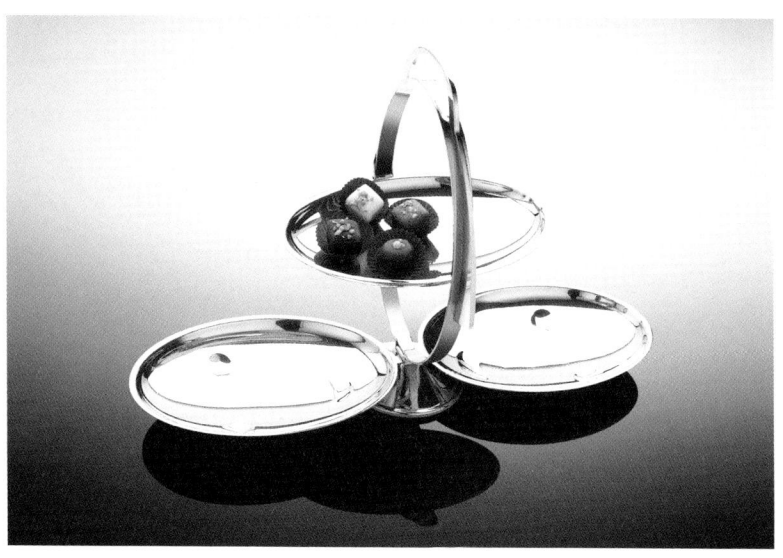

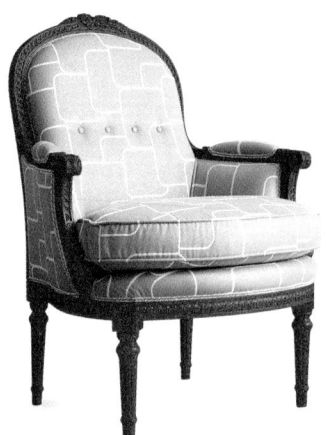
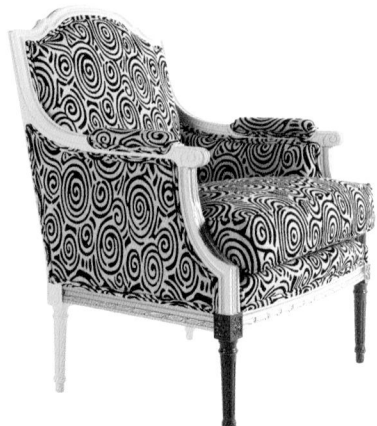
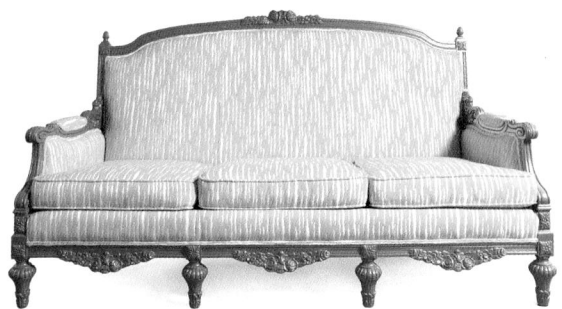
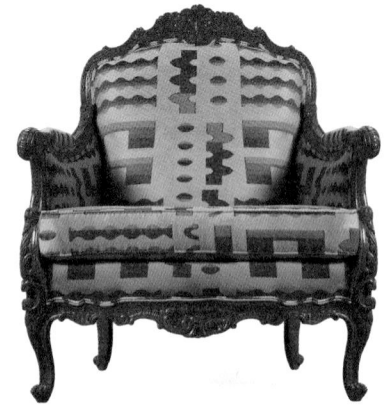

비블로스호텔에 있는 독특한 색깔을 가진
고전적인 의자들

또 멘디니가 디자인한 비블로스호텔에 가면 객실마다 독특한 의자를 볼 수 있다. 모양은 아주 고전적인데 색깔이 너무나 두드러져 있다. 보통 이러면 튀어서 거리감을 자아낸다. 하지만 멘디니의 디자인들은 오히려 그럼으로써 보는 사람의 마음속으로 더 다가온다. 모두 고채도 색이지만 멘디니 특유의 색감이 천진난만한 동심의 세계로 안내하기 때문이다. 그래서 그의 디자인들은 아무리 오래 보아도 질리지 않는 마술 같은 특징을 가지고 있다.

멘디니는 수많은 디자인을 남겼지만 조명은 극히 드물다. 그가 디자인한 거의 유일한 조명인 아물레또는 다른 디자인들과 달리 은유적 표현을 최대한 자제하고 아주 심플한 모양으로 디자인되었다. 하지만 그 심플함이 투명한 재질의 몸체와 속이 비어 있는 원 구조들로 인해 앙상하고 건조한 심플함이 아니라 부담 없고 편안하면서도 풍성한 심플함으로 다가온다. 삼원색의 반투명 고채도 색깔들도 조명 형태의 심플함에 다채로움을 불어넣고 있다. 보면 볼수록 마술 같은 디자인이다.

편집장을 그만두고 디자이너로 독립한 이후부터 멘디니는 엄청나게 많은 디자인을 했는데, 앞서 살펴본 것과 같은 디자인 가치를 일관되게 추구하면서 자신만의 매력적인 디자인 세계를 만들었고, 그것은 세계 디자인의 흐름에 많은 영향을 주었다. 무엇보다 그의 디자인을 받아들이는 사람들의 마음을 따뜻하게 어루만져주는 디자인적 휴머니즘이 지금까지도 많은 감동을 주고 있다.

　　정리하자면 멘디니는 기업의 이익이나 첨단의 기술을 앞세우지 않더라도 디자인이 얼마나 많은 사람의 삶을 풍성하고 의미 있게 만들어주는지를 잘 보여준 디자이너였다. 그러면서도 그는 세계적인 디자인의 흐름을 바꾸어버릴 정도의 강인함도 가지고 있었다.

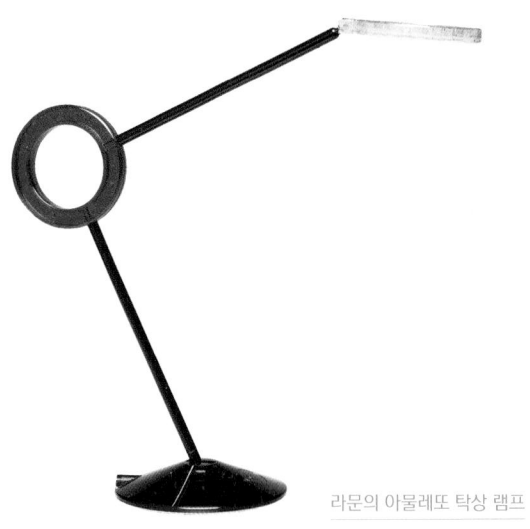

라문의 아물레또 탁상 램프

유기적 세계를 만든 자하 하디드

우리에게 자하 하디드는 동대문디자인플라자를 설계한 건축가로 친근하다. 그런데 그는 멘디니와도 인연이 깊다. 멘디니는 『도무스』의 편집장으로 있을 때, 유망주에 불과했던 하디드를 특집호에서 집중적으로 다루었고 표지 모델로도 띄워주었다. 당시 『도무스』 표지를 보면 앳된 하디드의 모습을 볼 수 있다. 이를 통해 하디드는 세상에 이름을 알리게 되었는데, 결국 그가 세계적인 거장으로 거듭나면서 멘디니의 안목이 틀리지 않았음이 증명되었다.

그런데 하디드의 건축 세계는 너무 파격적이어서 20세기 동안에는 빛을 보기 어려웠다. 일단 만들 수 없었다. 그래서 건축가로서는 치명적인 '페이퍼 아키텍트', 즉 종이 모형으로만 가능한 건축만 디자인하는 건축가라는 오명을 들으면서 20세기를 보냈다. 그런데 21세기에 들어서면서 그의 건축 세계는 빛을 발하기 시작했다.

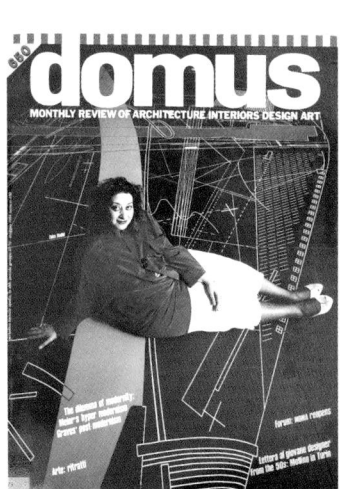

멘디니가 자하 하디드를
특집으로 다루었을 때의 『도무스』 표지

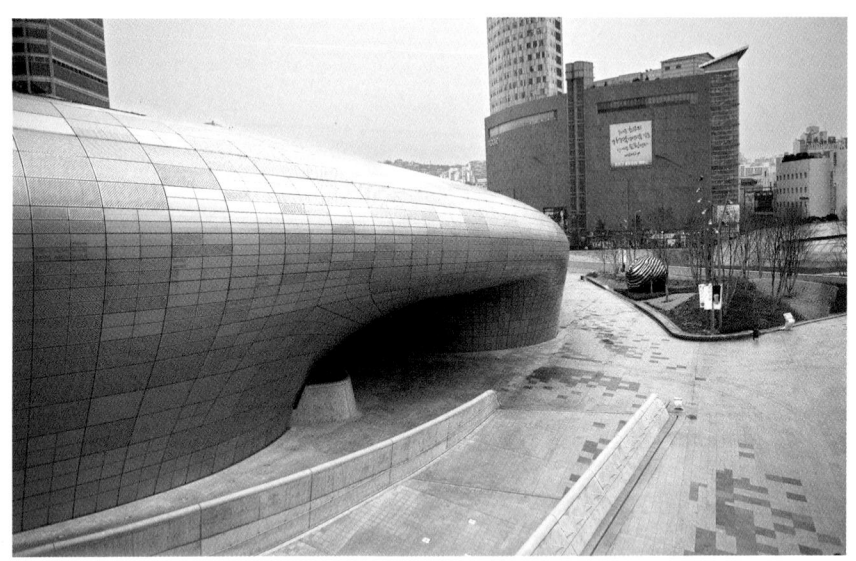

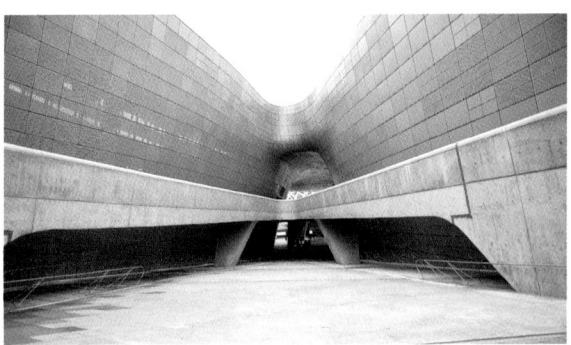

자연 지형의 일부처럼 보이는 동대문디자인플라자

그가 내놓은 엄청나게 파워풀하게 생긴 건물들은 많은 사람의 시선을 독점했고 건물이 들어서는 공간을 특별하게 만들었다. 일각에서는 너무 과한 것이 아닌가 하는 비판도 있었지만 그가 디자인한 건축은 모더니즘 이후로 해체적 혼란에 빠져 있었던 건축계에 비전을 제시해주었다. 그래서 그는 시대의 맨 앞에서 세계 건축을 이끌면서 엄청나게 많은 걸작을 내놓았다.

스위스 인스부룩 지하철역 입구 디자인에서 그의 파워풀한 건축이 본격화되었다고 할 수 있는데, 이 지하철역 입구에 세워진 구조물은 마치 얼음이 얼어서 저절로 생겨난 것 같다. 기존의 건축물과는 완전히 차원이 다른 모양이다. 이 디자인을 시작으로 하디드는 크건 작건 모든 디자인을 파워풀한 에너지로 가득한 형태로 만들었다.

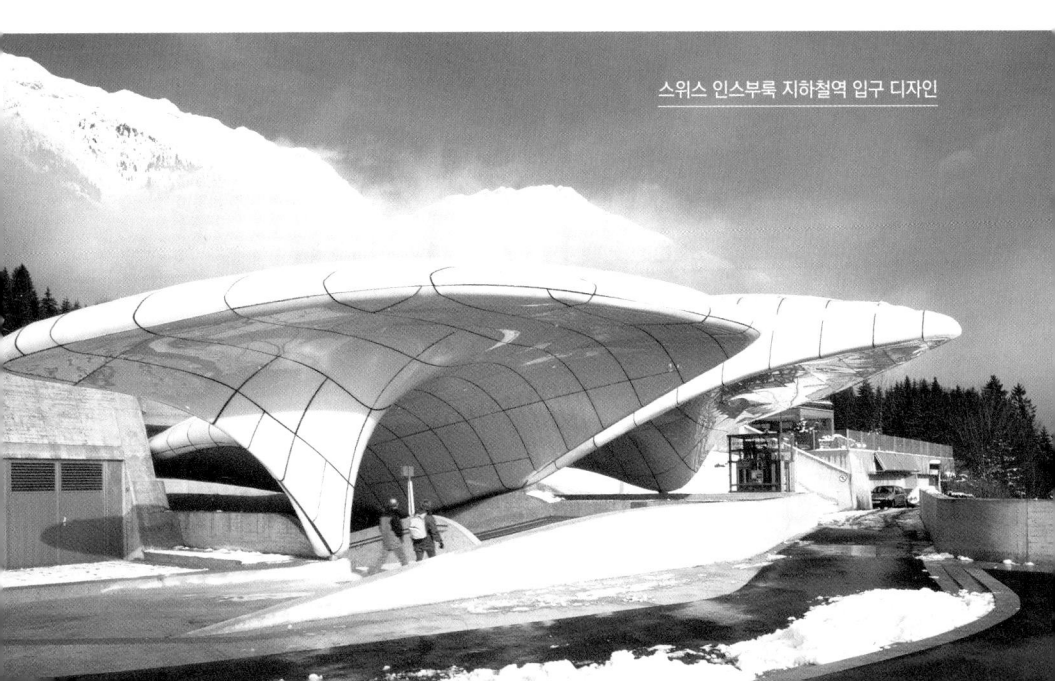

스위스 인스부룩 지하철역 입구 디자인

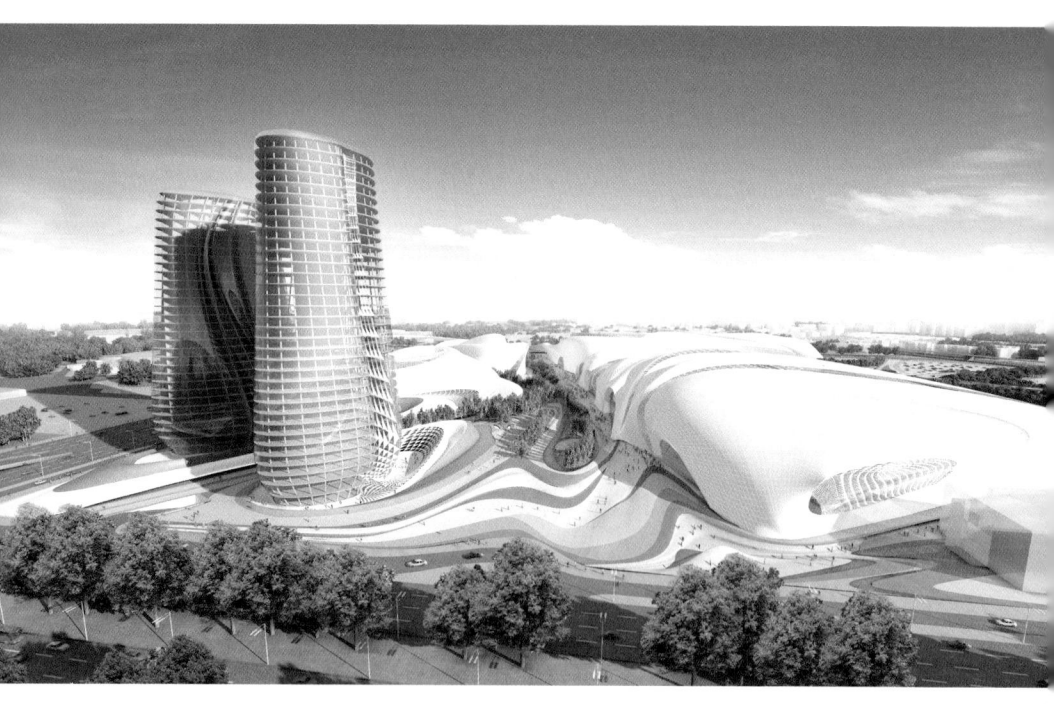

건축물보다는 조각 같아 보이는 카이로 엑스포시티

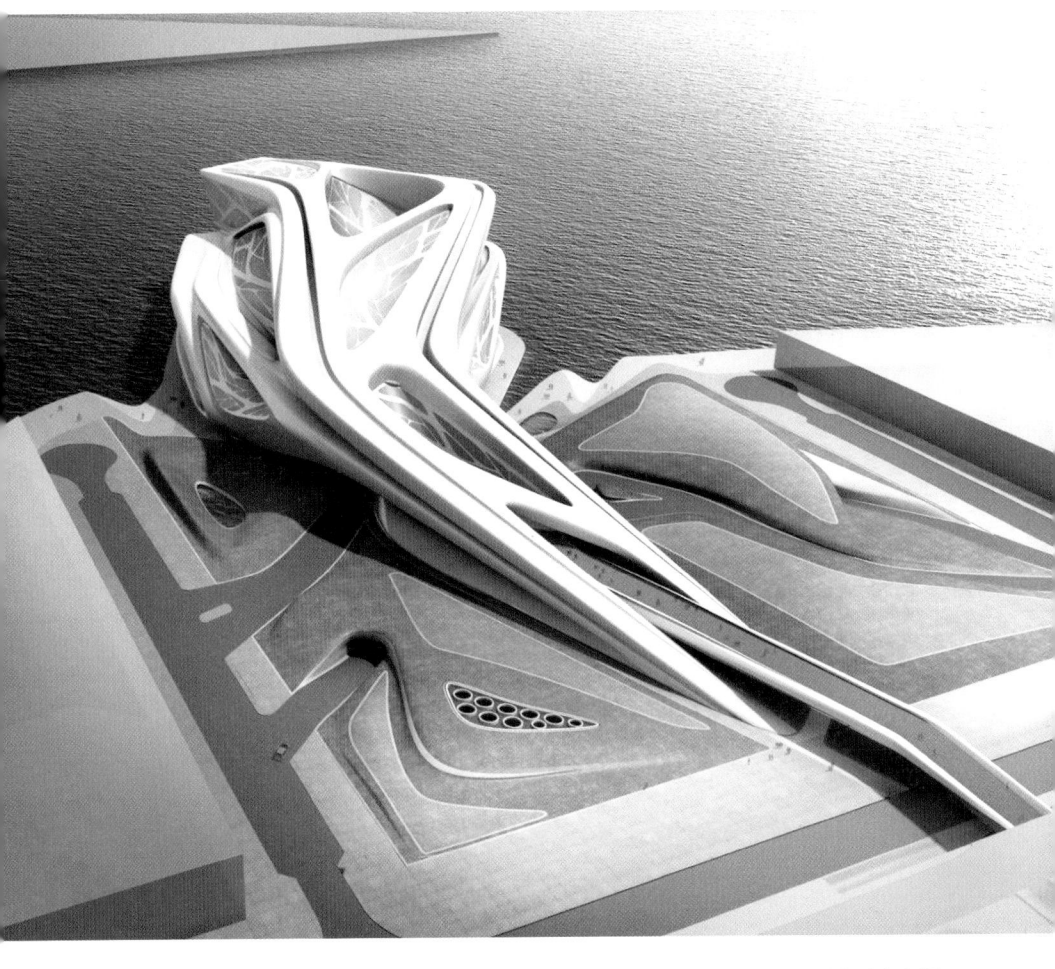

살아 움직이는 듯한 아부다비의 공연예술 빌딩 디자인

특히 아부다비에 건설될 공연예술 빌딩에서 그런 조형적 에너지를 많이 느낄 수 있다. 철골과 콘크리트 등으로 만들어질 건물인 데도 마치 살아 움직이는 생명체 같다. 이런 생동감 넘치는 에너지 덕분에 그의 건축에서는 압도적인 카리스마가 느껴진다. 이전의 건축에서는 상상할 수도 없었던 특징이다.

이런 특징은 2012년 런던올림픽 때 수중경기가 열린 수영장에도 잘 표현되었다. 구조가 조금 바뀌기는 했지만 원래의 건축안을 보면 건물이 마치 살아 있는 생명체처럼 건물 위를 흐르는 듯 버티고 있는 듯이 보인다. 옆구리의 빈틈을 유리벽이 막고 있는 형상이다. 이 건물 디자인에서도 하디드는 비

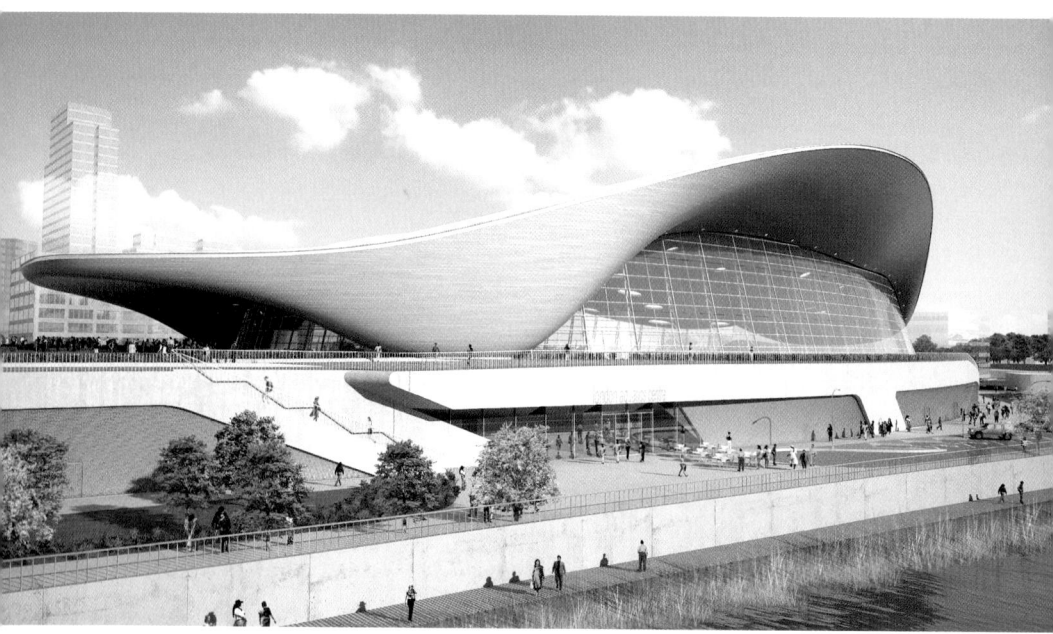

살아 있는 에너지가 가득 느껴지는 런던 아쿠아틱스 센터

대칭적이면서 유기적인 형태미를 한껏 발휘했다.

두바이의 오퍼스 빌딩은 거대한 빌딩 가운데 부분을 비정형적으로 뚫어놓아서 건물이 아니라 거대한 바위처럼 보인다. 하디드는 이 빌딩을 통해 인공물인 건축물이 마치 자연물인 것처럼 보이게 하려고 했다. 하디드는 점점 건물을 인공물이 아니라 마치 지각변동으로 생겨난 자연물인 것처럼 디자인해 자연과 하나가 되게끔 하고 있다.

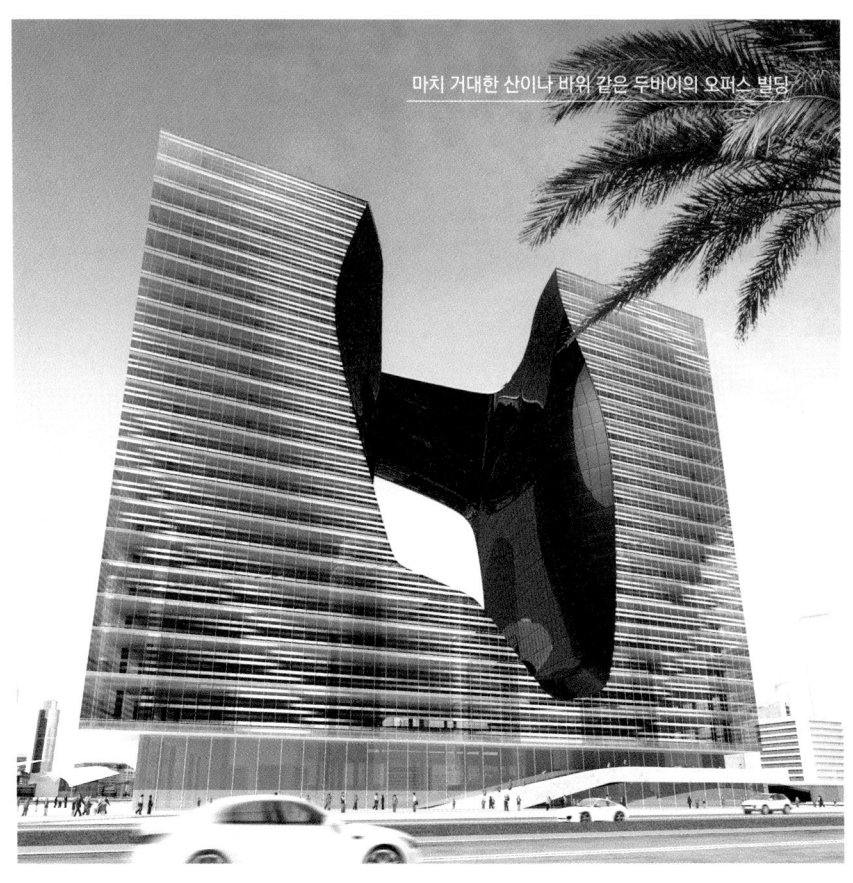

마치 거대한 산이나 바위 같은 두바이의 오퍼스 빌딩

동대문디자인플라자도 온통 유기적인 구조로 이루어진 형태가 건축물이 아닌 자연 지형인 것처럼 보인다. 그래서 몸체가 차가운 질감의 알루미늄으로 만들어졌음에도 따뜻하고 편안하게 느껴진다.

하디드는 건축가였지만 가구나 신발 같은 산업디자인도 많이 했다. 작은 소품을 디자인할 때도 그는 건축에서 구현했

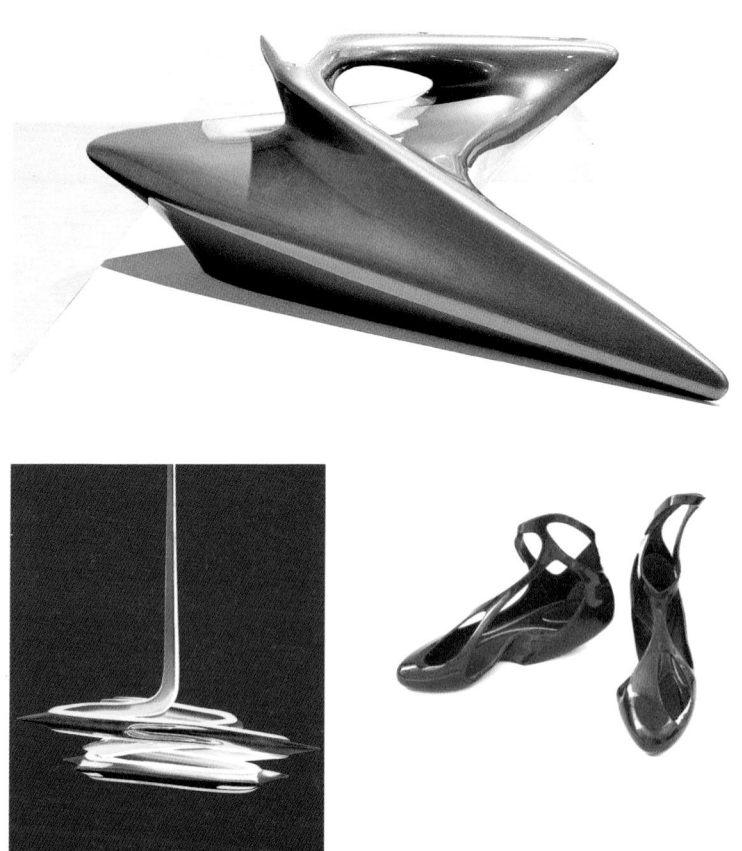

자하 하디드가 디자인한 가구와 신발

던 유기적인 형태를 그대로 표현해 역시 카리스마 넘치는 생명감과 자연적인 이미지를 극대화했다. 특히 그가 디자인한 샹들리에 조명의 형태는 대단히 불규칙하고 유기적이어서 마치 동굴의 종유석 같아 보인다.

하디드가 이 같은 유기적인 형태의 건축물이나 제품들을 디자인하면서 궁극적으로 향한 것은 자연이었다. 인공물에서 자연의 속성을 구현하는 것은 서양 역사에서는 전혀 볼 수 없는 현상이었다. 하지만 21세기 세계가 가야 할 길이 기계를 넘어선 자연이었다는 것을 그는 미리 내다보고 있었던 것이다. 그는 평생 일관되게 자연을 지향했던 건축가였다.

예술로 디자인하는 하이메 아욘

스페인 출신의 하이메 아욘은 현재 세계적으로 가장 각광받는 산업디자이너다. 그의 화병을 볼 때면 화병의 하얀 색깔처럼 머릿속이 하얘진다. '도대체 이게 뭔가?' 싶어진다. 학교 다닐 때 배웠던 디자인들은 이 화병 앞에서 완전히 무기력해진다. 마케팅이니 디자인 방법론이니 기능이니 하는 것이 이 작품 앞에서는 아무런 의미도 가지지 못한다. 화병이지만 커다란 몸통에 만들어진 얼굴 조각이나 피에로 모양으로 인해 이것이 쓰임새를 가진 물건이라는 생각이 깔끔하게 지워진다.

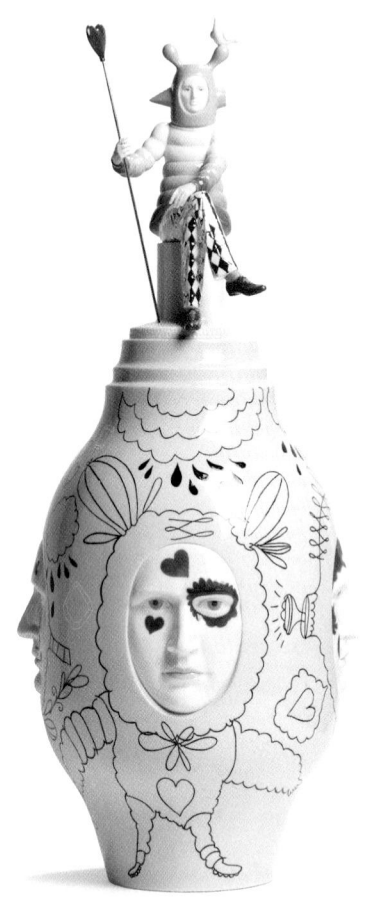

독특한 형태와 그림의 화병

5
305

또한 디자인으로서 문제가 많다는 지적질도 하지 않게 된다. 그냥 가만히 서서 쳐다만 보게 된다.

그렇다고 이 디자이너가 이상한 것만 디자인한 것은 아니다. 22체어라는 의자를 보면 고전주의적인 이미지가 물씬 풍긴다. 예술에 관한 조예가 있는 사람이라면 일반적인 서유럽풍 고전주의가 아니라 스페인풍의 고전주의라는 것을 구별해낼 수 있을 것이다. 이런 디자인을 보면 아욘은 오히려 매우 보수적이고 공예적인 스타일의 디자이너인 것처럼 보인다. 아무튼 스페인의 전통성을 제대로 갖추고 있는 디자이너라는 것

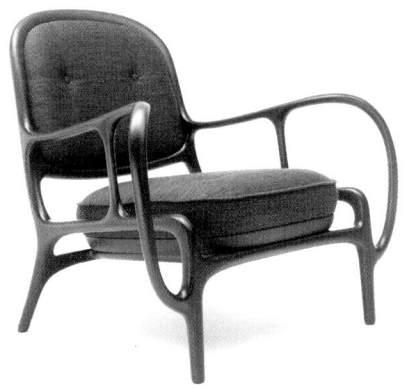

고전주의적 색채가 강한 22체어

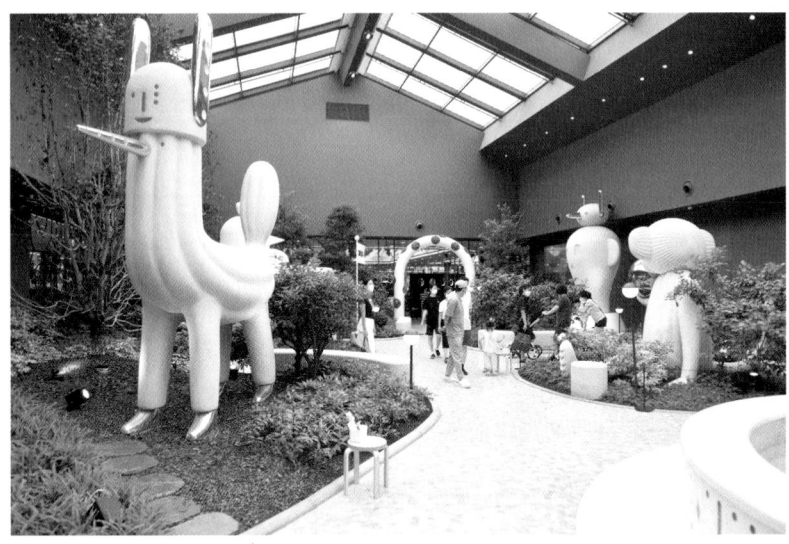

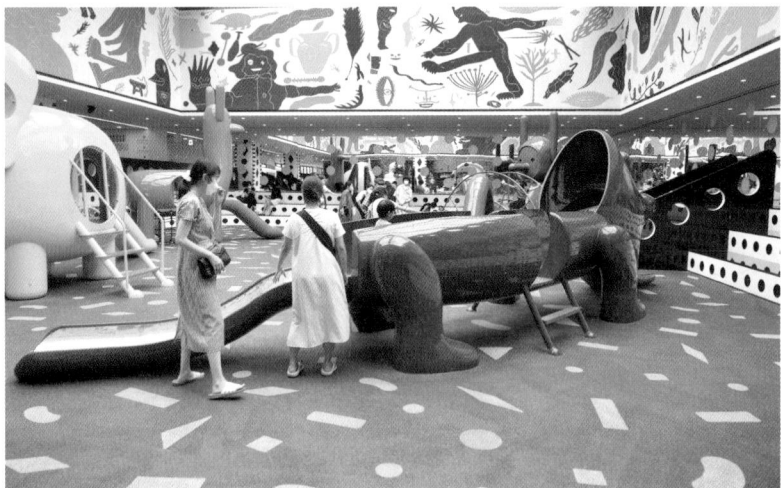

독특한 예술적 경향을 드러내는
남양주시 현대 아웃렛의 MOKA 가든과 MOKA 놀이터 디자인

은 충분히 알 수 있다. 그는 스페인적 전통을 바탕으로 독특한 예술적 디자인 세계를 창조했다.

남양주시에 있는 현대 아웃렛에 가면 아욘이 단독으로 디자인한 공원과 놀이터가 있어서 그의 디자인 세계를 듬뿍 맛볼 수 있다. 이 두 장소에는 아욘이 디자인한 각종 조각품과 조각적인 놀이기구들이 있는데, 상식적인 생각으로는 도저히 이해하지 못할 모양들로 되어 있다. 기능이나 합리적 설계 같은 것은 생각할 수 없는 형태들이고 공간들이다. 그렇다고 해서 외면하게 되는 것은 아니다. 오히려 그렇기 때문에 너무 재미있어서 찾아가게 된다. 디자인이나 예술을 모르는 사람들이 이곳에서 크게 웃으면서 즐기는 모습을 보면 머릿속이 복잡해진다. 전혀 이해할 수 없는 형태들뿐인데 재미있고 즐겁다니….

아욘이 디자인한 조각품 그린 치킨을 보면 더 황당해진다. 가끔 그는 이 조각 위에 올라타기도 하는데, 닭의 원래 모습을 아는 사람이라면 이 조각품이 강력한 유전자변이를 일으킨 닭이라고 생각할 수도 있다. 그렇지만 디자이너가 순수한 조각을 작품이라고 버젓이 내놓는다는 것도 매우 일탈적인데, 이것을 보면 모리스가 말했던 미술, 작가의 주관을 자유롭게 마음대로 표현하는 일이라는 것이 옳은 게 아닌가 싶다. 그런데 문제는 이런 황당한 모양이 아주 편안하게 다가오고 대단한 호기심을 불러일으킨다는 것이다. 그의 디자인은 수용자의

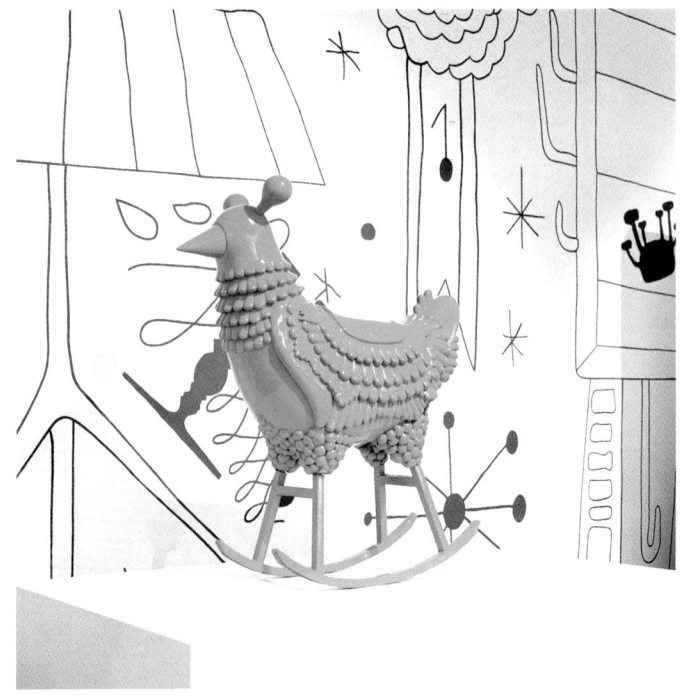

하이메 아욘의 조각 그린 치킨

마음을 사로잡는 힘이 크다.

2007년 아욘은 밀라노 가구박람회에서 한 타일회사의 부스 디자인으로 센세이션을 불러일으켰는데, 부스 한가운데에 이상하게 생긴 피노키오 모양을 만들어서 세계적인 주목을 받았다. 가운데에 앉아 있는 게 피노키오인 것 같기는 한데 디즈니 애니메이션에서 보았던 피노키오와는 전혀 안 닮았다. 코만 길쭉하게 만들어놓았고 몸통에는 타일회사의 타일을 잔뜩 붙여놓아서 엽기적이기까지 했다. 그런데 이 피노키오 모양은 이상하게 사람들의 마음을 흔들어놓았다.

그의 디자인은 이해라는 과정을 건너뛰고 바로 마음을 파고든다. 머리로는 도저히 이해가 안 되는데, 그래서 오히려 많은 사람의 열광을 이끌어낸다. 그래서인지 그의 디자인은 보면 질투심이 일어난다. 진지한 자세로 디자인을 하는 것 같지도 않고, 다른 디자이너들이 열심히 리서치하고 분석하면서 어렵게 디자인을 할 때, 그는 그저 그림 몇 장만 슥슥 그려서 디자인하는 것처럼 보인다. 그런데도 많은 사람에게 사랑받고 세계적인 명성을 누리고 있다. 도대체 어떻게 된 것일까?

생각해보면 그는 작가가 해야 할 일을 정확하게 하고 있다. 그는 자신의 디자인을 사람들에게 이해시키는 게 아니라 디자인으로 사람들을 강렬하게 매료시킨다. 그의 디자인에서 일관되게 나타나는 추상 회화적인 스타일, 좀더 정확하게 말하

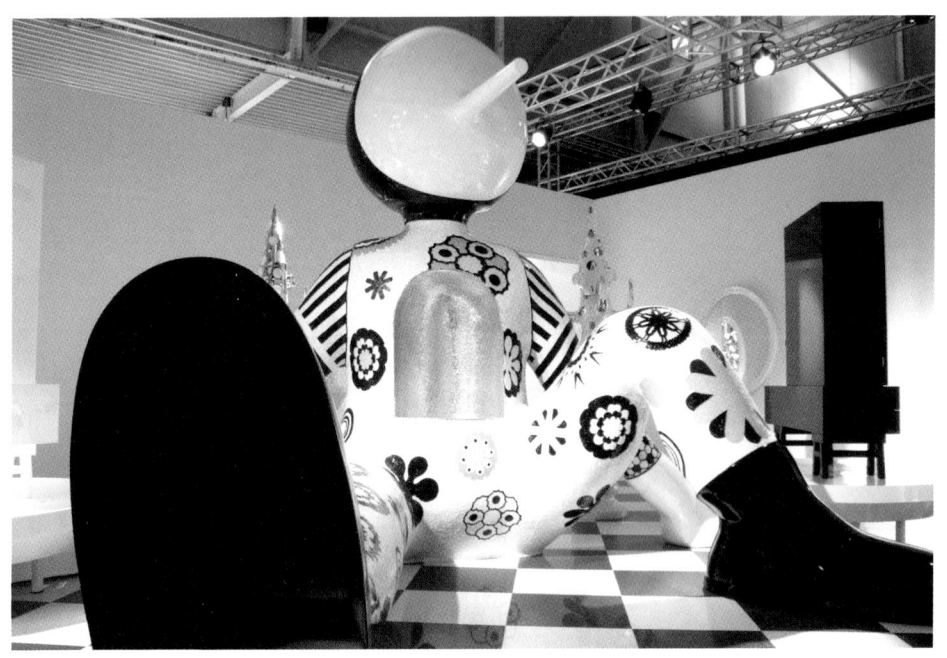

밀라노 가구박람회 당시 타일회사 비사차의 부스 디자인

자면 스페인스러운 낙관주의적인 초현실적 이미지가 머리를 거치지 않고 곧바로 마음을 즐겁게 만들어버린다. 그런 점에서 그의 디자인은 아주 경제적이다. 순수미술의 탈을 쓰고 있는 것처럼 보이지만, 사실 그의 디자인은 우리의 삶을 예술로 바꾸어놓는다. 그래서 그는 누가 뭐라 해도 훌륭한 디자이너다. 현존하는 가장 작가스러운 디자이너라고 할 수 있을 것 같다.

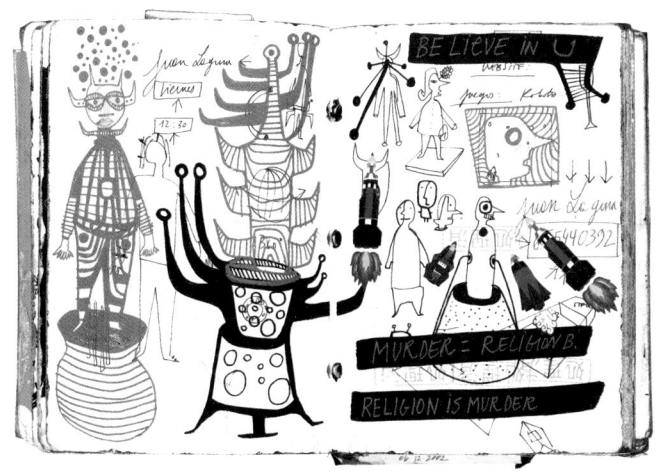

하이메 아욘의 스케치북

한 기자가 하디드에게 영향을 가장 많이 준 사람이 누구냐고 질문하자 그의 입에서 나온 사람은 건축가가 아닌 패션디자이너 이세이 미야케Issey Miyake였다. 미야케는 스티브 잡스Steve Jobs가 신제품을 발표할 때마다 입었던 검은색 터틀넥을 디자인한 것으로도 유명하다. 그는 일본이 자랑하는 세계적인 패션 디자이너다. 하지만 아직까지도 그의 이름은 유명한 패션 브랜드로만 알려져 있을 뿐 위대한 디자이너로는 잘 안 알려져 있다.

미야케의 업적을 딱 하나만 꼽자면 주름치마 같은 구조의 플리츠플리즈의 대중화를 가져온 것이다. 플리츠플리즈는 1990년에 선보인 신소재로, 이것 자체는 큰 의미가 없지만 이 소재로 만든 옷들이 의미 있다. 많이 늘어나면서도 탄성력이 강한 소재였기 때문에 옷에 적용했을 때 마술 같은 효과를 얻을 수 있었다. 말하자면 앞뒤를 똑같은 모양으로 납작하게 만들어도 입으면 섬유가 체형에 맞게 저절로 늘어났다 줄었다 했다. 게다가 일반 옷에 비해서 더 편했다. 그 결과 사이즈별로 옷을 만들 필요도 없었고, 꼭 옷을 몸에 맞추어 만들지 않아도 되었다. 플리츠플리즈 덕분에 미야케의 옷은 거의 평면재단으로 이루어졌으며, 기존의 옷 모양에서 완전히 벗어난 형태로 만들어졌다.

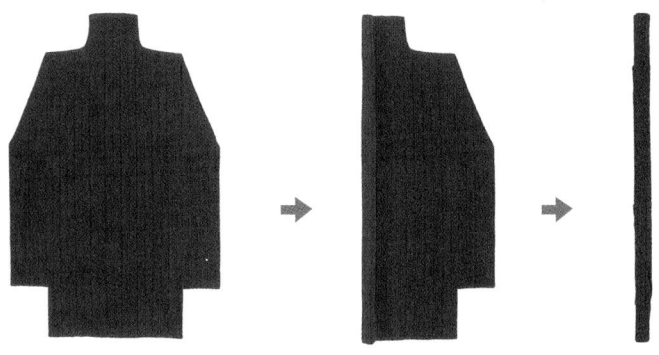

입으면 입체, 벗으면 평면이 되며 사이즈가 따로 없는 플리츠플리즈 셔츠

지금도 그렇지만 다른 현대 패션 디자이너들은 입었을 때 편하고 멋있어 보이는 옷의 구조를 만들기 위해 많은 애를 먹었다. 그러나 미야케는 플리츠플리즈 덕분에 그럴 필요가 없었고, 이 소재로 갖가지 형태의 옷을 디자인하며 입었을 때 마치 옷이 조각품 같아 보일 정도로 높은 예술적 경지를 이루어 냈다. 결국 1990년에 그는 옷이 보여줄 수 있는 최고의 예술적 표현을 선보임으로써 순수미술, 순수조각을 넘어서는 예술적 경지에 올라섰다.

그리고 미야케는 플리츠플리즈 말고도 옷으로 구현할 수

있는 갖가지 예술적 실험들을 시도했는데 그러면 그럴수록 그는 패션 디자인 분야를 넘어서는 최고의 예술적 경지를 보여주었다. 그 결과 자연스럽게 수많은 창조 예술 분야에 영향을 미쳤고, 하디드 같은 건축가에게도 큰 영향을 미치게 되었던 것이다.

납작하게 프레스된 것처럼 보이는 천 조각을 위로 들어올리면 치마나 원피스가 되는 구조의 옷도 미야케의 뛰어난 창조성과 예술성을 보여준다. 이런 예술적인 옷이 이세이 미야케 매장에서 버젓이 판매되고 있다는 사실도 참으로 놀라우며, 디자인의 상업성에 대해서 많은 생각을 하게 한다.

그런데 이러한 미야케의 창조적 패션 세계는 원래 일본의 전통 복식을 현대화하려 했던 그의 노력 덕분에 구축될 수 있었다. 그는 아주 젊었을 때부터 일본의 전통을 현대화하는 것을 인생의 목표로 삼았는데 그 노력의 결실이 플리츠플리즈였다. 한복도 그렇지만 일본의 기모노도 사이즈가 따로 없고, 입으면 입체, 벗으면 평면이 된다. 그는 기모노의 모양이 아니라 기모노의 개념을 현대화하면서 마술과 같은 새로운 패션을 만들어냈다.

일본의 디자이너들이 대개 그랬지만 미야케도 자국의 전통을 현대화하고자 하는 노력을 통해 획기적인 디자인을 만들 수 있었고, 그로 인해 세계적인 거장이 되었다. 수백 년간 입

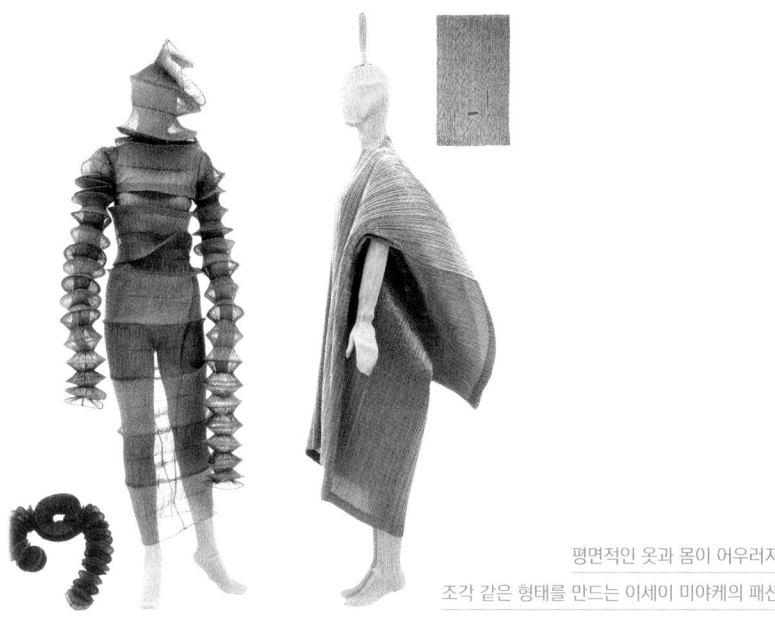

평면적인 옷과 몸이 어우러져
조각 같은 형태를 만드는 이세이 미야케의 패션

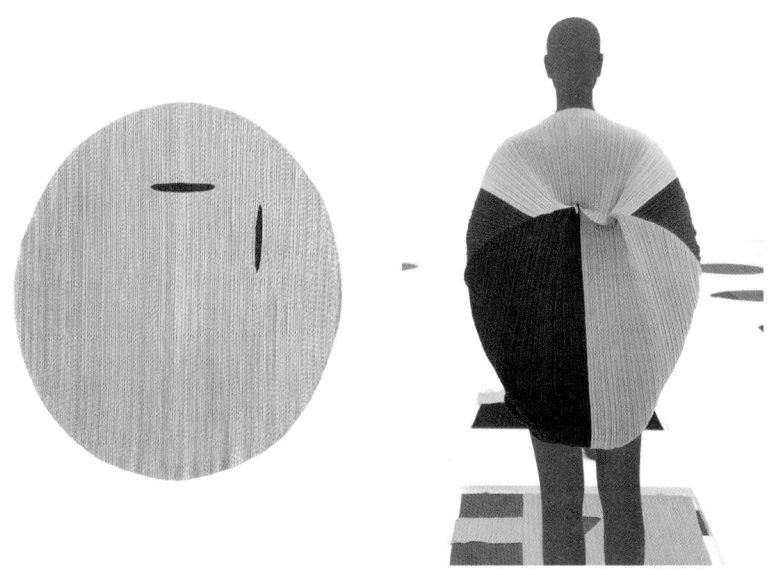

평면으로 납작하게 접히면서도 입었을 때
조각품처럼 멋진 형태가 되는 이세이 미야케의 패션 디자인들

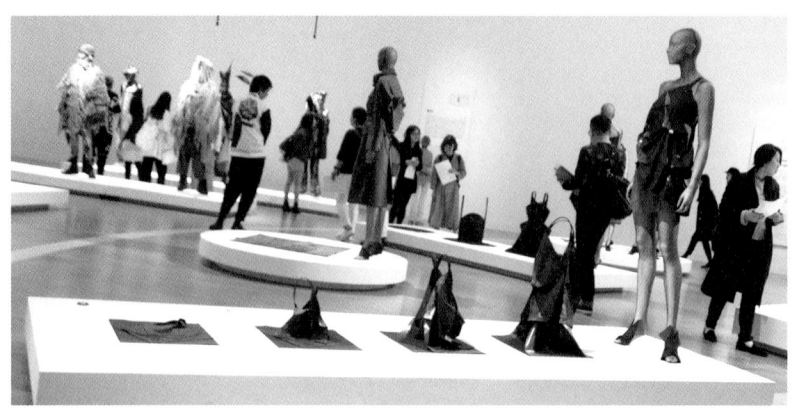

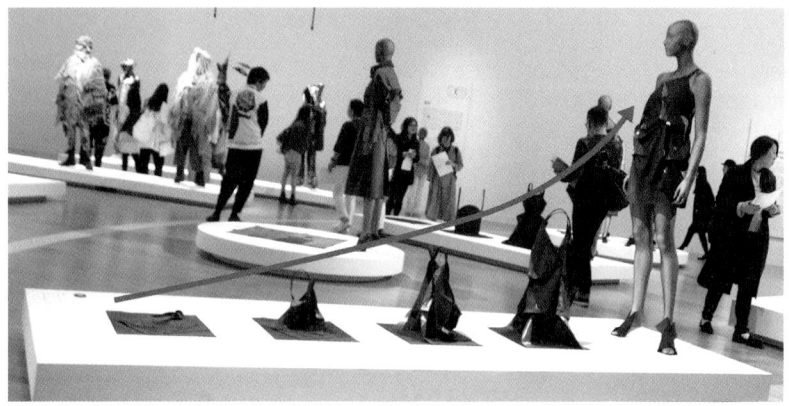

납작한 천을 위로 당기면 옷이 되는 이세이 미야케의 창조적 패션 디자인

체재단을 하면서 옷을 만들었던 서양 사람들이 똑같은 모양의 천 조각 두 개로 만들어진 미야케의 옷 앞에서 어떤 절망감을 느꼈을지 생각하면 미야케가 거장의 반열에 오른 것도 수긍이 간다.

기계에서 자연으로 건축의 패러다임을 바꾼 프랭크 게리

1999년, 세기가 바뀌는 시점에 건축가 프랭크 게리는 스페인 빌바오시의 구겐하임미술관을 완성함으로써 세계 건축의 방향을 완전히 바꾸어놓았다. 그전까지 세계 건축을 비롯한 디자인은 기능주의, 미니멀한 스타일을 지향했던 엄격한 모더니즘적 경향을 부정하면서 새로운 가치를 모색하고 있었다. 사실 모색이라기보다는 모더니즘적 경향을 무너뜨리는 데 집중하고 있었다. 게리 역시 해체주의를 주도하면서 앞선 건축적 경향을 파괴하고 딴죽 거는 데 주력했다. 그런데 1990년대 말부터 게리는 해체주의를 넘어서 다른 경향을 지향하기 시작했다. 그리고 그러한 그의 생각이 구체화된 것이 바로 독특한 외관을 가진 구겐하임미술관이었다. 이 미술관이 등장하자 세계는 거대한 충격에 빠졌고, 곧 건축을 비롯한 여러 영역에서 이 건물에 영향을 받아 해체보다는 새로운 전망을 구축하는 데 집중하기 시작했다.

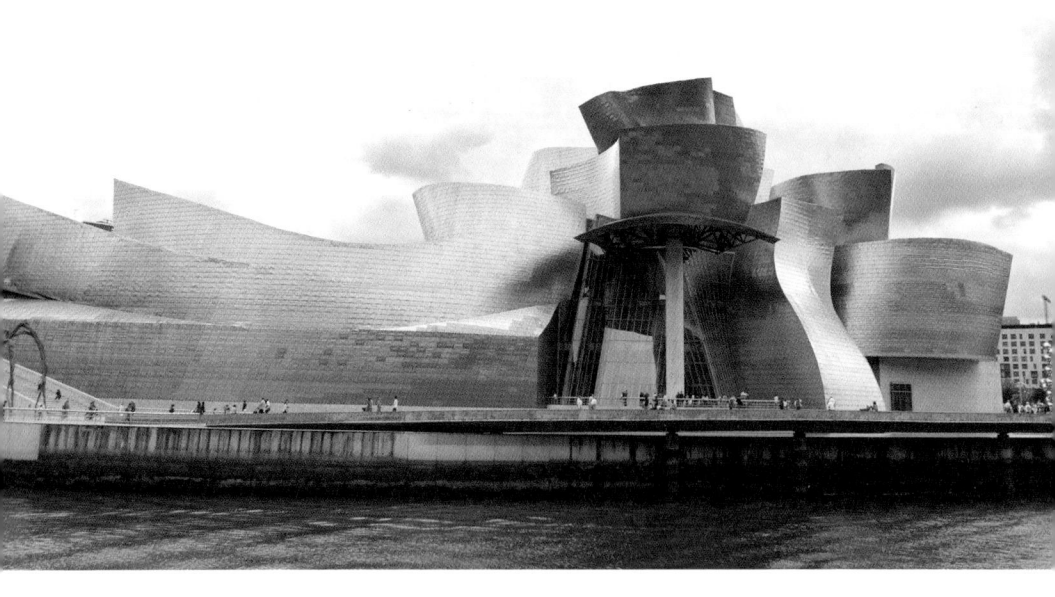

쇼킹한 형태로 디자인된 구겐하임미술관

사실 게리는 일찍부터 해체주의적 건축을 주도했다. 1989년에 건설한 비트라디자인뮤지엄은 그의 대표작 가운데 하나로, 해체주의적 경향이 농후하다. 그런데 자세히 보면 이 때부터 게리의 건축에서 해체적인 경향 외에도 유기적인 형태에 대한 시도가 엿보인다. 건물의 형태가 이리저리 정신없이 엉클어진 가운데에도 이 건물이 안정된 조형성을 보여주는 것은 건물 전체 형태가 유기적인 곡면으로 통일되어 있기 때문이다. 아마도 게리는 이때부터 유기적인 형태가 앞으로 지향해야 할 새로운 조형인 것을 직감했던 것 같다.

후에 건설된 댄싱하우스는 유기적인 조형미가 더욱 강화되었다. 무너질 것 같은 건물을 보면 해체주의적 성격이 강한 것처럼 느껴진다. 하지만 건물 전체를 흐르는 유기적인 곡면이나 불규칙하면서도 우아함을 잃지 않는 전체 이미지를 보면 해체주의적 경향 속에서도 새로운 유기적인 조형 세계를 배양하고 있음을 알 수 있다.

이러한 건축들을 통해 게리는 유기적 조형에 대한 가능성을 확신하고 구겐하임미술관을 통해 그것을 적극적으로 표현했던 것이다. 구겐하임미술관에는 직선적인 형태가 전혀 없고 오로지 3차원으로 흐르는 곡면만 있다. 이는 모더니즘 건축과는 완전히 길을 달리하겠다는 게리의 철학적 천명이자, 기계적이고 이성적인 경향을 완전히 몰아내고 오로지 자연만을 담

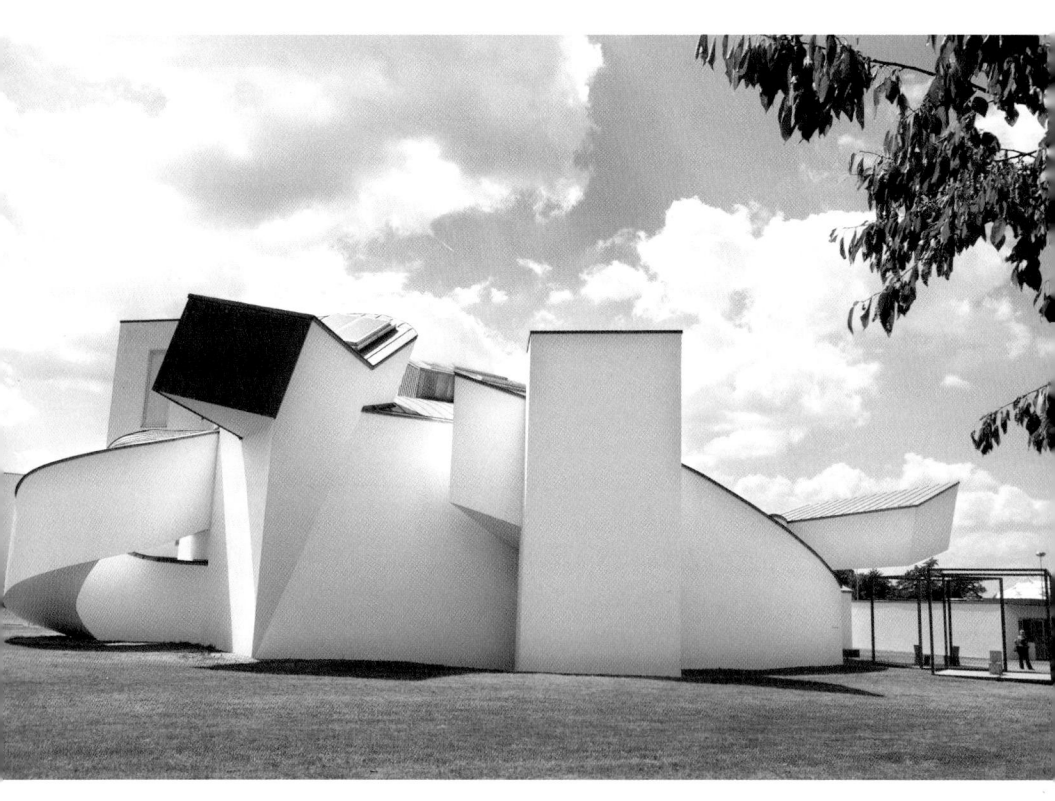

해체주의적 경향 속에서 유기적인 형태를 시도했던 비트라디자인뮤지엄

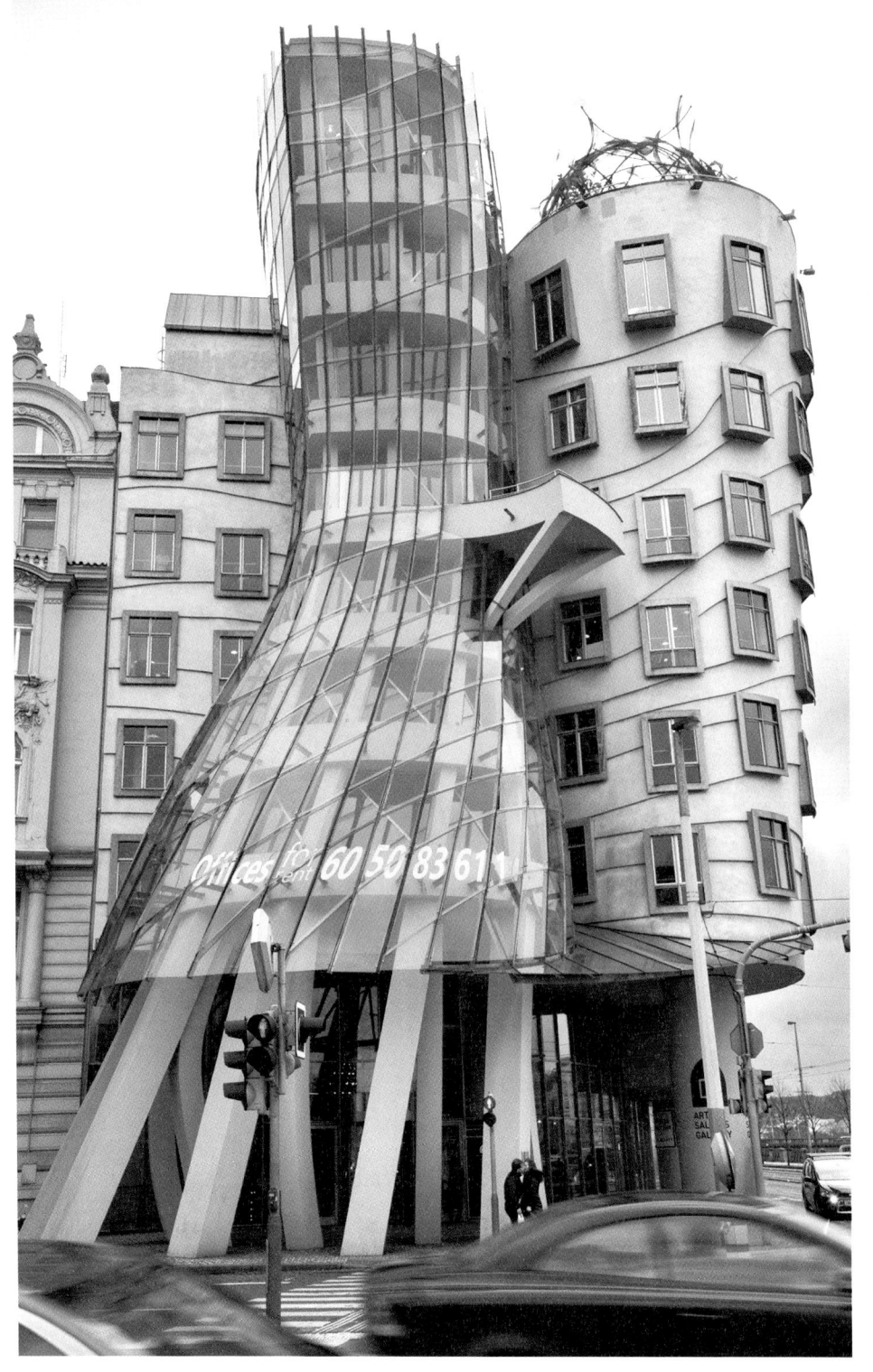

유기적 조형미가 좀더 강화된 댄싱하우스

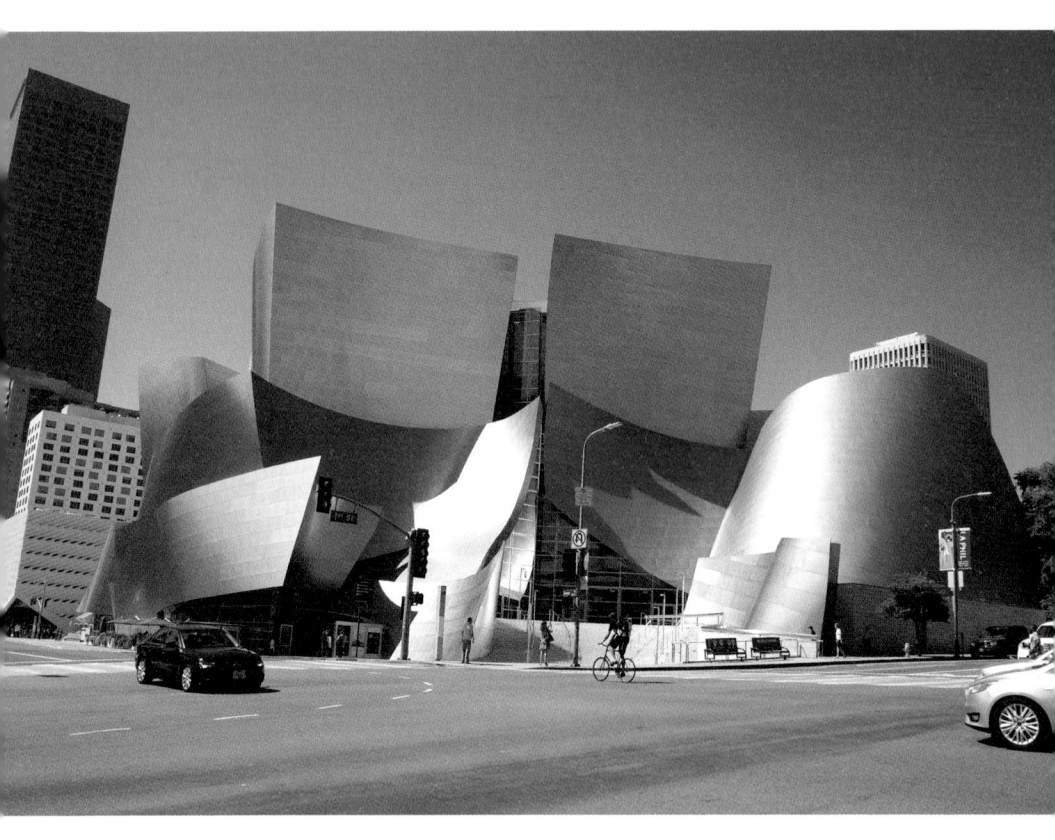

유기적 디자인관에 철저히 입각한 디즈니 콘서트홀

아내겠다는 의지의 표상이었다.

또한 게리는 2003년에 완성한 디즈니 콘서트홀을 통해 불규칙성으로 충만한 유기적인 형태를 지향하는 새로운 디자인 세계가 시작되었음을 널리 선포했다. 이 건축에서 유기적인 형태의 불규칙함은 더욱 강화되었고, 그러면서도 하늘을 찌를 듯한 당당함으로 충만하다. 그 당당함은 제2차 세계대전 뒤 뉴욕 하늘을 향해 우뚝 솟았던 미스 반데어로에의 시그램 빌딩에 필적한다. 해체주의적 경향이 아주 미세하게 남아 있기는 하지만 이것 또한 게리의 건축 스타일상의 특징인 것으로 보인다.

어쨌거나 이러한 게리의 건축적 행보는 사실 개인적이라기보다는 세계적인 흐름이기도 했다. 앞서 살펴본 가이아 이론에서 알 수 있듯이, 1990년대 이후로 세계는 더 이상 기계주의, 기계미학으로 지탱할 수 없었다. 물리학에서부터 생명체로서의 자연을 설정하고 이를 중심으로 새로운 과학관을 모색해나갔다. 그러한 경향은 그대로 사회, 예술 전반으로 퍼져나갔고, 건축, 디자인과 같이 삶과 결부된 분야들은 이러한 변화를 적극적으로 받아들이면서 새로운 디자인이나 스타일을 만들어나갔다. 그리고 게리는 이러한 변화의 움직임 속에서 디자인의 본질적인 변화를 이끌어냈다.

파리의 루이뷔통 재단 건축은 자연을 확립하고자 하는 게리의 건축적 의도가 잘 표현되어 있다. 이 건물을 직접 보면 그 거대함에 압도된다. 그런데 그 거대함은 배타적이거나 압력으로 다가오는 것이 아니라 마치 산행을 하다가 거대한 암벽을 만난 것 같은 느낌으로 다가온다. 그래서 그의 건축에서 자연의 속성을 느낄 수 있는 것이다. 지금까지 살펴본 게리의 건축물을 통해 다음과 같은 결론을 내릴 수 있다. 그는 건축을 통해 자연을 구현하고 기계에 기대지 않는 새로운 자연의 문명을 만들어냈다.

최고의 산업디자이너 마르셀 반더스

디자인에서 최고란 말을 단정 짓기는 어렵지만, 그럼에도 현재 최고의 산업디자이너라면 단연 마르셀 반더스를 꼽을 수 있다. 화려한 고전미로 무장한 그의 개성 가득한 디자인은 정말 매력적이다. 그래서 많은 사람이 그의 디자인에 열광하는 것인지도 모른다.

　도하에 있는 몬드리안호텔의 로비는 보는 순간 순식간에 눈과 마음을 사로잡는다. 전체적으로 하얀색과 검은색으로만 디자인되어 있어서 심플해 보이지만, 고전적인 형태들과 장식들이 이 공간을 화려함으로 가득 채운다. 심플한 현대 기능주의 디자인에 사로잡힌 눈이라고 해도 이런 디자인 앞에서는

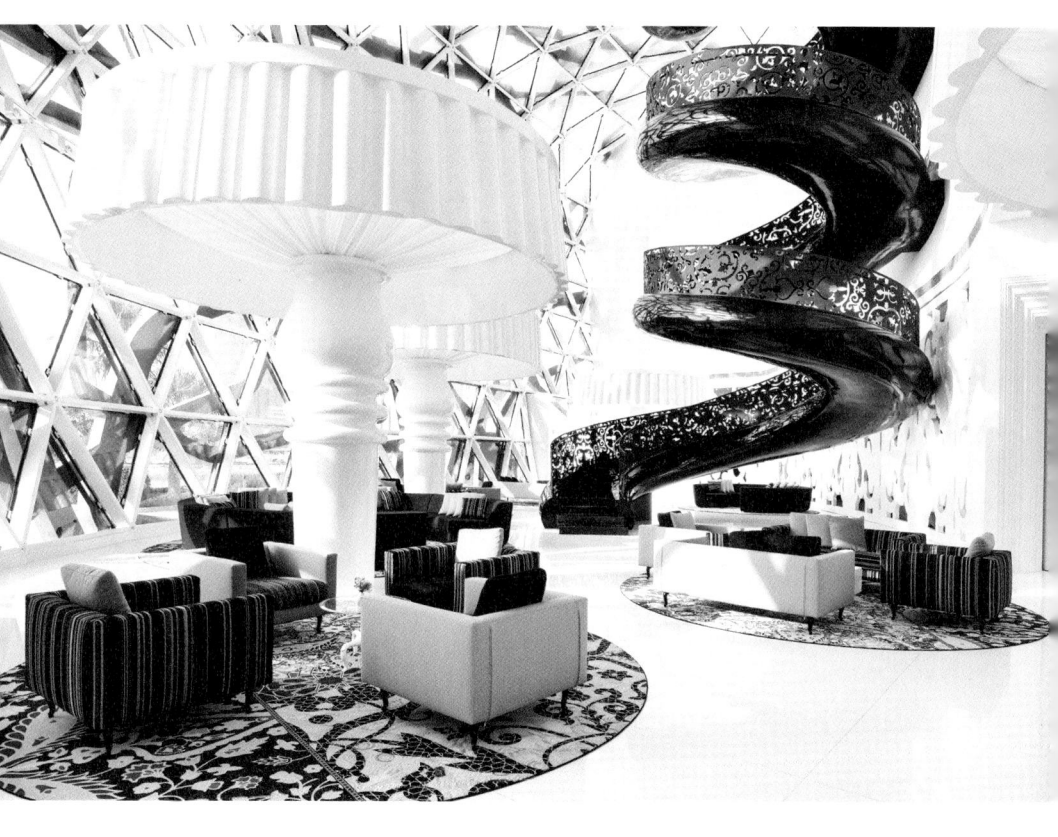

심플하면서도 화려한 도하 몬드리안호텔의 로비

흔들릴 것이다.

반더스의 디자인은 귀족적인 고급스러움을 현대적인 심플함에 담아 매우 중층적인 매력을 드러낸다. 그래서 많은 사람을 깊게 매료시키기에 충분하다. 예를 들어 화려한 장식의 포크, 나이프, 스푼에 고전적인 장식을 추가로 새겨 넣었다. 보통은 손잡이에만 장식을 넣는데, 사용하는 부분에까지 장식을 넣어 더 화려하고 아름다워 보인다. 반더스는 현대디자인에서 거의 금기시했던 장식, 그중에서도 고전주의 장식을 적극적으로 활용했다.

그래서 반더스의 디자인을 '뉴 아르누보'라고도 부르는데, 그의 디자인을 보면 "기능적인 것이 아름답다"는 말이 얼마나 미학적으로 무책임한지 알 수 있다. 아름답다는 것에는 한계나 전제가 있을 수 없다. 그저 보는 사람의 눈의 작용에 의해서, 정신의 작용에 의해서 결정될 뿐이다. 그러니 장식이 없는 심플한 형태가 아름답다고 하는 기능주의적 미감은 거의 심미적 폭력이라고 할 수 있다. '장식은 죄악'이라는 한마디 때문에 수많은 디자이너가 장식을 절제한 것을 생각하면, 반더스는 단지 고전적 장식에 심취한 디자이너가 아니라 현대디자인을 지배했던 미적 편견을 과감하게 깬 디자이너이라고 할 수 있다. 세계 최고의 산업디자이너라는 명성은 바로 그런 과감한 행보에 대한 보상이라고 할 수 있다.

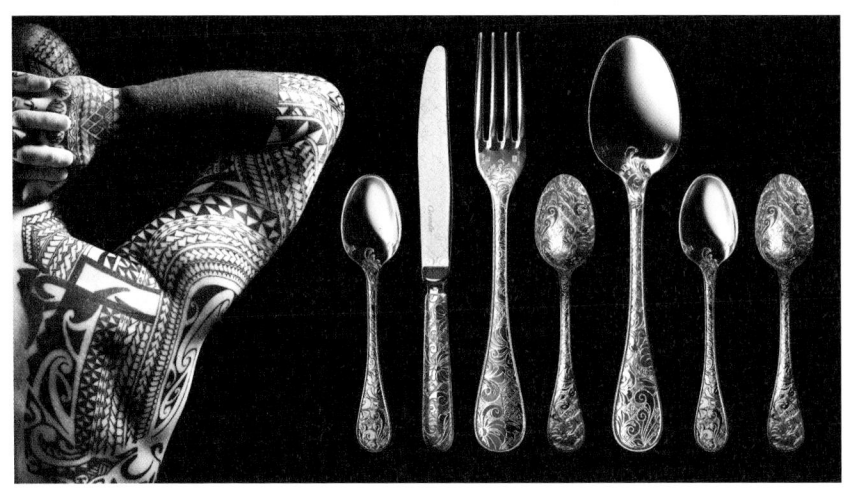

화려한 장식이 돋보이는 스푼, 포크, 나이프 세트

반더스가 디자인을 할 때 고전적인 장식을 많이 쓰는 까닭은 디자인에 역사성을 활용하고자 하는 의도도 크다. 그가 디자인한 암스테르담 하얏트호텔의 로비를 보면 옛날 종들을 조각품처럼 크게 만들어 설치해놓았고, 주변 벽이나 바닥은 네덜란드가 해양 활동을 하던 시기에 주로 사용했던 지도나 일러스트들로 장식해놓았다. 반더스의 디자인에서 화려한 장식들이 단순히 아름답기만 한 것이 아니라 품위와 세련미를 더하는 것은 바로 이러한 역사성 때문이다. 그런데 그는 역사성뿐 아니라 현대적인 조형 요소들도 의미론적으로 잘 활용한다.

하얏트호텔의 한 욕실을 보면 크게 확대된 스푼 손잡이 모양이 뜬금없이 벽면을 채우고 있고, 샹들리에는 마치 중국 청나라 말 청화백자로 만들어놓은 것 같다. 또 세면대와 욕조는 자갈을 연상시키는 자연스러운 모양으로 되어 있다. 그리고 이들을 받치고 있는 받침대는 바로크시대나 로코코시대의 가구처럼 만들어졌다. 욕실을 이루는 모든 것이 조형적으로나 시대적으로나 서로 관련이 전혀 없는데, 오히려 그렇기 때문에 전체적인 인상이 매우 아방가르드해 보인다. 그런데 이것은 우연한 결과가 아니다. 서로 관련이 없는 여러 가지 이미지를 대비시켜 강렬한 인상을 자아내는 기법은 현대미술에서 만들어진 것으로, '콜라주'라고 한다. 다시 말해 하얏트호텔의 욕실은 콜라주 기법으로 디자인된 것이다. 그래서 전체적으로

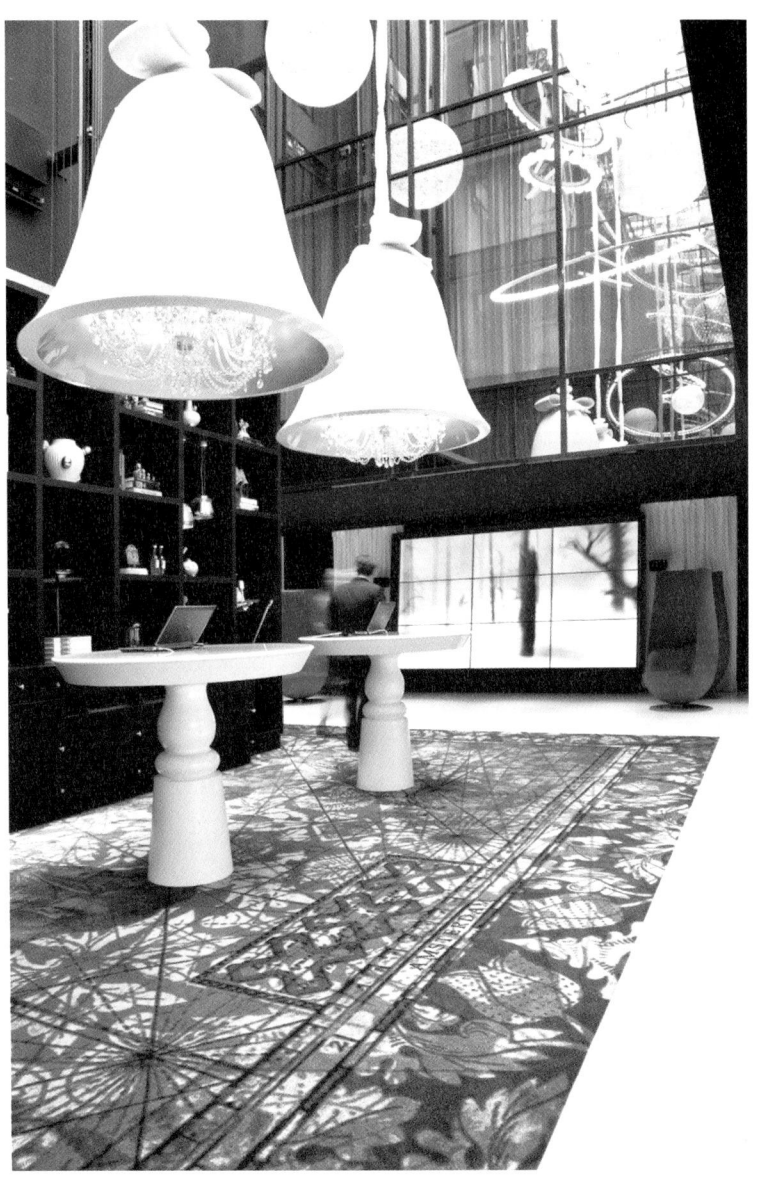

암스테르담 하얏트호텔의 로비

혼란스러워 보이지는 않고 이미지가 강해 보이는 것이다. 이처럼 반더스는 고전적인 것뿐 아니라 현대적인 이미지들도 콜라주 기법으로 조화시켜 은유적인 표현을 하는 데 아주 뛰어나다.

이번에는 그가 디자인한 조명등 스카이 가든을 보자. 종처럼 생긴 둥근 외형은 아주 심플하고 세련된 현대적인 형태다. 그런데 안쪽은 고전적인 장식이 부조로 새겨져 있어서 불을 켜면 아름다운 고전적 장식이 선명하게 보인다. 심플한 외형과 대비되어서 안쪽의 장식이 더 인상적으로 보이는데 바로크양식의 성당이나 궁전이 떠오른다. 단순히 기능성에만 초점을 맞춘 것이 아니라 역사성에 대한 의미를 은유적으로 표현해놓음으로써 디자인의 격조가 얼마나 높아질 수 있는지를 잘 보여준다.

반더스는 작업을 할 때 종의 이미지를 페르소나처럼 자주 사용한다. 조명등 라문의 벨라도 반더스 특유의 종 형태로 디자인되었다. 그래서 고전주의적인 감성이 아주 두드러진다. 그리고 몸체를 투명한 플라스틱으로 만들어서 아주 신비로워 보인다. 윗부분에 손을 대면 불이 켜지는데 몸체 안쪽이 빛을 난반사하게 만들어졌기 때문에 빛이 아주 세련되고 화려하다. 빛으로도 고전주의적 아름다움을 표현하는 반더스의 디자인 솜씨가 대단하다.

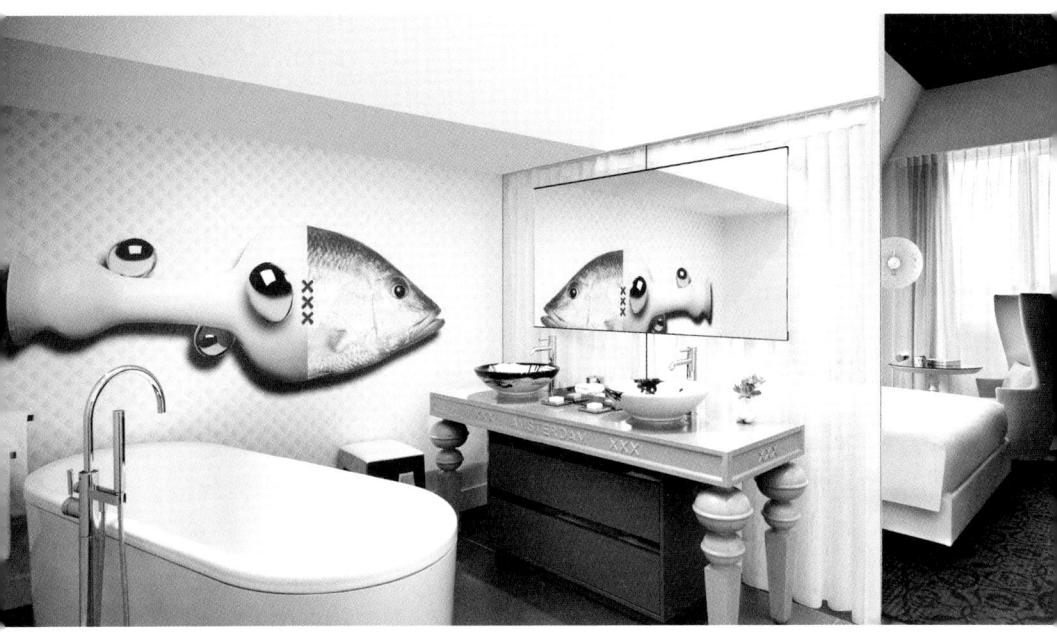

콜라주한 이미지가 돋보이는 하얏트호텔의 욕실

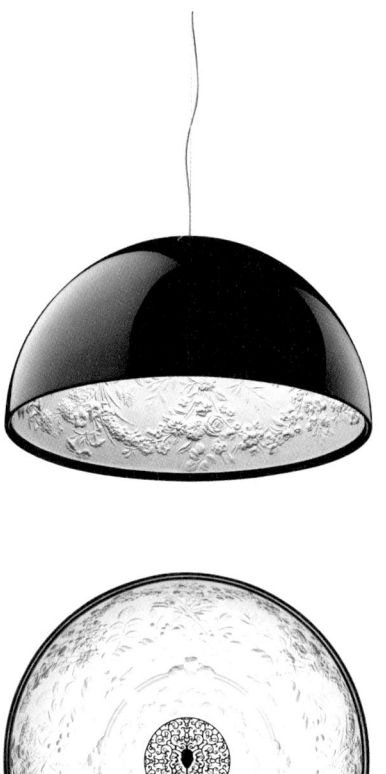

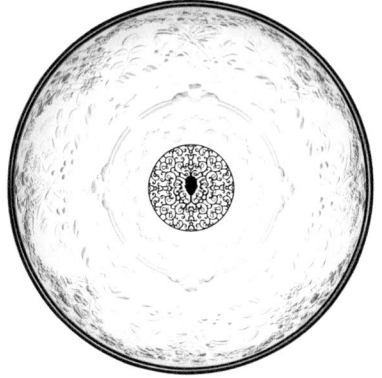

현대적인 이미지와 고전적인 이미지가 대비를 이루는 조명등 스카이 가든

이처럼 반더스의 디자인은 고전주의적 장식을 아주 많이 쓴다. 그래서인지 그의 디자인을 장식만 강화한 디자인이라고 보기도 한다. 하지만 자세히 살펴보면 반더스는 장식이라는 조형적 소재를 통해 역사적 가치나 예술적 가치를 산업 생산품에 구현하고 있다. 이는 반더스가 고전 문화뿐 아니라 현대 미술에 대해서도 깊은 이해를 하고 있기 때문에 가능했다. 그리고 그러한 이해 덕분에 많은 사람이 그의 디자인에 열광하고 있는 것이다. 그래서 반더스는 앞으로 어떤 디자인을 내놓을지 기대를 품게 만드는 디자이너다.

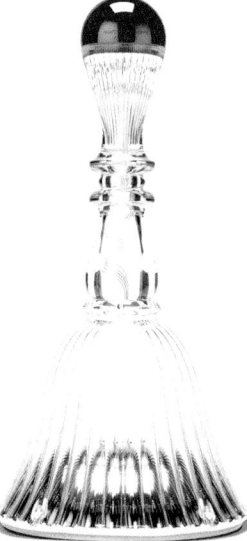

신비로운 고전적 아름다움을 절감하게 하는 조명,
라문의 벨라

일본의 디자인은 잘 안 알려져 있지만, 스포츠대회처럼 국가별로 순위를 매긴다면 아마 일본이 세계 1, 2위를 다툴 것 같다. 그중에서도 그래픽디자인 분야에서의 성취가 아주 대단한데, 스기우라 고헤이가 단연 돋보인다.

고헤이가 디자인한 잡지 『유』의 표지를 보면 그의 뛰어난 디자인 능력이 고스란히 드러난다. 표지 가운데에 있는 관세음보살 같은 형상을 보면 일부러 외곽선을 흐리게 해놓았다. 그래서 형태가 하얀색 바탕에 거의 스며들어 있는 것처럼 보이는데, 이러한 표현 방식 덕분에 표지 가운데를 차지하고 있는 관세음보살이 매우 신비롭게 느껴진다. 게다가 그 주변에 양념처럼 배치되어 있는 각종 도형들은 광배처럼 관세음보살 주변이 빛으로 반짝이는 것 같은 분위기를 자아낸다. 또한 그림과 글자들을 활용해서 책의 내용을 짐작하게 하고, 호기심을 이끌어내고 있다는 점에서 고헤이의 디자인 솜씨가 보통이 아님을 알 수 있다.

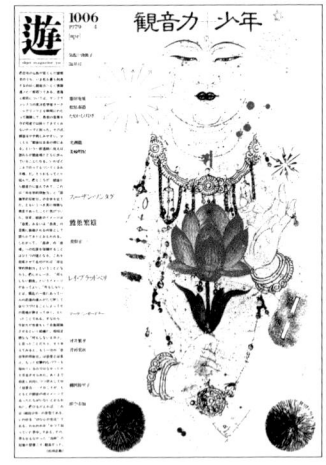

신비로운 이미지의 잡지 「유」 표지 디자인

그런데 이 잡지가 나온 시기가 1979년이었다. 지금 기준으로도 세련되어 보이는데 그 당시 감각이나 인쇄 기술 수준을 생각하면 정말 불가사의한 디자인이며, 고헤이가 얼마나 시대를 앞서갔는지 놀라울 뿐이다.

한편 『에피스테메』는 프랑스 철학을 주제로 한 잡지였는데, 이 잡지의 표지 디자인 작업을 통해 고헤이는 난해한 철학을 시각적으로 표현하는 뛰어난 감각을 보여주었다. 11월호의 주제는 페르소나였는데, 페르소나는 라틴어로 가면을 뜻하며, 심리학에서는 이미지 관리를 위해 만드는 가짜 성품을 말한다. 쉽지 않은 이 개념을 고헤이는 사람의 얼굴을 복사기로 밀어서 스퀴지된 이미지로 은유해 표현했다. 앞은 온전한 얼굴이, 뒤쪽으로는 흐릿하고 분명하지 않은 얼굴의 윤곽이 연결되어 있는데, 페르소나라는 주제를 정말 천재적으로 시각화했다.

전체적인 레이아웃을 보면 오른쪽 윗부분에 그림을 배치

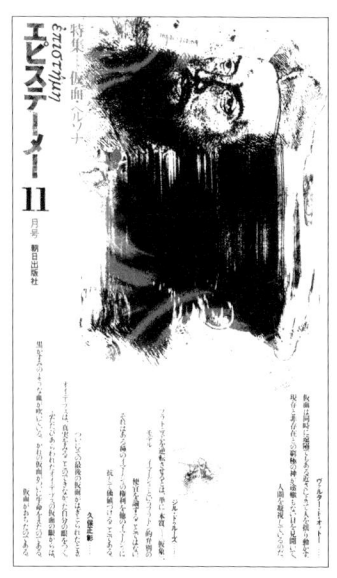

심오한 철학적 사유를 그래픽적으로
잘 표현한 잡지 『에피스테메』 11호 표지 디자인

하고 그림의 방향도 직각으로 돌려놓아서 더욱 부조리하게 느껴진다. 녹색과 붉은색의 터치를 넣은 것도 뛰어난 감각이라 할 수 있다. 보색이라서 흑백사진을 생기 가득하게 만든다. 글자들은 세로로 길게 배치되어 있는데, 언밸런스한 구조는 지금의 감각으로도 세련되고 파격적으로 느껴진다. 단지 조형적 감각이 뛰어난 것이 아니라 주제를 해석해서 조형화하는 디자이너의 지적인 능력이 대단한 수준이라는 것을 느낄 수 있다. 이런 디자인을 하기 때문에 고헤이는 그래픽디자이너를 넘어서서 거의 철학자로 대접받고 있다.

또한 고헤이는 꽤 오랫동안 계간지 『긴카』의 표지를 디자인했다. 이 표지 디자인에서 두드러진 점은 글자와 그림을 수직, 수평에 맞추지 않고 일정한 각도로 기울였다는 것이다. 처음에는 지구의 자전축인 66.5도로 기울였는데, 이후에는 여러 각도로 기울여 변화를 주었다. 1983년에 발행한 53호의 표지를 보면 모든 글자가 마젠타로 통일되어 배치되어 있고, 사진들이 같은 각도로 그 위에 배치되어 있다. 고헤이는 폰트의 크기를 달리해서 글자 흐름에 변화를 주었고, 검은색 행서체나 매화 그림들을 양념처럼 넣어 표지 전체에 리듬과 변화를 표현했다.

지금도 경사진 구조가 부담스러운데 1980년대 초에 이런 파격적인 시도를 했다는 점이 참으로 놀랍다. 당시만 해도 가

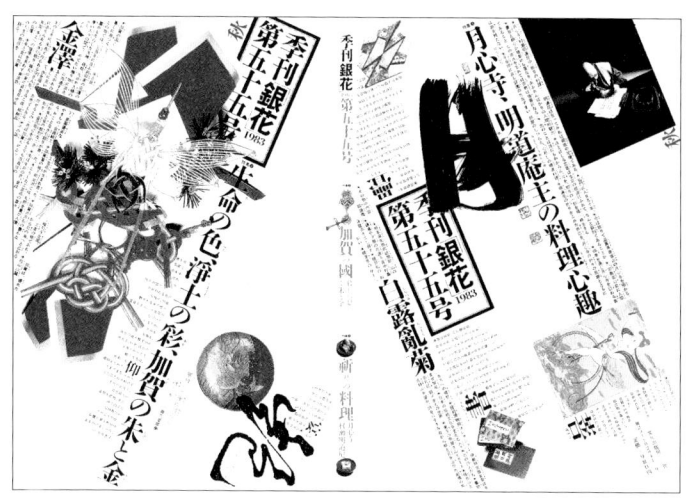

파격적인 레이아웃의 계간지 『긴카』의 표지 디자인

독성이나 엄격한 수평과 수직 구도를 중요시했기 때문에 이러한 질서를 깨기 쉽지 않았을 것이다. 하지만 잡지에서 이런 파격적인 시도를 했다는 것은 고헤이의 천재성이 아니었다면 생각하기 어렵다.

　다른 분야와 달리 그래픽디자인은 그 자체가 콘텐츠라기보다는 만들어진 콘텐츠를 보조하는 특징이 있다. 그래서 독자적으로 뛰어난 가치를 표현하기 어려운데, 고헤이는 분야의 한계에도 뛰어난 감각과 수준 높은 지성으로 시대를 앞서가는 그래픽디자인을 했다. 따라서 그의 그래픽디자인은 단순한 정보전달 기능에 멈추지 않고, 본다는 것이 얼마나 위대한 것인지를 절감하게 해준다. 그래서인지 그의 디자인을 보다 보면 눈으로 보고 내용을 이해하는 일이 너무나 즐거워진다. 참으로 위대한 경지에 이른 작가가 아닐 수 없다.

돈이 안 되는 디자인을 하는 위르헨 베이

돈이 안 되는 디자인을 한다는 말은 사실이 아닐 수도 있다. 하지만 아무리 보아도 디자인을 이렇게 하면 큰돈을 만지기는 어려울 듯싶다. 그러니 이 디자이너는 반드시 살펴보아야 한다. 돈에 신경 쓰지 않을 정도로 매력적인 자기만의 디자인 세계에 빠져 있을 수 있기 때문이다.

이 디자이너는 바로 위르헨 베이Jurgen Bey다. 그가 디자인한 것 중에 가장 먼저 살펴볼 것은 거대한 먼지 봉투가 달린 진공청소기다. 이 디자인에 그의 모든 세계관이 담겨 있다고 해도 과언이 아니다. 사진을 보면 진공청소기는 박물관에 가야 할 정도로 오래된 듯하다. 그래서인지 지금은 퇴화해서 없어져버린 먼지 봉투가 달려 있다. 제임스 다이슨James Dyson이 오랜 시간 투쟁해서 없애버린 먼지 봉투가 이 진공청소기에

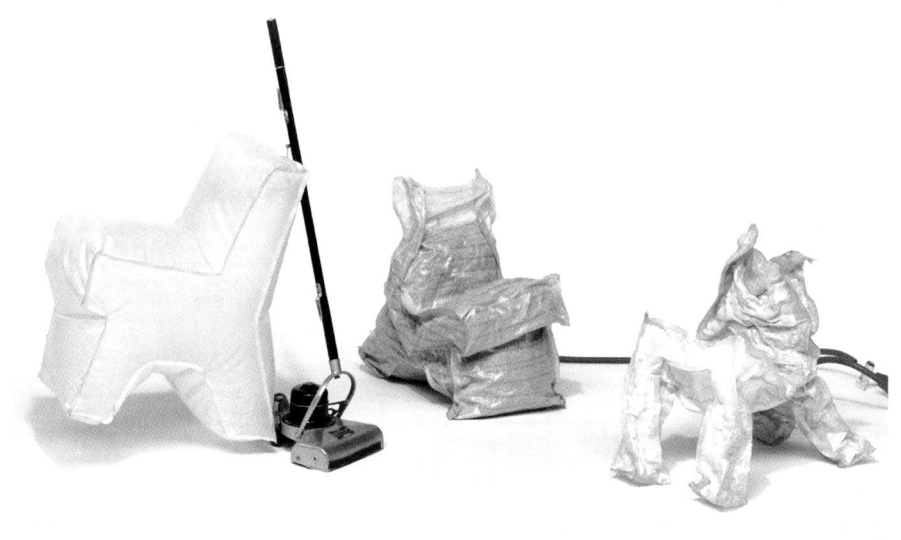

먼지 봉투가 의자가 되는 진공청소기

는 달려 있다. 그런데 모양이 어딘가 이상하다. 의자 모양으로 되어 있다. 여기서 알아차린 사람도 있겠지만 먼지 봉투가 가득 차면 의자가 된다. 물론 진짜로 그렇게 되는 것은 아니다. 콘셉트가 그렇다는 것이다. 그렇지만 상상력을 형태화한 것만으로도 이 디자인은 매우 큰 역할을 한다. 충분히 현실 가능한 아이디어인 데다가 환경문제를 어떻게 대하고 접근해야 하는지에 대해서 근본적인 질문을 던지고 있기 때문이다. 쓰레기가 모이면 새로운 물건이 되니, 이 과정에서 어설픈 재활용 운동이 개입할 여지는 없다. 그런 의미에서 베이는 이 디자인을 통해 재활용 운동을 비판하고 있기도 하다. 재활용을 위해 투입되는 자본과 그로 인한 새로운 환경오염을 생각한다면 환경문제에 대해 좀더 심사숙고하라고 말하는 것 같다.

베이의 또 다른 작품을 살펴보자. 그는 오래 쓰던 책상과 의자를 하나로 연결한 뒤 그 위에 플라스틱 막을 씌웠다. 특별한 용도는 없지만, 사람들을 위해 제 역할을 다한 가구들이 완전히 새로운 존재감을 갖게 되었다. 설치미술 작품 같기도 한데, 낡은 가구로 있을 때와는 완전히 다른 차원의 물체가 되어서 우리의 삶을 새롭게 되돌아보게 한다. 이처럼 베이는 우리가 사용하는 일상적인 물건들을 새롭게 보게 만들고, 나아가 우리의 삶을 근본적으로 다시 생각하게 만든다. 그런 점에서 그는 우리의 생각을 디자인하는 것이 아닌가 싶기도 하다.

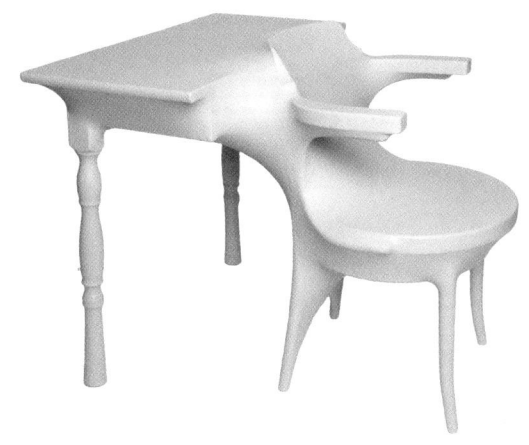

코쿤 퍼니처

또한 베이의 붐 뱅크 벤치는 완전히 새로운 디자인관을
제시한다. 이 벤치는 긴 나무 덩어리를 전혀 가공하지 않고,
청동으로 만든 등받이만 몇 개 끼운 것이다. 서양 조형 역사에
서 이런 식의 접근은 한 번도 없었다. 여기에 담긴 메시지는
이렇다. 자연을 가공하지 않고 있는 그대로 활용해서 쓸 만한
것을 만들어 쓰자는 것이다. 현대문명은 자연 자원을 어떻게
해서든지 가공해 유용한 재산으로 만들려 했다. 그 과정에서
환경문제와 자원문제가 나타났다. 이는 자연은 불완전하고,
인공은 완전하다는 이분법적 세계관이 작동하고 있었기 때문

에 가능했다. 그런 면에서 붐 뱅크 벤치는 전혀 다른 자연관을 피력하고 있다. 자연은 그 자체로 완전하기 때문에 불완전한 존재인 인간이 대자연의 원리에 순응하고 최소한의 인위적 가공으로 자연에 부담을 주지 않는 삶을 영위해야 한다는 것이다.

놀라운 점은 이러한 디자인적 발상이 조선시대의 문화와 일치한다는 것이다. 앞에서 독락당 계정에서 살펴보았듯이, 조선시대 건물들을 보면 자연석을 거의 다듬지 않고 초석으로 놓은 뒤 그 위에 최대한 인위적 가공을 하지 않은 휘어진 나무를 있는 그대로 세워서 건물을 지었다. 이렇게 지으면 보기와는 달리 막대한 비용과 힘이 들어간다. 하지만 조선시대 사람들은 경제적 부담을 마다하지 않았다.

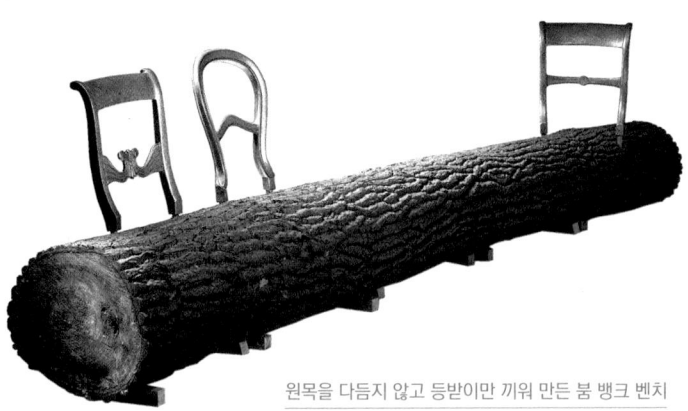

원목을 다듬지 않고 등받이만 끼워 만든 붐 뱅크 벤치

베이의 디자인을 보면 디자인이 기업이나 소비자를 위한 상품을 만드는 일이라는 것이 얼마나 슬기롭지 못한지를 절감하게 된다. 그리고 디자인도 얼마든지 철학적일 수 있고, 삶의 근본을 성찰해야 하고, 문명을 만드는 의미 있는 일이라는 것을 느끼게 된다. 그러한 의미에서 이 같은 깨달음을 준 베이는 작가를 넘어서서 디자인으로 철학적 성찰을 하는 사상가로 대접해야 하지 않을까 싶다.

웃음을 디자인하는 스테파노 지오반노니

스테파노 지오반노니는 베이와 대척점에 있는 산업디자이너라고 할 수 있는데, 그의 디자인이 사람의 마음을 흔드는 힘을 생각하면 도저히 웃고만 있을 수 없는 뛰어난 디자이너다.

일단 고릴라 형상을 한 지오반노니의 디자인을 한번 보자. 손에 플래시 같은 것을 들고 있으며 팔을 위아래로 움직일 수 있게 되어 있다. 원하는 방향으로 팔을 움직이면 조명이 된다. 그런데 이 조명은 조명으로서의 기능보다는 고릴라 모양에 눈길이 더 간다. 지오반노니는 익살스러운 디자인을 하는 사람이다. 즉 그는 디자인으로 개그를 하기 때문에 다음에는 어떤 디자인을 선보일지 기대하게 된다. 디자인으로 사람을 웃기는 그의 재주는 볼 때마다 탄성을 짓게 한다.

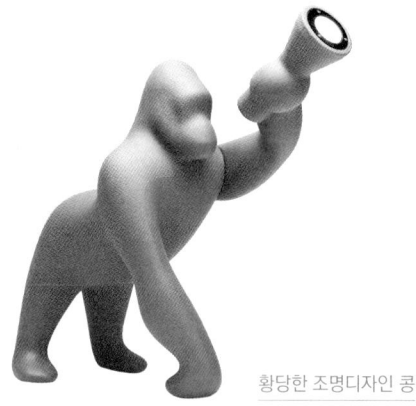

황당한 조명디자인 콩

지오반노니가 이런 식의 디자인으로 명성을 얻기 시작한 것은 이쑤시개를 담는 통을 디자인하면서부터였다. 작고 길쭉한 원기둥 모양의 통에 토끼 캐릭터가 있는 디자인인데, 길게 솟은 귀를 잡고 위로 올리면 이쑤시개가 잡기 편한 방향으로 나오도록 되어 있다. 정말 별것 아닌 사소한 물건이지만 이 디자인으로 그는 세계적인 주목을 끌었다. 세계적인 주방용품 회사 알레시의 예술적 제품들을 생각하면 정말 황당한 디자인이었다. 그 뒤로 지오반노니는 같은 계통의 유머러스한 디자인을 연속으로 내놓으며 세계적인 디자이너로 입지를 다졌다.

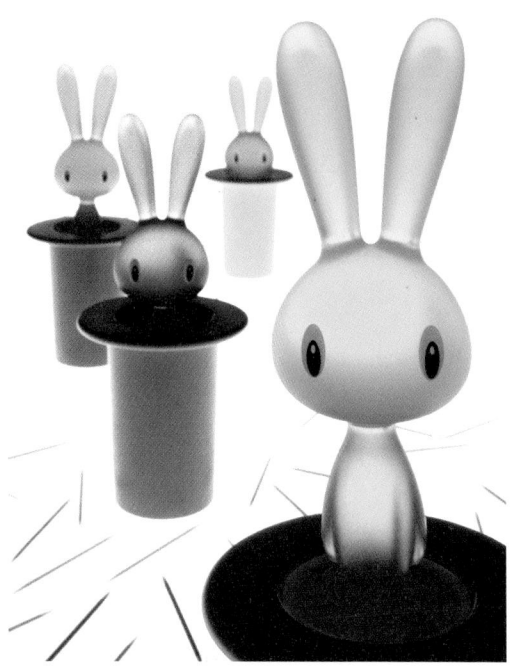

이쑤시개 통 매직 버니

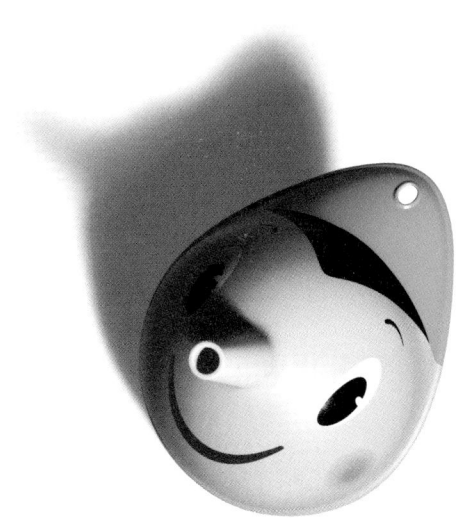

피노키오 얼굴 모양의 깔때기 피노

피노키오 얼굴 모양을 한 깔때기 피노도 그중 하나였다. 피노키오의 긴 코를 이용한 깔때기로, 둥근 얼굴 뒤로 액체를 부으면 코 부분을 통해 따를 수 있다. 크게 히트를 친 제품은 아니지만 보면 볼수록 마음이 가는 디자인이다.

지오반노니의 디자인 중에서 비교적 많이 알려진 것이 토끼 모양의 의자가 아닐까 싶다. 의자를 귀여운 토끼 모양으로 디자인했다는 것이 참으로 마음을 훈훈하게 한다. 이 의자는 큰 것과 작은 것 두 개가 있는데 작은 것은 아이가, 큰 것은 엄

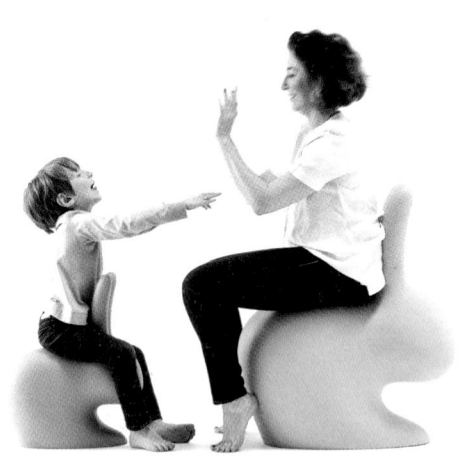

토끼 모양 의자에 앉아서 행복한 시간을 보내는 엄마와 아이

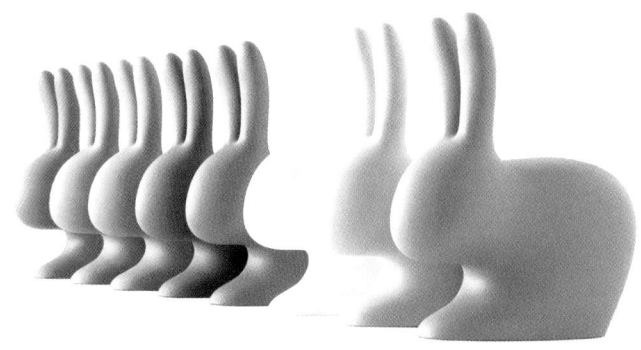

토끼 모양의 의자 래빗

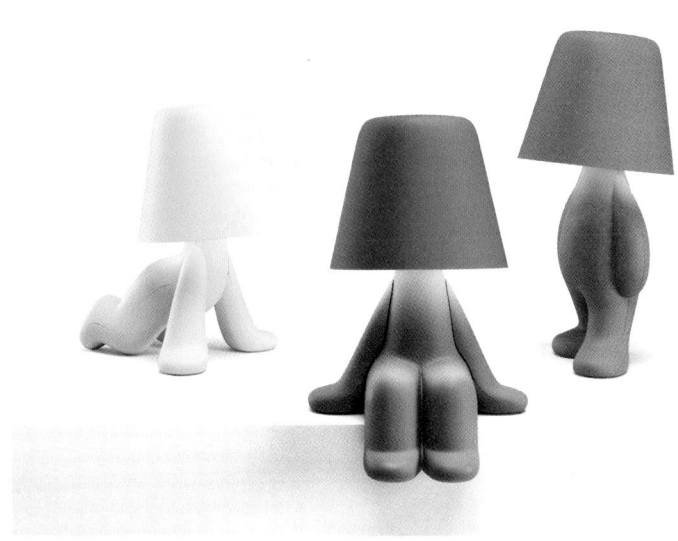

앙증맞은 조명인 스위트 브라더스

마나 아빠가 앉는 것으로 두 의자에 앉아서 부모와 아이가 함께 노는 것을 생각하면 얼굴에 웃음이 절로 번진다. 그런 의미에서 이 의자는 단지 앉기 좋고 재미있는 디자인이라기보다는 행복을 가져다주는 디자인이라고 하는 것이 옳을 듯싶다. 지오반노니의 재미있는 디자인이 위대한 이유가 바로 여기에 있다. 이렇게 사람을 행복하게, 웃게 만드는 디자인이라면 이 이상 좋은 디자인이 존재할 수 있을까?

아기의 가장 예쁜 포즈를 응용해서 만든 조명 스위트 브라더스도 보는 사람의 마음을 매우 흔들어놓는 디자인이다. 보통 이런 디자인을 두고 '의인화'라고 하는데, 이 조명은 의인화가 아니라 살아 있는 요정 아기 같다. 조명의 형태가 너무나 귀엽고 실감 나기 때문이다. 아기의 귀여움이 너무나 잘 표현되었는데 전등갓을 머리처럼 디자인해서 더욱 귀엽고 앙증맞으며, 지오반노니의 뛰어난 조형적 센스가 유감없이 드러난다.

세상을 다르게 보는 안목 같은 것은 전혀 찾아볼 수 없지만, 지오반노니의 디자인을 통해 살아 있는 행복, 인간적인 즐거움을 만끽할 수는 있다. 작가는 작품을 통해 수용자의 마음에 미적쾌감을 불러일으켜야 하는데, 지오반노니는 그런 과제를 너무나 훌륭하게 수행하고 있다. 하지만 누가 보더라도 마음을 요동치게 만드는 그의 디자인이 마냥 즐겁게만 만들어지지 않았을 것이다. 즐거움을 유발하는 작품 뒤에는 보이지 않는 그의 땀방울이 분명 엄청나게 들어갔을 텐데, 그것을 생각하면 그의 즐겁고 행복한 디자인 앞에서 마냥 웃고 있을 수만은 없다. 그러나 작가로서 그가 만든 성공적인 디자인들을 보면서 한껏 웃어주는 것이 그에 대한 보답이 되지 않을까 싶다.

디자인을 받아들이는 수용자

디자인 소비자와 수용자

다케우치 도시오竹內敏雄는 "어떤 사물이 그것 자체에 있어서가 아니라 미적태도를 취하는 주관에 대해서만 미적대상으로서 성립한다"고 했다. 이 말은 결국 예술은 감상하는 측에 의해서 결정되고 완성된다는 뜻이다. 또 예술작품은 해석하는 사람에게 최상의 이해를 요구한다는 말도 있는데, 이 말은 예술의 가치가 그것을 받아들이는 사람의 능력에 의해서 좌우된다는 뜻이다. 그래서 현대미학, 현대예술에서 가장 중요한 존재는 예술을 받아들이는 사람, 수용자다.

　디자인을 미학적으로 볼 때도 마찬가지다. 결국 디자인을 받아들이는 사람이 디자인의 모든 것을 결정한다. 지금까지 살펴본 내용들은 모두 이 수용자를 설명하기 위한 것이었다고 해도 과언이 아니다. '디자인을 받아들이는 수용자'. 결국 이것이 디자인 미학의 핵심이라고 할 수 있다. 그런데 이것을 디자인을 사는 소비자가 디자인을 결정한다는 식으로 해석하면 곤란하다. 여기서 소비자와 수용자의 차이에 대해 짚고 넘어가자.

　디자인을 소비하는 사람과 수용하는 사람은 먼저 디자인 안에 담긴 가치를 이해하는지 그렇지 않은지에 따라 구분된다. 그리고 그러한 가치를 수용하면서 미적쾌감을 얻는 사람이 진정한 디자인 수용자다. 그래서 디자인 수용자는 대상의 형식적인 아름다움과 내용적인 아름다움에 대해 공감하고, 그것이 지닌 미적가치에 합당한 비용을 지불한 뒤에 향유한다. 반면에 소비자는 대상의 미적가치에 대한 고찰 없이 자신의 물리적 욕구를 충족시키는 수단으로서만 디자인을 소비한다. 소비자는 오로지 소비라는 목적에만 치중하고 디자인에 담긴 가치에 대해서는 신경 쓰지 않는다. 그래서 소비자를 위한 디자인을 할 때는 가치를 담지 않고 기능이나 기술에만 매달린다.

디자인은 어떻게 수용되는가?

수용자는 이름에서도 알 수 있는 것처럼 작품에 들어 있는 가치를 밝혀내고, 그것을 받아들이는 사람이다. 여기서 알 수 있

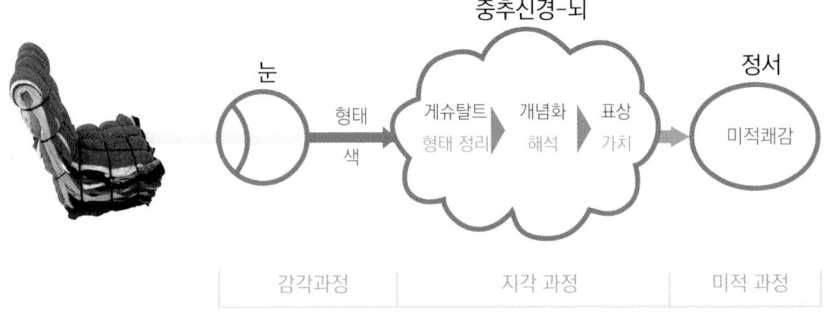

중추신경-뇌

눈

정서

형태
색

게슈탈트
형태 정리

개념화
해석

표상
가치

미적쾌감

감각과정   지각 과정   미적 과정

수용자의 수용과정

는 것은 수용자가 작품을 수용하는 행위가 주체적이면서 과정
적이라는 사실이다.

　우선 수용자는 작품이 어떤지 눈으로 본다. 작품을 디자
인으로 한정한다고 해도 같다. 눈을 감으면 어떤 디자인이라
도 만날 수 없다. 이때 눈으로 접수되는 정보는 색과 형태다.
눈으로 감지된 색과 형태에 대한 데이터는 곧 중추신경으로
전달된다. 이 과정은 순전히 미적대상인 디자인과 눈이라는
감각기관과의 작용이라서 '감각과정'이라고 할 수 있다.

　그다음에는 색과 형태에 관한 정보를 분석해서 그 안에

들어 있는 가치를 파악한다. 이 과정은 순전히 중추신경인 뇌 안에서 일어나는데, 다소 복잡한 단계를 거친다. 먼저 눈으로 본 색과 형태가 무엇인지를 정리한다. 그런 뒤 정리된 데이터를 분석해서 그 안에 들어 있는 가치를 해석하고 그 가치를 평가한다. 여기까지는 중추신경 영역 중에서 이성이 주로 관여한다. 그래서 이 단계까지를 '지각 과정'이라고 할 수 있다. 그러고 나서 미적판단을 내리고 미적 감흥에 접어드는 단계로 넘어간다. 이 과정에서는 중추신경 중에서 정서가 관여한다. 그리고 미적가치의 수준에 따라 정서의 움직임이 결정된다.

간단히 정리하면 미적인식 과정은 감각 작용·지각 작용·미적 작용, 이렇게 세 단계를 거친다. 실제로는 이 과정이 순식간에 일어나기 때문에 수용자의 미적판단이 순간적으로, 직관에 따라 이루어지는 것처럼 느껴진다. 디자인도 예외 없이 이 과정을 똑같이 거치면서 수용자들에게 수용된다. 그렇기 때문에 수용자가 디자인을 어떻게 받아들이는지를 이해하기 위해서는 미적인식 과정에 대해 세밀하게 살펴보아야 한다. 크게 감각기관이 중심이 되어서 일어나는 감각과정과 중추신경이 작동하는 지각 과정, 정서가 움직이는 미적 과정, 이렇게 세 부분으로 나누어서 살펴보면 수용자의 미적인식 과정을 어느 정도 이해할 수 있다.

작품으로서의 디자인이 최초로 수용자에게 접수되는 곳은 감각기관인 눈이다. 눈으로 본다는 것은 눈동자 안의 둥근 벽에 엄청나게 많이 깔린 센서, 즉 시세포의 수정체를 통과해서 들어간 빛이 감지되는 기계적인 작용이다. 이 과정에서 결정적인 역할을 하는 것이 시세포인데, 크게 추상세포와 간상세포가 있다.

하나가 아니라 여러 개의 세포가 있는 것은 각 세포들이 담당하는 빛의 주파수 영역대가 다르기 때문이다. 특히 추상세포 안에는 세 개의 센서 부분이 있는데 각각 RGB, 즉 삼광색으로 불리는 빨간색, 녹색, 파란색의 주파수 영역대를 감지한다. 간상세포는 낮은 파장의 빛을 감지하기 때문에 어두운 곳에서 크게 활약한다.

그래서 우리가 무엇을 본다고 하는 것은 사실 빛을 보는 것이다. 색과 형태는 눈이 본 것이라기보다 시세포에서 감지된 빛을 중추신경에서 해석한 것이다. 따라서 착시현상은 중추신경이 빛을 해석하는 과정에서 생겨난 오류로 인한 것이다. 이 오류가 꼭 나쁘다고 할 수가 없는 까닭은 착시효과가 없다면 우리가 극장에서 영화를 제대로 볼 수 없기 때문이다. 영화는 정지된 장면을 순식간에 연속해서 보는 것인데, 각각의 장면을 뇌가 연속해서 움직이는 그림으로 착각하기 때문에 영화를 보는 데 별문제가 없는 것이다. 이처럼 눈으로 본다는 것은 사실 매우 복잡한 작용이며, 오류도 많이 일어난다.

디자인과 관련해서 중요한 눈의 작용은 빛을 통해 형태와 색을 감지하는 것이다. 이것이 디자인의 형식이 되는데, 이 형식 안에서 내용을 드러내는 것이 미적인식 과정의 핵심이다. 그렇기 때문에 눈을 통해 감지되는 형태와 색은 미적인식이 이루어지는 재료로서 중요하다. 그런데 형태와 색은 그 자체로서 형식미를 결정하고 곧바로 미적쾌감을 불러일으킬 수도 있다. 그래서 형태와 색에서는 조형적인 아름다움을 감지하는 것이 중요하다.

먼저 형태의 아름다움은 주로 '비례'에 의해 좌우된다. 이는 우리의 눈이 비례를 통해 아름다움을 감지한다고 할 수도 있는데, 사람의 얼굴을 생각하면 쉽다. 조형적인 훈련을 받지 않은 사람이라고 하더라도 잘생겼는지 못생겼는지를 어렵지 않게 구분한다. 사람의 얼굴은 누구나 똑같은 구조로 되어 있지만 이목구비의 비례의 차이로 외모가 극명하게 나뉘는 것을 보면 비례가 얼마나 무시무시한 힘을 가지는지 알 수 있다.

디자인도 마찬가지다. 복잡한 형태든 단순한 형태든 비례가 잘 잡혀 있으면 아름다워 보인다. 다만 주의해야 할 것은 그리스시대의 황금비례처럼 도깨비방망이 같은 비례값은 없다는 사실이나. 그러니 가장 적절한 비례를 가진 디자인이 아

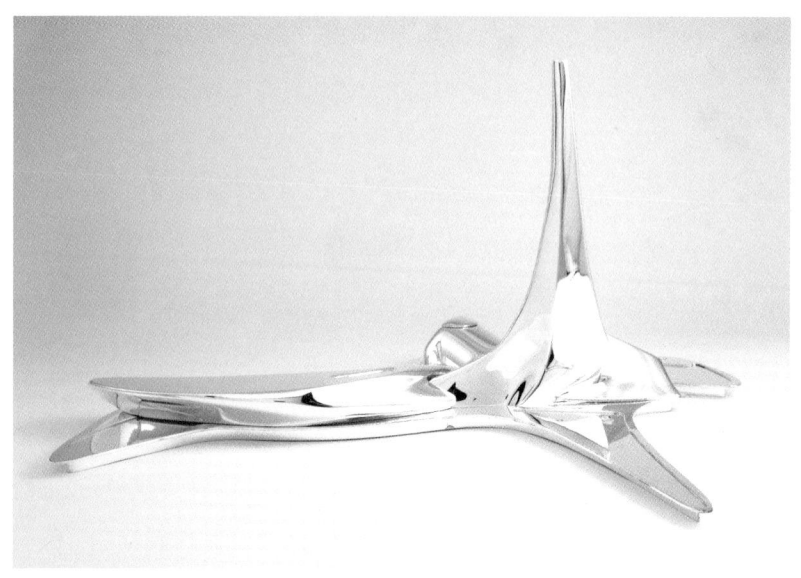

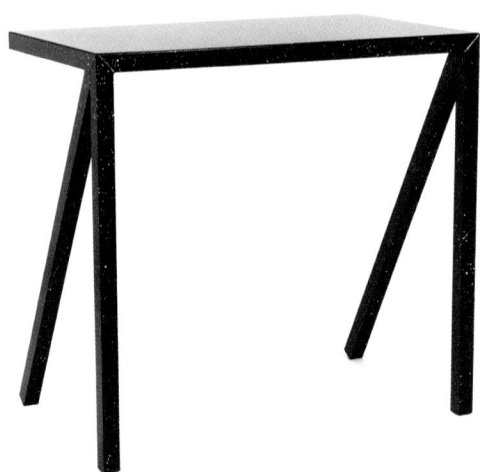

비례가 복잡한 디자인과 비례가 단순한 디자인

름다워 보인다. 이와 관련해 대비가 심한 비례의 디자인과 그
렇지 않은 디자인을 비교하면서 아름다운 비례의 상대적 차이
를 살펴보는 것이 좋다.

먼저 사진에서 보듯이 용기의 꼭지 부분이 휘어져서 넓고
긴 몸통과 비례의 대비가 심한 디자인은 시선을 강하게 끈다.
통상 이런 비례는 아름답다고 여겨진다. 하지만 비례의 차이

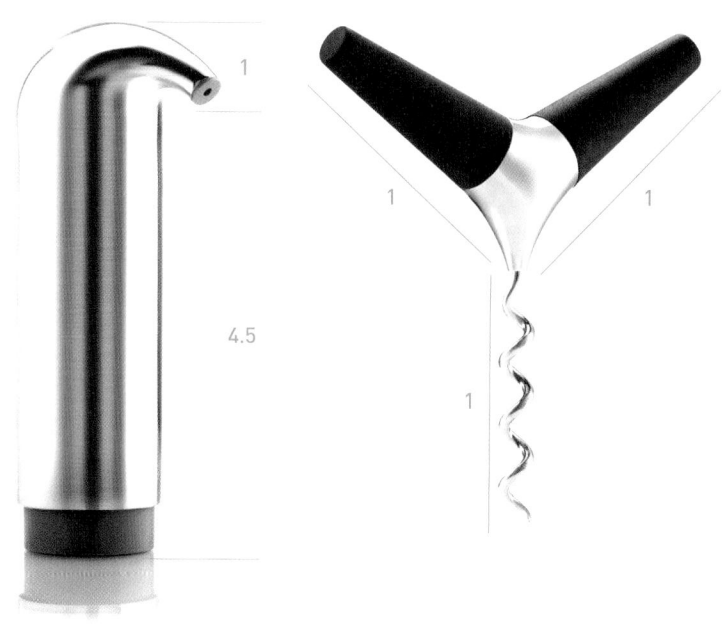

비례의 대비가 심한 디자인과 그렇지 않은 디자인

가 커지면 시각적 자극도가 강해져서 피로감을 준다는 단점이 있다. 그 반면 손잡이와 스크루 부분이 각각 비슷한 비례를 이루는 와인 오프너 디자인은 안정되어 보인다. 크게 시선을 끌지는 못하더라도 이런 비례의 디자인은 은은한 매력이 있다.

형태는 비례와 관련해서 구조의 문제도 안고 있다. 가령 대비는 심한데 심플해서 강한 인상을 주는 디자인도 있고, 구조가 복잡하고 다양한 비례가 구현되어 있어서 볼거리가 풍성한 디자인도 있다. 앞의 것은 명료하면서도 눈을 집중시키는 아름다움이 있고, 뒤의 것은 다양한 요소가 어우러져서 다양한 변화를 이루는 아름다움이 있다.

이처럼 우리의 눈은 여러 양상을 가진 아름다움을 모두 받아들이면서 다양한 아름다움을 즐기려는 특징이 있다. 가끔 취향이 개입해 눈의 순수한 작용을 방해하기도 하지만 디자인을 받아들이는 사람들은 대체로 다양한 형태의 아름다움을 적극적으로 즐기려 한다.

색도 수용자의 감각에 아주 큰 즐거움을 주는 요소다. 색은 앞서 살펴본 것처럼 색채, 명도, 채도라는 원리에 입각해서 수용자의 눈을 즐겁게 해준다.

색채는 대비가 심하지 않은 인접색과 대비가 심한 보색으로 나눌 수 있다. 인접색이든 보색이든 색채의 성격일 뿐이기 때문에 이것이 색채의 아름다움을 결정하지는 않는다. 어떤

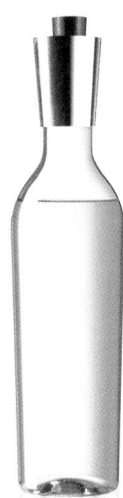

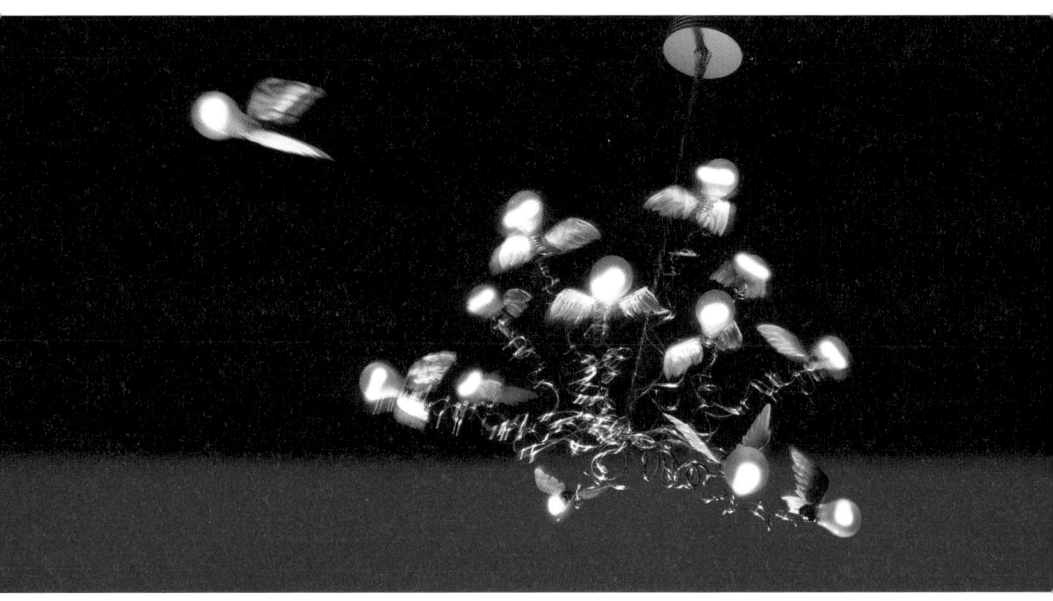

대비가 심하면서 심플한 디자인과 대비가 다양하면서 복잡한 디자인

색채의 특징이 되었든지 성격에 따라 최적의 색채를 구현한 것이 미적쾌감을 준다. 빨간색의 인접색인 레몬 옐로우와 마젠타로 이루어진 베르사체의 패션 디자인은 인접색으로 이루어졌음에도 눈부시게 아름다워 보인다. 기준색인 빨간색을 빼고, 마젠타와 순노란색이 아닌 레몬 옐로우로 조금이라도 대비가 심한 인접색을 대비시켰기 때문이다. 멘디니가 디자인한 스와치시계의 매장은 보색인 청록색과 빨간색으로 대비를 이

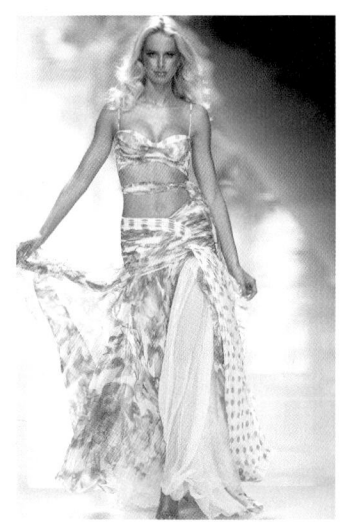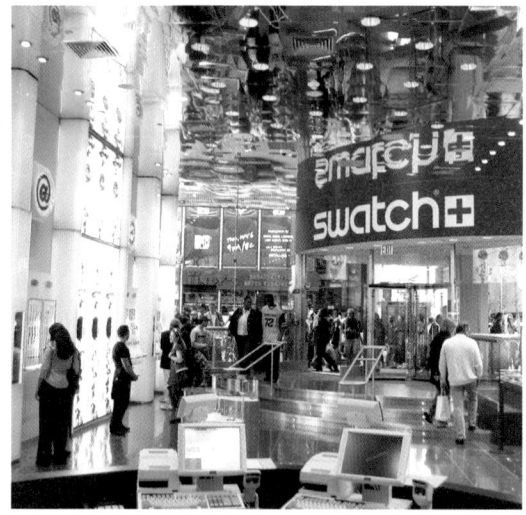

인접색으로 이루어진 디자인과 보색으로 이루어진 디자인의 아름다움

루고 있어서 아주 두드러져 보인다. 이처럼 어떤 색의 원리를 표현하더라도 적절한 조화를 이루면 아름다워 보인다.

색의 원리 중에서 중요한 것이 바로 밝기다. 밝기는 눈에 잘 보이지는 않지만 색의 조화를 결정하는 매우 중요한 요소다. 색의 밝기 또한 대비가 심한 디자인과 그렇지 않은 디자인을 중심으로 살펴보면 좋다. 일반적으로 밝기의 대비가 심하

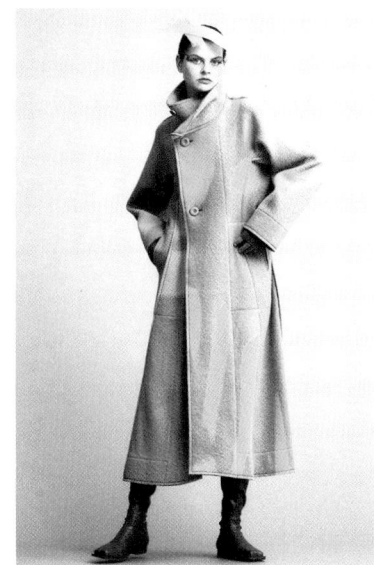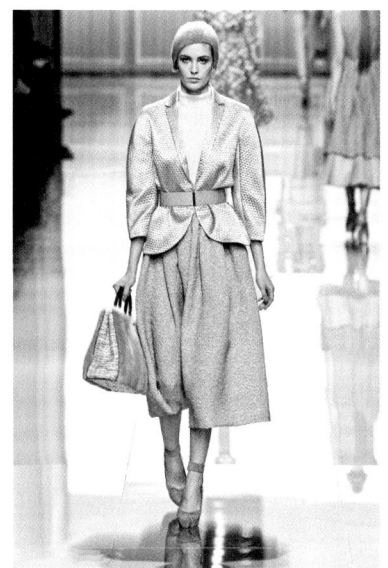

채도 차이가 많이 나는 패션 디자인과 그렇지 않은 패션 디자인

면 좋다고 생각하는데, 이 역시 상황에 적합한 색의 조화를 이루는 것이 좋다고 할 수 있다.

색의 밝기 차이가 많이 나지 않는 패션 디자인을 보면 대단히 신비로워 보인다. 순전히 색의 밝기만으로 이러한 아름다움을 표현한다는 사실이 참으로 놀랍다. 그렇다고 색의 밝기 차이가 많이 나는 디자인이 매력 없다고 할 수도 없다. 멘디니가 디자인한 의자에는 많은 색깔들이 들어 있는데 오히려 그렇기 때문에 아주 화려해 보인다. 물론 색의 조화가 잘되어 있어서 혼란스럽지 않고 아름다워 보이는 것이다.

색의 성질 중에 채도가 있다. 명도에 비해서 채도는 감지하기 어렵지만, 채도는 가장 심오한 색의 원리이자 색이 가진 아름다움의 절정이라고 할 만하다. 채도 역시 대비의 강약에 따라 살펴보는 것이 좋다.

회색과 노란색으로 디자인된 패션은 노란색이 더 노랗게 보이며 심지어 발랄한 색이 아니라 아주 우아한 색으로 보인다. 회색은 채도가 가장 낮은 색이라서 채도가 높은 노란색과 심한 채도대비를 이루는데, 그 때문에 노란색이 회색의 영향을 받아서 독특한 이미지를 가지게 된다.

반대로 채도가 비슷한 색들로 디자인된 패션을 보자. 전체적으로 매우 깊고 우아해 보인다. 고채도 색에서는 절대 느낄 수 없는 우아함이다. 이 중에서 허리 벨트가 가장 채도가 높고 재킷이 그다음이며 치마가 가장 채도가 낮다. 색채는 서로 비슷한데 채도가 단계적으로 변하고 있어서 차분하면서도 화사해 보인다.

　원리적으로는 서로 다르지만 색이 어우러져 아름답게 보이는 점에 있어서는 모두가 동일하다. 그러니 색의 원리만 제대로 알아두면 다양한 색의 아름다움을 폭넓게 아우를 수 있다. 따라서 꼭 이해하지는 못하더라도 이미 눈은 다 보고 있으니

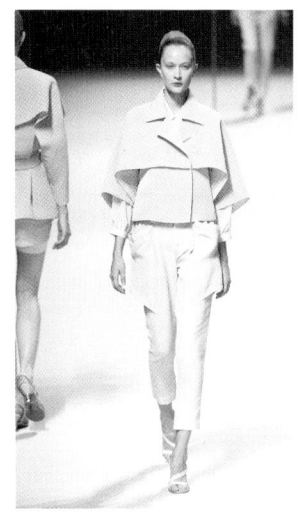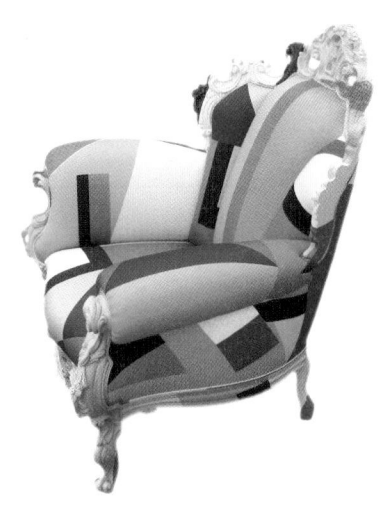

색의 밝기 차이가 많이 나는 패션 디자인과 의자 디자인

많은 색을 경험하면서 색을 보는 눈을 높여나가는 것이 좋다.

이상에서 살펴본 것처럼 눈으로 감지되는 형태와 색은 다양한 원리로 움직이는데, 각각의 원리를 잘 이해하면 감각 수준을 많이 높일 수 있다. 체계적으로 훈련을 받지 않더라도 이미 눈은 기계적으로 작동하면서 모두 보고 있기 때문에 디자인을 받아들이고 감상하는 데에는 큰 문제가 없다.

디자인 지각 과정에서의 게슈탈트

우리가 눈으로 보는 것은 대부분 불완전하다. 그럼에도 우리는 온전한 세상을 보고 있다고 생각하는데, 아무런 이상을 느끼지 못한 채 살 수 있는 것은 불완전한 시각 데이터를 중추신경의 초입 과정에서 완전한 상태로 수정 보완하기 때문이다. 이러한 작용을 게슈탈트Gestalt라고 한다.

가장 이해하기 쉬운 게슈탈트 작용 예시로 별자리가 있다. 별자리는 밤하늘에 흩뿌려진 수많은 별 중에 몇 개를 선으로 이어서 여러 가지 형태로 유비시킨다. 사람들은 불규칙한 형태에 질서를 부여하면서 세상을 이해했다.

디자인은 이 게슈탈트 능력에서부터 수용자의 능동적인 미적 지각 과정이 시작된다. 사람들은 디자인을 보는 순간 게슈탈트 작용을 통해 불완전한 시각 정보를 적극적으로 완전한 상태로 만든다.

게슈탈트 작용은 디자인에서 아주 흔하고 일상적이다. 디자인 수용자의 적극적인 게슈탈트 작용이 없었다면 아마 모든 디자인 작업은 불가능했을 것이다. 아주 많은 디자이너가 자신의 디자인을 수용자가 적극적으로 받아들일 수 있게 일부러 불완전한 시각 정보를 던져주기도 한다. 이를테면 요시오카가 스와로브스키를 위해 디자인한 모뉴먼트가 그렇다.

요시오카는 스와로브스키의 작은 크리스털 조각들을 사각형 틀에 고정한 뒤 각각의 조각 뒤쪽으로 유리섬유를 붙이고 그 끝을 조명에 연결했다. 그리고 컴퓨터로 유리섬유에 연결된 조명을 켰다 껐다 해 특정한 형상이 만들어지도록 했다. 물론 그것을 보는 사람들은 게슈탈트 작용을 통해 특정한 형상으로 인식하게 된다. 그림에서는 여성의 얼굴이 보이지만 실제로 눈에 보이는 것은 작은 크리스털 조각들의 밝고 어두움뿐이다. 게슈탈트 작용을 매우 잘 활용한 디자인이다.

이번에는 한 성형외과에서 홍보용으로 만든 종이컵을 보자. 보는 바와 같이 컵에 담긴 음료를 마시는 순간 자동으로 코 성형이 된다. 컵에 그려진 코 모양을 컵을 사용하는 사람의 얼굴과 연결해서 보기 때문이다. 인간이라면 누구나 가지고 있는 게슈탈트적 성향을 잘 활용한 디자인이다. 또한 이 종이컵 디자인은 디자인에 담기는 내용 가치를 설명하는 데 매우

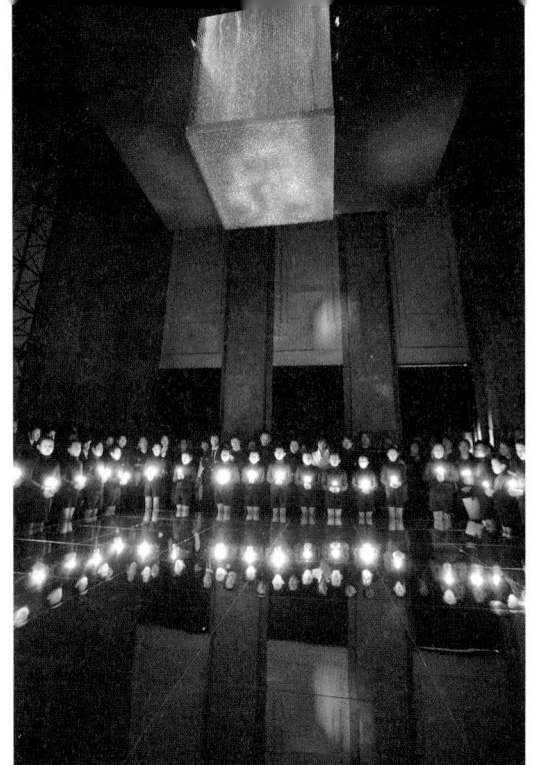

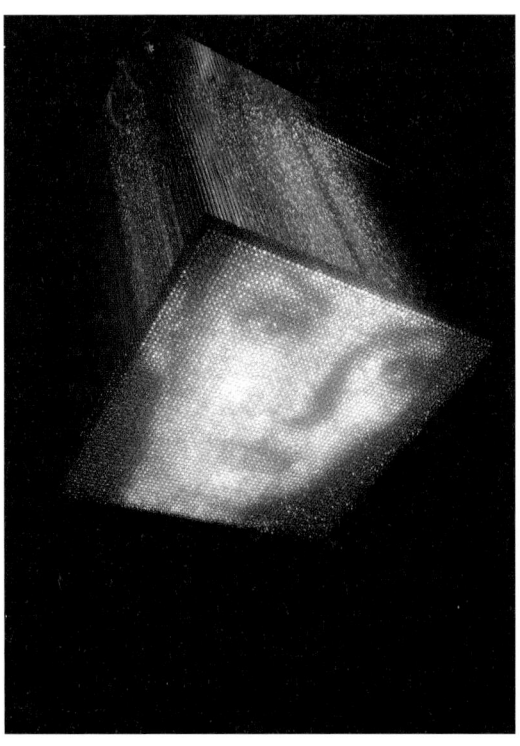

게슈탈트 작용을 통해 인지되는 사람의 얼굴

유용한 사례이기도 하다. 종이컵과 성형외과 홍보와 종이컵을
사용하는 사람의 관계가 절묘하게 어우러져 대단한 은유적 메
시지가 만들어지는, 정말 무릎을 치게 만드는 디자인이다.

앞에서 여러 디자이너를 살펴보았듯이 디자인으로 만들
수 있는 가치가 참으로 다양하고 많다는 것을 알 수 있는데,
종이컵 하나에도 이러한 재미있는 메시지를 담아내는 것을 보

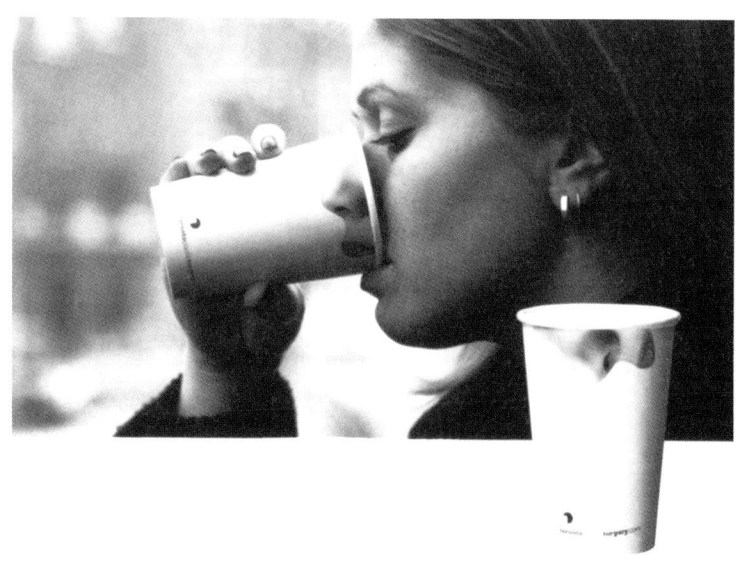

게슈탈트 작용을 통해 수용자가 큰 감동을 받게 하는 노즈 컵 디자인

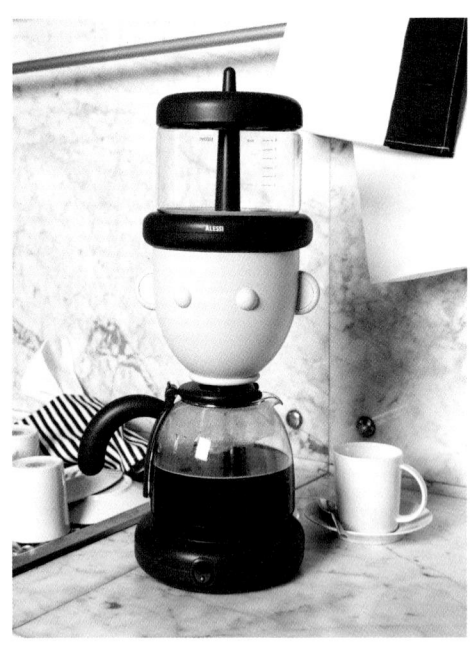

면 디자인을 고리타분한 명분에 가두어놓는 것이 얼마나 허무맹랑한 것인지 절감하게 된다.

한편 멘디니가 디자인한 커피 메이커는 얼핏 어린아이가 목도리를 하고 있는 것처럼 보인다. 게슈탈트 원리 중 하나인 '전경과 후경'을 적용한 디자인이다. 말하자면 하나의 형태에 두 가지의 이미지를 겹쳐놓는, 일종의 착시효과다. 이론만 보

알레산드로 멘디니의
커피 메이커 제오

면 건조하지만, 멘디니는 게슈탈트 원리를 이렇게 동심으로 충만한 디자인으로 재미있게 표현했다. 보는 사람이 두 개의 이미지 가운데 하나를 선택해서 보면 된다. 커피를 마실 때는 커피 메이커로, 그렇지 않을 때는 귀여운 아이의 모습으로 보면 일상이 아주 즐거울 것이다.

이렇게 지각 과정 초입에서는 시각적 데이터를 완전하게 만드는 게슈탈트 작용이 일어나는데, 이미 많은 디자이너가 이런 과정에 걸맞은 디자인을 하고 있다. 왜냐하면 지각 작용 안으로 들어가게 되면 점점 더 표피적인 시각적인 효과보다는 디자인 안에 담기는 내용 가치를 통해 정신적 감동을 유발할 수 있기 때문이다.

디자인 지각 과정에서의 아이디어

디자인을 지각하는 과정에서 수용자는 디자인에 담긴 내용 가치를 파악하고 드러내는 작업을 하게 된다. 그런데 이 과정에서 상대적으로 무겁지 않은 정신적인 가치들이 먼저 가치를 드러낸다. 실용적인 아이디어나 즉각적으로 흥미를 이끄는 가치들을 가진 디자인들이 먼저 발굴되는 것이다.

나사못처럼 생긴 지우개를 보면 단순히 희한한 모양으로 디자인된 깃이 아니라 많이 써도 모서리가 닳지 않는 모양으

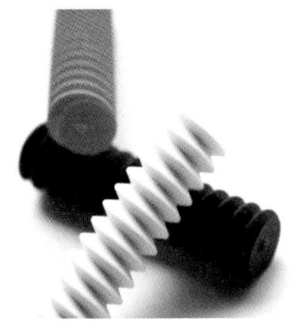

모서리가 닿지 않는 지우개

로 디자인되었다는 것을 알 수 있다. 이 지우개가 심금을 울릴 만한 가치를 가지고 있다고 할 수는 없지만 일상생활 속에서 겪는 소소한 불편함을 기발한 아이디어로 해소하는 디자인을 만나면 체증이 내려간 것 같은 기분이 든다. 같은 아이디어라도 이렇게 소프트하고 일상에 밀착된 아이디어는 디자인을 수용하는 사람의 기분을 아주 산뜻하게 만들어준다.

실용적인 아이디어는 아니지만 매우 유효적절하게 마음을 풀어주는 디자인들도 있다. 우산을 폈을 때 맑은 하늘과 구름이 나타나는 디자인은 우산을 펴야 하는 상황을 몹시 즐겁게 만들어준다. 이 우산을 쓰고 우산 바깥과 우산 내부의 전혀 다른 일기를 보는 것도 아주 재미있을 것이다. 아직도 이런 디

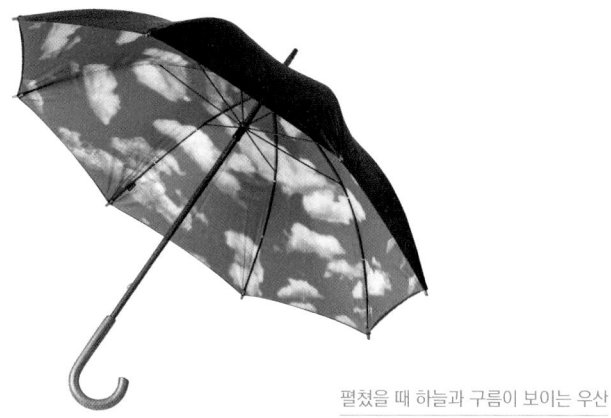

펼쳤을 때 하늘과 구름이 보이는 우산

자인을 '감성디자인'이라는 굴레에 가두어놓는지 모르겠지만, 기능성만 추구하는 디자인에 모자람 없는 비중 있는 이름을 붙여야 하지 않을까 싶다. 이 디자인이 사람들의 마음에 미치는 영향이나 위로를 생각하면 꼭 그렇게 되어야 할 것 같다.

　다음 파리채를 처음 보았을 때 참 황당했던 기억이 있다. 우선 세계 최고의 디자이너가 파리채를 디자인했다는 것부터 놀라웠다. 아무리 바늘에서 우주선까지 디자인한다고 하지만 파리채라니! 게다가 이 파리채는 볼수록 놀라운데, 우선 파리채가 세 개의 작은 발로 수직으로 서 있다. 자세히 보면 가느다란 몸체지만 필립스탁의 우아한 곡선미가 은은하게 표현되어 있다. 그리고 이 파리채를 가장 돋보이게 만드는 부분은 머리, 즉 파리를 때려잡는 부분이다. 보통 이 부분은 파리채를 휘두를 때 공기저항을 최소화하고 파리가 빠져나가지 못할 만큼의 크기로 구멍을 숭숭 뚫어놓는데, 이 파리채의 구멍 크기는 다르게 되어 있다. 바로 이 부분이 '신의 한 수'다. 거리를 두고 파리채를 보면 크기가 다양한 구멍들이 은은하게 사람의 얼굴 형상을 만들어내고 있기 때문이다. 파리채 머리에 사람의 얼굴 모양을 왜 넣었는지 모르겠지만, 이 뜬금없는 콜라주

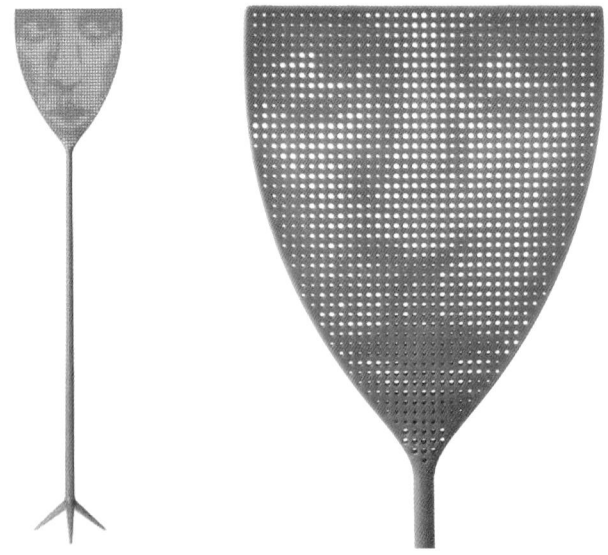

필립스탁의 파리채

가 유머러스함을 더한다.

　일본의 디자인그룹 넨도는 오랫동안 일상용품을 기발하게 디자인하면서 우리의 삶을 새롭게 돌아보게 만들었다. 넨도는 찻주전자를 디자인할 때도 기발함을 발휘했다. 다소 평범하고 멀쩡해 보지만 여기서 눈여겨보아야 할 것은 뚜껑이다. 나무를 두껍게 깎아 밑을 뾰족하게 해놓았는데, 그 모양이 팽이로 되어 있다. 차를 마시는 도중에 팽이를 쓸 일이 있을까 싶지만 차를 우리는 동안 가볍게 팽이를 돌리라는 뜻인 것 같다. 다도의 엄숙함에 약간의 심리적 균열을 불러일으킬 만한 디자인이다. 미학적으로 큰 충격을 주지는 않지만 소소한 재미를 준다.

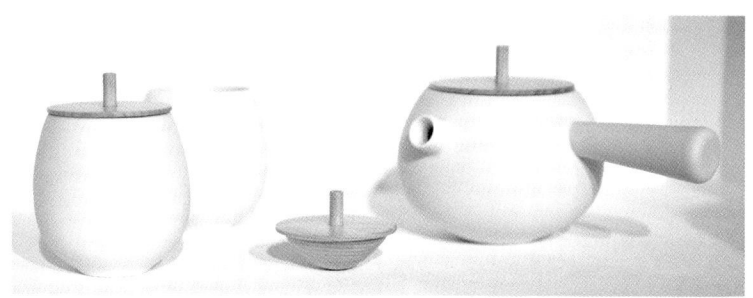

넨도의 찻주전자와 팽이 뚜껑

이상에서 살펴본 디자인들은 뚜렷하게 내세울 만한 내용 가치를 축적하고 있는 것은 아니지만 가벼운 아이디어로 일상을 즐겁게 만들어준다. 디자인이 갖출 수 있는 내용적 아름다움의 가장 소프트한 정도라고 할 수 있다. 어쩌면 우리에게는 이 같은 소소한 즐거움을 주는 디자인이 더 필요할지도 모르겠다. 아무튼 이러한 디자인들은 디자인을 받아들이는 사람들의 마음을 부담 없이 받아주고 위로해주는 힘이 있다. 이처럼 실용적인 아이디어나 은유적인 아이디어가 구현된 디자인들은 디자인을 받아들이는 사람의 지각 과정 중에서 초입 단계에 해당한다.

디자인 지각 과정에서 만나게 되는 최고의 감동

결국 디자인을 미학적으로 대했을 때 주목하게 되는 것은 대단한 미적쾌감을 주는 디자인이다. 이론적으로는 많은 말을 할 수 있지만, 진짜 그런 감동을 주는 디자인들을 만나 보는 것만큼 중요한 것은 없다.

아르네 야콥슨Arne Jacobsen은 "형形이라는 것은 그것을 지각하는 데 우리들이 곤란을 느끼고 또 소재의 저항을 느끼는 사이에 존재한다"라고 했다. 이 말은 경험해보지 못한 형태를 접했을 때 무한한 감동을 느끼게 된다는 뜻이다. 콜라니의 트

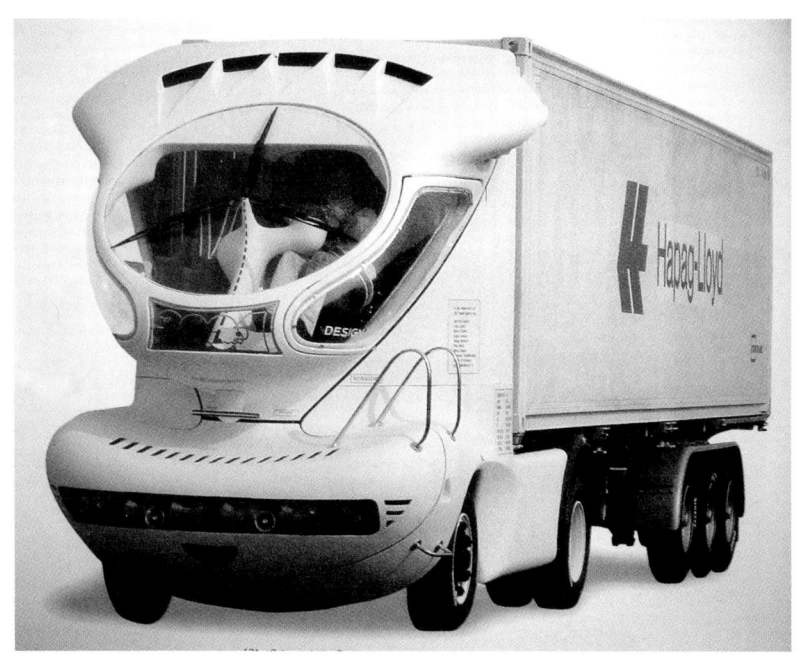

시대를 앞서간 루이지 콜라니의 트럭

력 디자인은 거기에 딱 맞는 사례가 아닌가 싶다.

　화물을 운송하는 트럭이 이런 형태라는 것은 지금 보아
도 낯설다. 일단 트럭의 앞면이 위아래로 나누어져 있고 모든
형태가 둥글둥글하다. 공기저항을 완화시키기 위해 트럭의 위
아래를 나누고 달걀 같은 유선형으로 디자인했다고 한다. 그
런데 트럭 위쪽의 디자인이 아주 특이하다. 원형의 창과 시계
처럼 돌아가는 와이퍼는 어디에서도 볼 수 없는 놀라운 구조
다. 그리고 그 위로 이어지는 경사면의 공기흡입구는 이 트럭
을 매우 힘 있어 보이게 한다. 운전대는 외계 우주선에나 붙어
있을 것 같은 모양이고, 양옆의 투명한 유리창은 아주 아름답
다. 또한 아랫부분의 유기적 형태은 단순해 보이면서도 힘 있
어 보인다. 각 부분들이 기능적 가치를 가지고 있지만 이 트럭
은 당장이라도 하늘을 날아갈 것처럼 보인다.

　이 트럭 디자인이 대단한 이유는 트럭에 대한 우리의 일
반적인 생각에서 한참이나 벗어나 있기 때문이다. 쉬워 보
일 수도 있지만 사람들의 인식을 넘어서는 디자인을 하는 것
은 대단히 어려운 일이다. 게다가 이 트럭을 디자인한 시기가
1977년이니 이 트럭의 디자이너인 콜라니는 다른 시공간에
서 온 것이 분명하다.

　지금은 시디로 음악을 잘 듣지 않기 때문에 그 의미가 많
이 퇴색되었지만, 이 디자인이 처음 세상에 나왔을 때는 대단

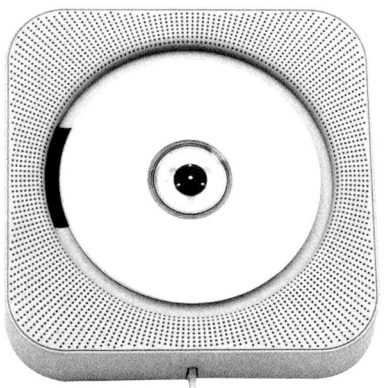

무인양품을 위한 후카사와 나오토의 시디플레이어

한 센세이션을 불러일으켰다. 그런데 기능적으로 뛰어난 점은 거의 없었다. 이 시디플레이어는 휴대할 수 없고, 오로지 벽에 걸어놓고 사용해야 하는데 뚜껑이 없어서 시디를 보호할 수도 없다. 게다가 스피커도 따로 없어서 몸체에 내장되어 있는 것을 사용할 수밖에 없다. 그럼에도 이 시디플레이어는 국제적인 인기를 얻었고, 디자이너 후카사와 나오토深澤直人는 단박에 세계적인 디자이너가 되었다. 어떻게 그럴 수 있었을까?

이유는 바로 환풍기 같은 디자인에 있다. 정사각형의 모양과 빙글빙글 도는 구조, 그리고 전깃줄을 아래로 당기면서 온오프를 조절하는 방식은 산업화 시기에 많은 공장과 사무실 출입문 위쪽에 달려 있던 환풍기와 유사하다. 그러니까 산업화 시대를 관통한 사람이라면 이 시디플레이어를 봤을 때 틀림없이 환풍기를 연상할 것이다.

다시 말해 나오토는 이 시디플레이어를 디자인할 때 기술을 활용한 것이 아니라 기억, 그것도 힘들었을 때의 기억을 활용했던 것이다. 인문학적 관점에서 말하면 문화인류학적 가치로 제품을 디자인했던 것이다. 전 세계적으로 공유하고 있는 기억, 추억을 활용해서 디자인을 했기 때문에 많은 사람의 심금을 울렸고, 그 결과 세계적인 명성과 인기를 얻을 수 있었다. 제품이 기능이 아니라 추억을 소환하는 사례는 아마 이 시디플레이어밖에 없을 것이다.

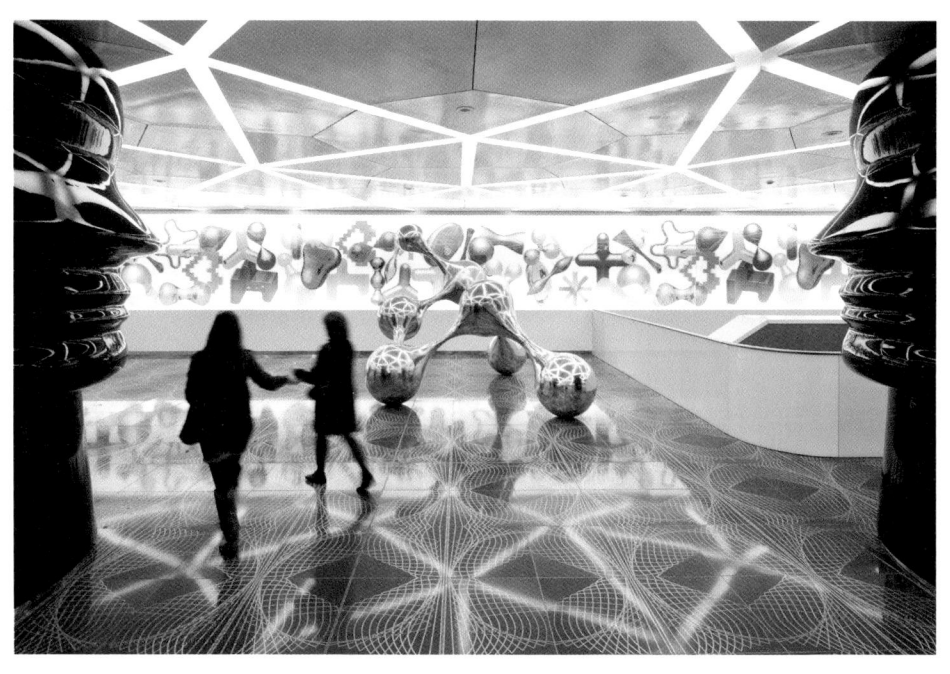

카림 라시드가 디자인한 나폴리 지하철역

파리바게트의 생수병 디자이너로 잘 알려진 카림 라시드는 나폴리 지하철역의 인테리어를 디자인해 세계적인 명성을 얻었다. 왜냐하면 일반인들이 사용하는 공간을 마치 화랑처럼 최고로 럭셔리하게 디자인했기 때문이다. 기둥에는 사람 얼굴 모양으로 만들어진 거대한 조형물을 달아놓았고, 사람들이 많이 오가는 로비에는 온통 번쩍거리는 금속조각물을 설치해놓았다. 그리고 넓은 벽면에는 자신이 그린 여러 장식적 패턴을 회화작품처럼 걸어놓았다. 천장과 바닥에는 네온과 패턴을 넣어서 초현실적인 공간으로 만들어놓았다. 지하철역이라면 청결하고 심플한 분위기에 기능적 편리함만을 추구하면 될 것 같지만 이 지하철역을 보면 그러한 선입견이 깨진다. 그리고 미학적 디자인이야말로 가장 첨단의 디자인이라는 사실을 절감하게 된다.

일본의 건축가 구마 겐고隈研吾가 디자인한 파인애플 케이크 전문점 서니힐즈는 건물 전체가 각목으로 둘러싸여 있어서 멀리서도 한눈에 알아볼 수 있을 정도로 인상이 강하다. 겐고는 일본의 전통적인 목조건축의 이미지를 현대적으로 재해석해놓았는데 아무리 보아도 이것을 건축물이라고 하기에는 다소 난감하다.

하지만 안으로 들어가면 멀쩡한 상가건물이다. 건물 안쪽에도 각목의 일부를 관통시켜 놓았다. 적어도 이 건물은 이 세

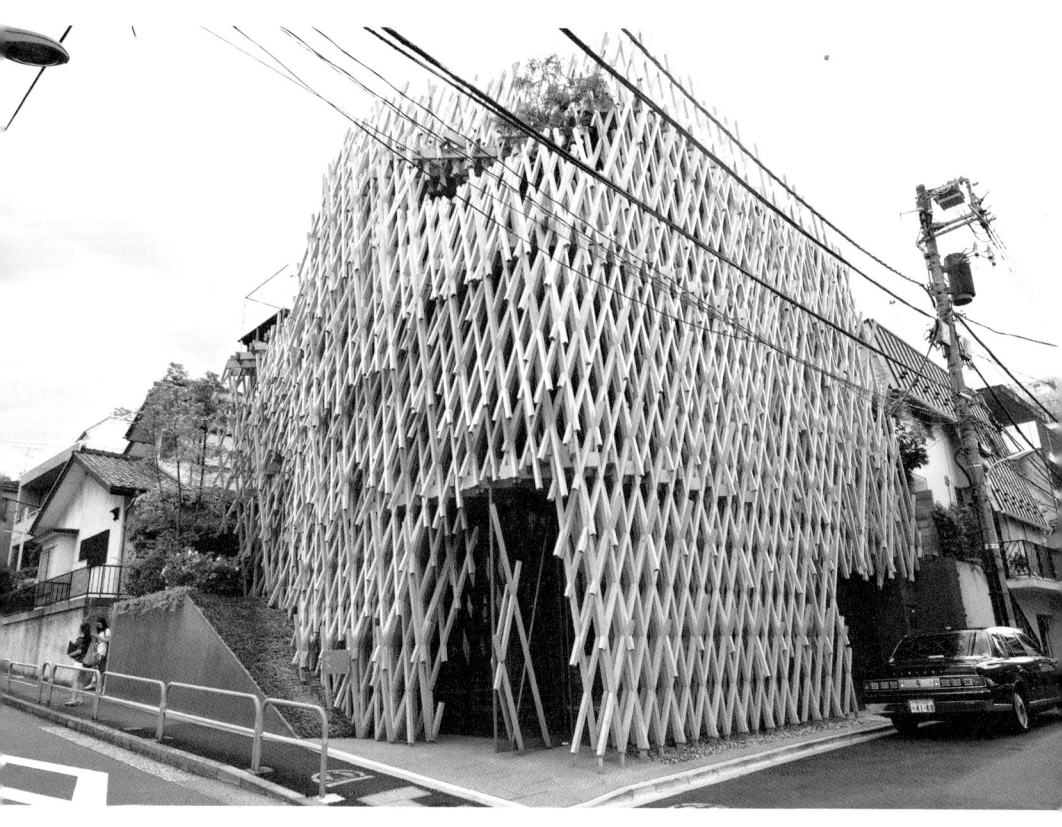

구마 겐고가 디자인한 서니힐즈

상 어디에서도 볼 수 없는 형식인 것만큼은 확실하다. 이런 디자인을 마주 하게 되면 그동안 당연하다고 생각해왔던 믿음들이 순식간에 선입견으로 바뀐다. 나무와 시멘트로 만든 건물일 뿐인데 정신에 충격을 주는 것이다. 마치 철학책처럼 정신을 혼미하게 만든다. 그래서 오히려 감동적이다.

디자이너가 할 수 있는 일은 참 많은 것 같다. 네덜란드의 산업디자이너 테요 레미는 펜스를 디자인해 큰 감동을 주는데, 일단 일부 펜스 모양이 상식적이지 않다. 금속 파이프가 수직으로 곧게 세워진 것이 아니라 일부는 이리저리 휘어져있다. 또 어떤 곳은 휘어진 펜스 사이로 나뭇조각들이 채워져있다. 자세히 살펴보면 펜스를 이쪽저쪽으로 휘어놓아서 앉을

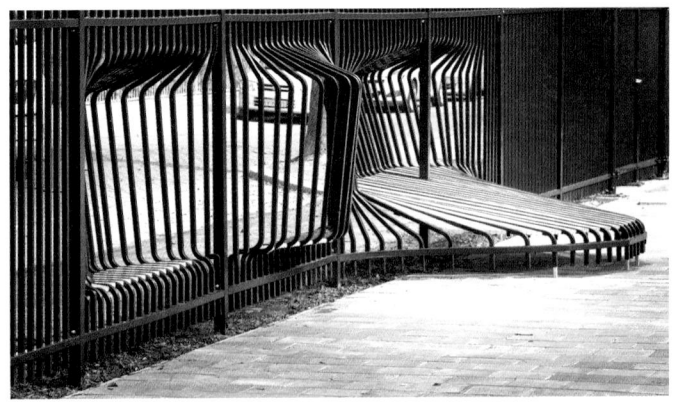

테요 레미가 디자인한 소셜 펜스

수 있는 공간과 누울 수 있는 공간을 만들어놓았다. 순전히 파이프를 휘어서 이런 형태를 만들었다는 것이 구조적으로 아주 재미있다.

그렇다면 레이는 왜 이런 디자인을 한 것일까? 그가 말하기를 펜스의 한쪽에 있는 사람과 반대쪽에 있는 사람이 서로 마주 보고 앉아서 이야기를 나눌 수 있게 하기 위해서였다고 한다. 펜스 하나에도 휴머니즘, 타자와의 관계를 반영한 디자이너의 인품과 사고방식이 두 손을 모으게 만든다. 게다가 단순히 경제적 이익을 추구하기보다는 인문학적 가치를 실현하려는 디자이너의 의도가 느껴져 더욱 감동적이다.

이번에는 건축의 역사를 바꾸어놓은 안도 다다오安藤忠雄를 살펴보자. 국내에는 엄청난 규모의 화려한 교회가 많지만 그가 디자인한 빛의 교회는 비교가 안 될 정도로 작다. 건물 위에 십자가 조차도 달아놓지 않았다. 게다가 주택가에 자리 잡고 있는 데다 크지도 않아서 찾기 쉽지 않다. 그런데도 국내외의 많은 사람이 이곳을 방문한다.

바깥에서 교회 안으로 들어가려면 사거리에서 크지 않은 노출콘크리트 건물을 빙 둘러서 가야 한다. 건물 전체를 따라 돌다 보면 점점 좁은 공간으로 유도되는데, 출입구를 통해 건물 안으로 들어가면 갑자기 어두우면서도 개방적인 공간이 나타난다. 정면에는 어두운 벽면과 강렬한 대비를 이루면서 밝은 빛으로 만들어진 십자가가 보인다. 이 교회의 핵심이다.

이 교회를 찾아오는 사람들 대부분이 이 십자가를 보기 위해서라고 할 수 있다. 확실히 벽을 뚫어 만든 십자가는 매력적이다. 네거티브한 빈 공간을 빛으로 채운 십자가라는 상징성은 그 어떤 교회의 화려한 십자가도 따라잡을 수 없다.

그런데 이 교회의 십자가가 이렇게 만들어진 데에는 가슴 아픈 사연이 있다. 다다오가 이 교회의 디자인을 의뢰받았을 때 교회가 쓸 수 있는 돈이 거의 없었다고 한다. 겨우 비를 피해 예배를 볼 수 있는 공간 정도만 만들 수 있는 돈만 있었다. 그래서 다다오는 벽을 뚫어서 십자가를 만들었다. 빈곤이 만든 디자인이었던 것이다. 결과적으로 이 교회는 이 세상에서 유일무이한 십자가를 가지게 되었고, 그것으로 이 빈곤한 교회 안은 숭고한 정신으로 가득 차게 되었다.

이 교회를 보면 단순한 시멘트 덩어리가 어떻게 큰 감동을 줄 수 있는지, 그 감동은 왜 시간이 지나도 전혀 식지 않는지 의문에 휩싸이게 된다. 하지만 이내 좋은 디자인은 첨단기

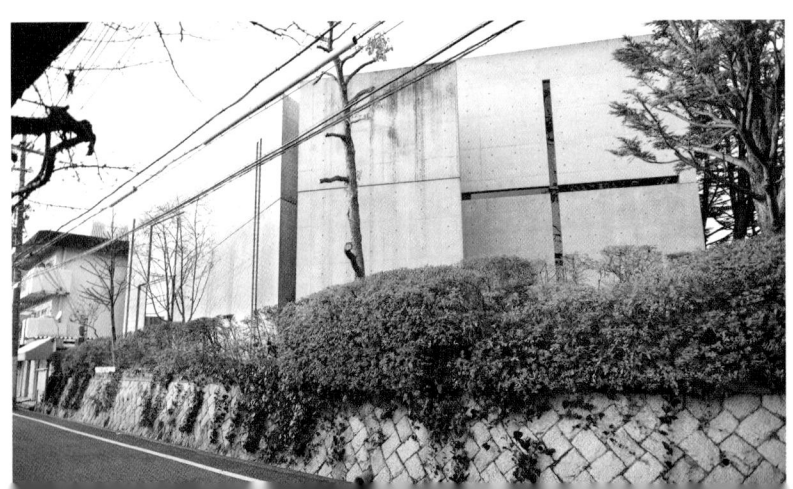

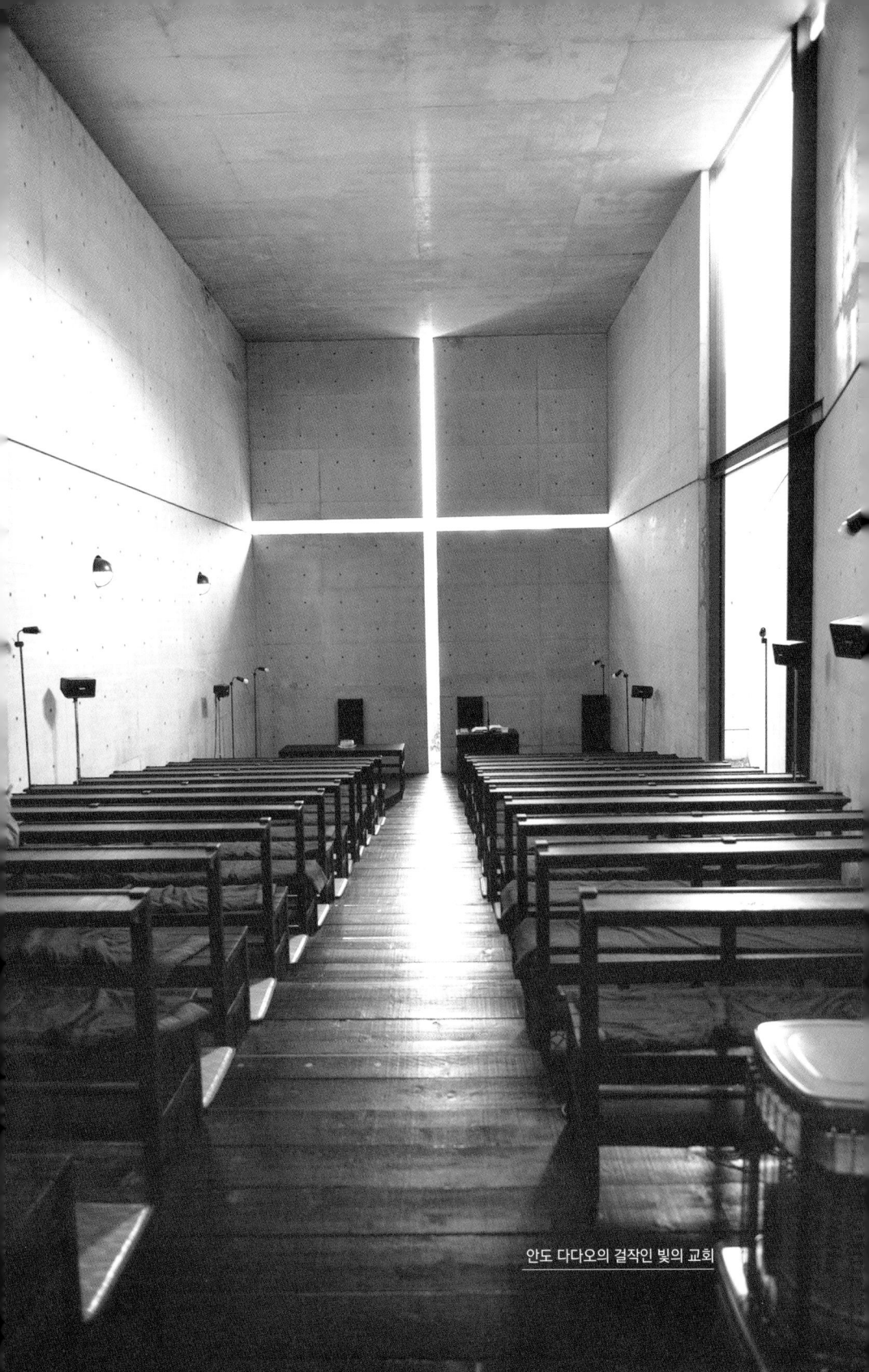

안도 다다오의 걸작인 빛의 교회

술이나 좋은 재료가 아니라 숭고한 정신이 만든다는 것을 깨
닫게 된다. 다다오도 이 교회를 통해 많은 것을 배웠다고 한다.

이렇게 디자인을 받아들이는 사람들로 하여금 선입견을
깨게 만들고 정신적으로 큰 감동을 주는 디자인들은 인간의
지각 과정 중에서도 가장 깊은 단계에서 인식된다. 그래서 이
런 디자인들은 디자인을 받아들이는 사람의 뛰어난 교양수준,
칸트가 말한 '수준 높은 미적취향'이 요구되기도 한다. 그리고
그렇기 때문에 이런 수준에 오른 디자인들은 시간을 초월하
고, 공간을 넘어서는 깊은 감동을 자아내며 명작으로 자리 잡
는다.

이런 디자인 앞에서는 기업, 마케팅, 기술 같은 것들이 눈
에 들어오지 않는다. 미학적 디자인, 디자인 미학이 필요한 것
은 바로 이 때문이다. 대중이 디자인에 바라는 것도 이런 것이
아닐까 싶다.

수용자의 인식 과정과 디자인

지금까지 살펴본 바와 같이 디자인은 받아들이는 사람, 즉 수용자의 인식 과정을 거쳐서 수용된다. 수용자는 눈이라는 감각기관을 통해 형태와 색을 인지하고, 뇌를 통해 디자인 안에 담긴 가치를 해석하고, 그 가치의 수준에 따라 만족감이나 감동을 느낀다. 그런데 모든 디자인이 이러한 인식 과정을 거치는 것은 아니다.

색이나 형태가 주목할 만하지 않은 디자인이라면 수용자 아예 쳐다보지도 않는다. 디자인에서 외형이 중요한 것은 바로 이 때문이다. 디자인이 수용자의 눈을 거쳐 중추신경에까지 도달하려면 외형이 아름답거나 인상적이어야 한다. 혹, 외형이 뛰어나서 감각과정을 거쳐 지각 과정에 들어갔다고 해도 끝이 아니다. 디자인에 실용적인 아이디어만 들어 있다면 지각 과정의 더 깊은 곳까지 들어가지 못하고 초입에서 그치게 된다. 지각 과정의 좀더 깊은 단계까지 들어가려면 수용자에게 지적인 만족을 줄 만한 은유적인 아이디어가 뛰어나든지 상징적이고 문화적인 가치을 내포하고 있어야 한다. 한마디로 지적인 재미가 있어야 하는 것이다. 이 단계부터는 수용자의 교양 수준이 작동되며, 디자인과 수용자의 상호작용이 일어나게 된다. 이 단계에 들어간 디자인은 수용자의 고차원적인 욕구를 충족시키고 유행과 같은 상품적 한계를 뛰어넘어 오랜 시간 동안 수용자들에게 깊은 감동을 주게 된다.

세상에 대한 생각을 근본적으로 바꾸어버릴 정도의 철학적 가치를 담고 있는 디자인은 수용자의 지각 과정 가장 깊은 곳까지 파고들어간다. 이때 디자인과 수용자는 하나가 되어 극한의 지적 즐거움이 유발되는데 이것을 미학에서는 '감정이입'이라고 설명한다. 이 단계에 들어간 디자인은 시대와 지역을 불문하고 명작으로 받아들여진다. 많은 사람이 디자인을 상품성을 위한 것, 생산 체계에 종속된 것으로 생각하지만 이 수준에 다다른 디자인은 태양처럼 그 모든 것을 초월하여 존재한다.

이런 디자인은 상업적인 측면에서도 뛰어난 성과를 얻는다. 앞서 살펴본 멘디니의 안나 G를 떠올려보자. 이 디자인은 한낱 와인 오프너에 불과하지만 1993년에 선보인 이후 지금까지 전 세계적으로 판매되고 있는 스테디셀러다. 30년 이상 팔리고 있는 것을 보면 마케팅 이론에서 말하는 상품의 생존 주기를 완전히 뛰어넘었다는 것을 알 수 있다. 게다가 그동안 기업에 가져다준 이익도 엄청날 것이다. 그러니 기업의 상업적 이익을 위해서라도 디자인은 수용자의 인식 과정 깊은 단계까지 도달할 수 있는 미학적 가치를 가져야 할 것이다.

아직까지도 디자인을 받아들이는 사람을 소비자로 정의

하고, 디자인을 상품이나 기능성을 수행하는 도구로만 보는 시각이 일반적이다. 하지만 그것은 판매자의 입장에서 본 모습일 뿐이다. 실제로 수용자는 인식 과정을 통해 디자인을 받아들이고 그 안에 담긴 가치에 따라 평가한다. 디자인을 구매하는 것은 이런 과정을 수행하기 위한 부수적인 과정일 뿐이다. 그런 점에서 수용자의 디자인 수용과정은 디자인의 가치를 평가하고, 디자인의 실질적인 작용을 이해하는 데 가장 중요한 토대라고 할 수 있다. 디자인에서 디자인을 생산하는 측보다 수용하는 대중이 중요해진다면 결국 부각되고 중심이 되는 것은 수용과정이다.

참고 문헌

K. 해리스, 오병남·최연희 옮김, 『현대미술』, 서광사, 2001.

다케우치 도시오, 안영길 등 옮김, 『미학 예술학 사전』, 미진사, 2003.

래리 샤이너, 조주연 옮김, 『순수예술의 발명』, 인간의기쁨, 2015.

마르크 지메네즈, 김용권 옮김, 『미학이란 무엇인가』, 동문선, 2003.

명승수, 『현대 디자인학의 지평』, 디자인하우스, 1999.

박연실, 『현대 디자인의 역사』, 이담북스, 2014.

브와디스와프 타타르키비츠, 이용대 옮김, 『여섯 가지 개념의 역사』, 이론과실
    천, 1998.

스티븐 베일리, 손호철 옮김, 『산업디자인의 역사』, 열화당, 1985.

엘렌 디사나야케, 김한영 옮김, 『미학적 인간』, 연암서가, 2016.

윤여경, 『역사는 디자인된다』, 민음사, 2017.

이중톈, 곽수경 옮김, 『이중톈 미학강의』, 김영사, 2009.

정시화, 『산업디자인 150년』, 미진사, 2002.

조나단 M. 우드햄, 박진아 옮김, 『20세기 디자인』, 시공사, 2007.

조지 디키, 오병남 옮김, 『현대미학』, 서광사, 1982.

존 에이 워커, 정진국 옮김, 『디자인의 역사』, 까치, 1995.

페니 스파크, 이순혁 옮김, 『20세기의 디자인과 문화』, 까치, 1995.

• 이미지 저작권 출처
120쪽 getty images bank

디자인 미학

초판 1쇄 2023년 8월 31일 찍음
초판 1쇄 2023년 9월 11일 펴냄

지은이 | 최경원
펴낸이 | 강준우
기획·편집 | 박상문, 김슬기
디자인 | 최진영
마케팅 | 이태준
인쇄·제본 | (주)삼신문화

펴낸곳 | 인물과사상사
출판등록 | 제17-204호 1998년 3월 11일

주소 | (04037) 서울시 마포구 양화로7길 6-16 서교제일빌딩 3층
전화 | 02-325-6364
팩스 | 02-474-1413

www.inmul.co.kr | insa@inmul.co.kr

ISBN 978-89-5906-717-6 03600

값 25,000원